本书由温州大学全额资助出版

生态环境服务功能损失赔偿条款适用研究

王海晶◎著

中国法制出版社
CHINA LEGAL PUBLISHING HOUSE

序

我们只有一个地球，她是我们人类赖以生存的唯一家园。人与自然形成了相融相爱、和谐共生的生命共同体。“大自然是包括人在内一切生物的摇篮”，“生态是统一的自然系统”，良好的生态环境不仅是人类生命健康的根本，也是经济社会可持续发展的基础，关系着当代，也关系着未来。近代以来，人类由于片面追求经济发展，忽视生态环境保护，虽然在短期内获得了巨大的经济效益，但却导致了长期的环境问题。人与自然的深层矛盾日益凸显，人与自然生命共同体面临严峻考验。

“生态兴则文明兴，生态衰则文明衰”，生态环境保护功在当代，利在千秋。“只有实行最严格的制度、最严密的法治，才能为生态文明建设提供可靠保障。”2020 年 5 月 28 日第十三届全国人民代表第三次会议审议通过、2021 年 1 月 1 日起施行的《民法典》① 规定了多个绿色条款，被誉为“绿色”《民法典》。该法第 9 条“民事主体从事民事活动，应当有利于节约资源、保护生态环境”的规定，被称为“绿色原则”。该法第七编“侵权责任”第七章“环境污染和生态破坏责任”以专章规定生态环境侵权责任，彰显侵权责任制度对于生态环境保护的重要意义。《民法典》的颁布实施是中国特色社会主义法治体系达到新高度的重要标志，是新时代中国法治建设的里程碑。“天下之事，不难于立法，而难于法之必行”，法律的生命在于实施，法律的权威也在于实施。如何适用好环境污染和生态破坏责任条款，还有很长的路要走。

生态环境损害是一种特殊的损害，《民法典》第 1234 条和第 1235 条确立的生态环境服务损失补偿条款，是“绿色原则”在侵权责任领域的具体化，为生态环境损害赔偿诉讼奠定了请求权基础。本书聚焦《民法典》第 1235 条，意图通过阐释生态环境服务功能损失赔偿条款的规范定位、生态环境服务功能损失

① 为便于阅读，本书中相关法律文件名称中的“中华人民共和国”字样都予以省略。

赔偿的责任构成与责任承担、生态环境服务功能损失赔偿条款与相关制度的协动等问题，系统研究《民法典》第1235条的价值取向、立法逻辑、应有内涵、请求权逻辑关系等问题；全面考察司法实务中生态环境服务功能损失赔偿的裁量样态；深度评析裁量因素，尤其是鉴定意见的裁量性适用。本书是对《民法典》第1235条的开拓性研究，具有较强的理论价值和实践意义。

本书的突出特色是，始终站在规则适用的角度梳理生态环境服务功能损失赔偿规则体系，评析司法裁判，希冀通过损失赔偿规则的完善和解释维护生态环境公共利益。本书至少有三个亮点值得肯定：

一是提出生态环境服务功能损失不以主张生态修复费用为前提，论证《民法典》第1234条与第1235条之间的相对独立性。一直以来，理论界和实务界对于私益诉讼与公益诉讼之间的关系存在分歧，具体到环境公益诉讼领域也不例外。《民法典》第1234条确立了生态环境修复费用，第1235条确立了生态环境服务功能损失赔偿，两者是独立关系还是包含关系，存在疑问。作者通过规范分析，深度剖析生态环境服务功能损失赔偿条款的立法逻辑和规范定位，认为生态环境服务功能是可以直接作为请求权基础的公共利益；同时认为国家规定的机关或者法律规定的组织在根据《民法典》第1234条主张修复生态环境的费用后，还可以就生态环境服务功能损失提出赔偿请求。

二是坚持解释论视角。立法论与解释论各有所长，不同学科、学者之间也各有偏好，各有所成。在《民法典》颁布实施之后，民事法律制度研究的重心将不可避免地从立法论向解释论转变。本书作者意识到这一趋势，将研究重点放在对《民法典》"侵权责任编"之"环境污染和生态破坏责任"专章的解释上，尤其是对《民法典》第1235条的解释论研究。本书从解释论的角度提出一些有意义的观点，比如，对于环境服务功能损失赔偿案件中需要适用的"国家规定"，在效力位阶、适用范围方面需作扩张解释，而在效力强度、规范目的上需作限缩解释；将生态环境服务功能损失的性质界定为非财产性损害、直接损害、消极损害、社会公共利益损害、纯生态环境损失；反对在适用该条时对因果关系适用举证责任倒置；指出地方人民政府在招商引资等情形下作出的政策承诺、国家规定的变化有可能影响生态环境服务功能损失赔偿责任的构成。

三是观点具有一定的独到性。本书将生态环境公共利益置于《民法典》的公共利益体系，提出公共利益是限制民事主体自由的正当、充分理由。本书又跳出一般公共利益，解读生态环境公益利益的特殊性，指出生态环境服务功能损失赔偿具有不同于行政处罚强制性的“商谈性”和“额外性”，使得赔偿数额具有很大的不确定性，增加了司法裁量空间。作者通过大量的案例梳理，以类型化的方式，结合环境要素类型、判决金额、诉请支持比例等方面，评析裁判考量的因素和存在的问题，特别是鉴定意见对司法裁量的影响。

本书的个别观点和提法有待商榷，对个案的分析还有待深入，但这并不影响本书在生态环境赔偿方面的学术价值和实践意义。

通览本书，得一偈语：

生态环境本无边，民事责任需有限。
折中是非详斟酌，公平正义在心间。

作为一名从事多年法律实务后转入学术研究的青年环境法学者，能够立足《民法典》的大背景和逻辑体系，将环境法与民法结合起来系统分析并提出一些建设性的观点，实属难能可贵。“业精于勤，荒于嬉；行成于思，毁于随”，坐得住冷板凳，受得了“无人问”，才能成就学者的梦想与情怀。

又偈：

实务有学术，学术有实务。
双手合一心，正义无分殊。

愿以此共勉！是为序。

龙明春

2022年8月16日
武汉晓南湖畔

目　录

Contents

导 论

一、研究背景

全国人民代表大会于2020年5月28日审议通过了《民法典》，该法第1235条规定了生态环境服务功能损失赔偿条款。[①] 该条款是近年来理论探讨、试点探索的结晶，是我国“绿色”《民法典》的重要内容，是我国生态文明制度建设的重要成果，体现了我国建设生态文明的决心、信心，为全球环境保护制度建设提供了新选项。简要回顾该条款的来龙去脉，有助于把握制度背景。

（一）中共中央单独发布或者与国务院联合发布的规范性文件

1. 党的十八届三中全会决定

党中央、国务院高度重视生态环境损害赔偿工作。生态环境损害赔偿制度在党的十八届三中全会上被再次强调，使用了“严格实行赔偿制度”的用语。

2013年11月，《中共中央关于全面深化改革若干重大问题的决定》在中国共产党第十八届中央委员会第三次全体会议上审议通过。该决定3处提及“生态环境损害”。“（52）划定生态保护红线”中要求建立生态环境损害责任终身追究制，强调了生态环境损害的重要性，也表明生态环境损害责任是一个综合性的责任体系，其中领导干部需要终身担责。“（53）实行资源有偿使用制度和生态补偿制度”中提及“生态环境损害成本和修复效益”。“（54）改革生态环境保护管理体制”中要求“严格实行赔偿制度”“依法追究刑事责任”。

---

① 《民法典》第1235条　违反国家规定造成生态环境损害的，国家规定的机关或者法律规定的组织有权请求侵权人赔偿下列损失和费用：

（一）生态环境受到损害至修复完成期间服务功能丧失导致的损失；

（二）生态环境功能永久性损害造成的损失；

（三）生态环境损害调查、鉴定评估等费用；

（四）清除污染、修复生态环境费用；

（五）防止损害的发生和扩大所支出的合理费用。

2.《关于加快推进生态文明建设的意见》

2015年4月通过的《中共中央、国务院关于加快推进生态文明建设的意见》2处提及“生态环境损害”。“（二十二）完整经济政策”中从完善经济政策的角度，要求自然资源及其产品价格应当体现“生态环境损害成本和修复效益”。“（二十四）健全生态保护补偿机制”中从健全生态保护补偿机制的角度，要求“建立独立公正的生态环境损害评估制度”。该意见将这些内容，都纳入“健全生态文明制度体系”的目标之下。

3.《生态文明体制改革总体方案》

中共中央、国务院于2015年9月印发的《生态文明体制改革总体方案》8处提到“生态环境损害”。“（二十七）加快自然资源及其产品价格改革”中体现了自然资源环境成本内化要求，要求将生态环境损害内化入自然资源的价格之中、自然资源产品的价格之中。“（三十九）严格实行生态环境损害赔偿制度”中要求加强民事、行政、刑事法律责任，以严格的法律责任促进生态环境保护。对于生态环境损害赔偿，要求根据“损害程度等因素”确定赔偿数额。“（五十一）建立生态环境损害责任终身追究制”中要求加强地方党政主要负责人、有关领导、部门负责人的责任，实行生态环境损害责任终身追究制。“（五十四）完善法律法规”中要求制定完善生态环境损害赔偿等方面的法律法规，为生态文明体制改革提供法治保障。这些内容形成了一个责任体系，涵盖了生态环境的价值、污染者和生态破坏者的法律责任，以及地方党政相关领导的监管责任和领导责任。

4.《生态环境损害赔偿制度改革方案》

中共中央办公厅、国务院办公厅于2017年12月印发的《生态环境损害赔偿制度改革方案》对“生态环境损害”下了定义。根据该定义，造成生态环境损害的原因包括环境污染和生态破坏，损害的对象涵盖了全部环境要素、生物要素，损害的表现为环境要素、生物要素的不利改变以及由环境要素、生物要素构成的生态系统功能的退化。对于赔偿范围，该方案将生态环境服务功能损失纳入赔偿范围，分别使用了“生态环境修复期间服务功能的损失”和“生态环境功能永久性损害造成的损失”两个表述，前者即为期间损失，后者即为永久性损失。但是，该方案没有对期间损失和永久性损失的含义作进一步规定。除了生态环境服务功能损失之外，纳入赔偿范围的还有污染清理费用、生态环境修复费用以及事务性费用（生态环境损害调查、鉴定评估等合理费用）。

5. 其他

中共中央办公厅、国务院办公厅于 2015 年 8 月印发了《党政领导干部生态环境损害责任追究办法（试行）》。该试行办法旨在以终身责任追究机制促进党政领导干部牢固树立尊重自然、顺应自然、保护自然的生态文明理念，约束党政领导干部招商引资、开展社会经济建设的行为。该试行办法的核心词就是“生态环境损害”和“责任终身追究制”。该试行办法规定的责任不是民事责任，而是政治责任，追究责任的机制包括政务处分和纪律处分。

2018 年 6 月印发了《中共中央、国务院关于全面加强生态环境保护 坚决打好污染防治攻坚战的意见》，该意见要求推行生态环境损害赔偿制度。

中共中央办公厅、国务院办公厅于 2019 年 6 月印发了《中央生态环境保护督察工作规定》，该规定将生态环境损害以及生态环境损害责任追究纳入督察范围。该规定第 24 条规定，对督察发现的重要生态环境问题及其失职失责情况，督察组应当形成生态环境损害责任追究问题清单和案卷，按照有关权限、程序和要求移交中央纪委国家监委、中央组织部、国务院国资委党委或者被督察对象。对督察发现需要开展生态环境损害赔偿工作的，移送省、自治区、直辖市政府依照有关规定索赔追偿；需要提起公益诉讼的，移送检察机关等有权机关依法处理。对督察发现涉嫌犯罪的，按照有关规定移送监察机关或者司法机关依法处理。这一规定有利于督察与生态环境损害赔偿的衔接。

从以上文件可以看出以下特点和问题：一是因为生态环境损害赔偿具有很强的开创性，尚无成熟政策实践经验，还需要经过试点探索并不断总结；二是理论基础不足，还需要进一步开展理论研究；三是政策性文件主要在于管总，就基本问题作出原则性规定。三者之中，理论基础不足最为关键。

（二）与海洋生态环境有关的损害赔偿规则

《海洋环境保护法》第 89 条规定了海洋环境污染损害赔偿责任，但是没有明确“赔偿损失”的范围。

2011 年 5 月，最高人民法院发布了《最高人民法院关于审理船舶油污损害赔偿纠纷案件若干问题的规定》（2020 年修正）。该规定第 9 条规定了船舶油污损害赔偿范围，但是没有明确是否赔偿海洋生态环境服务功能损失。从司法实践可以看出，生态环境服务功能损失在有些案件中得到支持。比如，在某市海洋与渔业局与某有限公司侵权责任纠纷案①中，法院认定的环境生态损害包括1670万元的环境容量损害和397.03万元的生态环境服务功能损害，对于环境容量损失的认定是通过影子工程法计算得出的数字。本案赔偿的397.03万元生态环境服务功能损害，针对的是生态修复期间的期间损失；1670万元的生态环境容量损失，在一定意义上也是环境服务功能期间损失。

此后，原国家海洋局于2014年10月以规范性文件的形式下发的《海洋生态损害国家损失索赔办法》第3条将修复期间的“损失费用”、无法修复时重建替代生态系统的“合理费用”纳入索赔内容。生态系统修复期间的“损失费用”可以理解为“损失”和“费用”两部分，前者包括生态环境服务功能损失，后者包括修复期间的生态环境修复费用。对于无法修复的海洋生态环境，重建替代生态系统的合理费用，在一定程度上接近生态环境服务功能永久性损失。

2017年12月，最高人民法院发布了《最高人民法院关于审理海洋自然资源与生态环境损害赔偿纠纷案件若干问题的规定》。该规定第7条明确规定了赔偿范围包括海洋生态环境修复期间的服务功能损失，但是没有明确规定永久性损失。按照举轻明重的规则判断，此处存在一个漏洞。

《海洋环境保护法》及相关的司法解释、规范性文件对于研究我国生态环境服务功能赔偿制度立法沿革的意义在于展示了从国际到国内、从海洋到陆地的规则迁移、扩散过程，并且出现了国内反向影响国际的趋势。《海洋环境保护法》的一个立法目的就在于应对外国船舶在中国海域造成的环境问题，基本立法思路在于根据对等原则与国际海洋环境保护制度、主流国家的海洋环境保护制度接轨，避免出现同一行为中国船只在其他国家承担义务但是外国船只在中国不承担义务或者承担义务过轻的情形。虽然《海洋环境保护法》是我国的立法，但是其规则更多地借鉴了国际规则和其他国家的规则。《海洋环境保护法》第96条规定了国际条约与国内立法的关系（国际条约优先，但是我国声明保留的条款除外），《最高人民法院关于审理船舶油污损害赔偿纠纷案件若干问题的规定》的很多内容就来自《国际防止船舶造成污染公约》等国际法律文件，并且在第21条直接援引了《1992年国际油污损害民事责任公约》。海洋生态环境损害赔偿制度的引入与发展，为我国建立和发展适用于陆地生态环境的损害赔

① 参见山东省高级人民法院（2014）鲁民四终字第193号民事判决书，载中国裁判文书网。

偿制度提供了思路、基础，后者的发展又反哺了前者并产生了一定的域外效应，集中体现在《最高人民法院关于审理海洋自然资源与生态环境损害赔偿纠纷案件若干问题的规定》。该规定与《最高人民法院关于审理船舶油污损害赔偿纠纷案件若干问题的规定》之间的适用关系也不是简单的新法优于旧法的关系，而是按照造成环境污染、生态环境破坏的原因等因素，决定应当适用的规则。

（三）与陆地生态环境损害有关的司法解释、司法政策文件

对于陆地生态环境服务功能赔偿制度的发展①，司法解释发挥了重要作用。原《侵权责任法》第 65 条至第 68 条规定了环境污染侵权责任。2014 年修订后的《环境保护法》第 64 条规定，因生态破坏造成的损害，也应当依照原《侵权责任法》承担侵权责任。② 但是，两部法律均未明确规定生态环境服务功能损失是否构成损害的组成部分，是否构成可赔偿损害。

自《环境保护法》于 2015 年 1 月 1 日起施行至 2020 年《民法典》审议通过，最高人民法院单独发布或者联合最高人民检察院等国家机关发布了一系列与陆地生态环境损害赔偿有关的司法解释、司法政策文件。按照发布时间的先后顺序，主要包括：2015 年 1 月发布的《最高人民法院关于审理环境民事公益诉讼案件适用法律若干问题的解释》、2016 年 12 月发布的《最高人民法院、最高人民检察院关于办理环境污染刑事案件适用法律若干问题的解释》、2019 年 6 月发布的《最高人民法院关于审理生态环境损害赔偿案件的若干规定（试行）》。此外，还有 2014 年《最高人民法院、民政部、环境保护部关于贯彻实施环境民事公益诉讼制度的通知》、2016 年《最高人民法院关于充分发挥审判职能作用为推进生态文明建设与绿色发展提供司法服务和保障的意见》、2017 年《最高人民检察院、公安部关于公安机关管辖的刑事案件立案追诉标准的规定（一）的补充规定》，等等。这些司法解释、司法政策文件都有与生态环境服务功能损失赔偿相关的内容。

在以上这些司法解释、司法政策文件中，有的明确了生态环境服务功能损

---

① 我国环境立法长期实行陆地和海洋二分的立法模式。除非特别说明，“环境”“环境污染”“生态破坏”“生态环境损害”等词语都仅指陆地生态环境。本书采取相同的做法，除非特别指明，本书所说的“生态环境”，都仅指陆地生态环境。为使语言简洁，本书很多地方省去了“陆地”二字。

② 当时对于《环境保护法》第 64 条有两种观点：一种观点认为，因为原《侵权责任法》第 65 条至第 68 条只规定了环境污染责任，所以原《侵权责任法》无法适用于生态破坏。另一种观点认为，虽然原《侵权责任法》第 65 条至第 68 条不适用于生态破坏，但是原《侵权责任法》总则条款可以适用于生态破坏。

失构成损害的一个组成部分，有的从证据的角度规定专家辅助人的申请和出庭问题，有的规定了生态环境服务功能损失赔偿金的用途。这些规定对于推动包括生态环境服务功能在内的生态环境损害赔偿有很大意义，但是也存在如下问题：第一，对于政策性语言向法律规范语言的转化不足。有些司法解释直接使用了政策性语言。第二，条文之间的规定存在不一致的情况。凡此种种，进一步增加了对于关键术语规范含义的理解困难。

（四）《民法典》对生态环境服务功能的采纳

《民法典》在上述规范性文件的基础上，将包含生态环境服务功能在修复过程中所产生的损失在内的多种损失都纳入其中，用词更为规范，语言表述更为准确。

从以上分析可以看出，我国生态环境服务功能赔偿责任规则的发展具有政策引导、国际借鉴、程序先行、司法能动的特点。生态环境服务功能损失赔偿条款的立法演进见图 0-1。

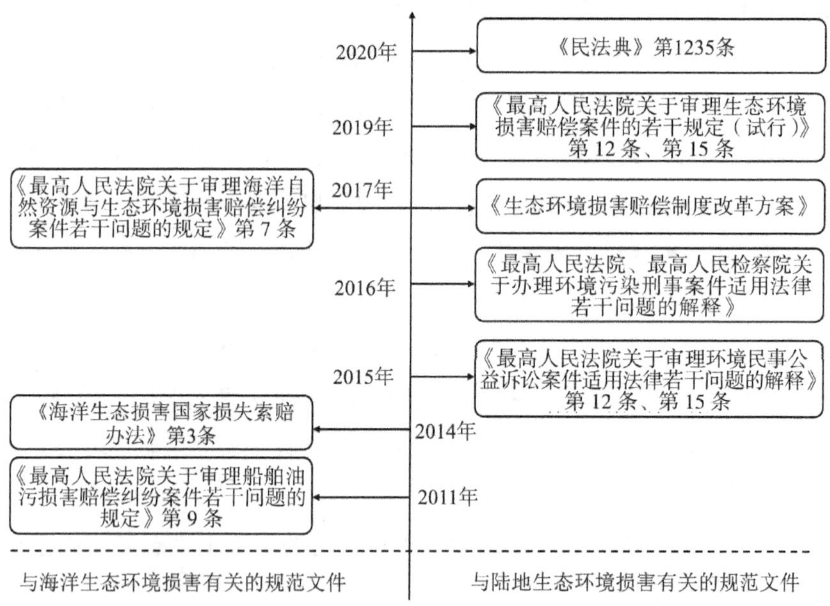

图 0-1　生态环境服务功能损失赔偿条款的立法演进

二、研究问题

如何适用《民法典》第 1235 条规定的生态环境服务功能损失赔偿条款，处理好该条款与其他相关规定、相关制度之间的关系，仍然是需要在理论上继续研究、实践中继续探索的课题。在适用该条款时，可能需要回答如下问题。

(一) 规范定位

法律条款的规范定位，体现在价值选择、规范结构、条文构造以及与程序法的关系等方面。研究法律条款的规范定位时，需要考虑规范形式、实体内容、价值选择等问题。[①] 针对民法条款的多篇法律评注文章，都以规范定位开篇。[②] 研究《民法典》第1235条生态环境服务功能损失赔偿条款的适用问题，也需要首先研究该条文的规范定位。为此，需要追问该条款的价值定位、规范联结、条文构造、规范类型、适用范围是什么？谁有权以何种身份请求生态环境服务功能损失赔偿？程序保障有哪些？

《民法典》第1234条规定了修复费用请求权。比较第1234条和第1235条，两者都是由国家规定的机关或者法律规定的组织提出请求，都要求侵权人承担修复生态环境的费用，但是第1234条没有要求赔偿生态环境服务功能损失。第1234条和第1235条之间是什么关系？在民法的价值体系中，生态环境服务功能与民法所保护的其他权益之间的价值位序关系如何？

《环境保护法》第58条规定了公益诉讼条款。《民事诉讼法》规定了社会组织和检察机关提起公益诉讼的条款。这些公益诉讼条款与《民法典》第1235条生态环境服务功能损失赔偿条款之间是什么关系？为生态环境服务功能损失赔偿条款的适用提供了哪些程序保障？

(二) 生态环境服务功能损失赔偿责任的构成问题

从《民法典》第1235条生态环境服务功能损失赔偿条款本身开始，逐渐将视野扩大，在解释、适用生态环境服务功能损失赔偿条款时，对于生态环境服务功能损失赔偿责任的构成，至少可能提出如下问题。

从该条的用语来看，生态环境服务功能损失赔偿责任的构成包括哪些要件？生态环境服务功能损失是否有严重程度要求？这些问题都并非不证自明，而是需要深入开展法律解释操作的问题。

---

① 韩秀义、闫明明：《宪法性法律：党章之规范定位》，载《辽宁大学学报（哲学社会科学版）》2019年第3期。

② 姚明斌：《〈合同法〉第114条（约定违约金）评注》，载《法学家》2017年第5期；金晶：《〈合同法〉第111条（质量不符合约定之违约责任）评注》，载《法学家》2018年第3期。

第1235条编排于《民法典》第七编“侵权责任”之第七章“环境污染和生态破坏责任”。该章第1229条至第1233条可用于救济私主体因环境污染、生态破坏遭受的损害，其中第1230条规定的举证责任倒置来源于原《侵权责任法》第66条，是针对环境损害因果关系复杂性和受害人举证能力不足的特别规定。[①] 这5个条文是否也适用于救济生态环境服务功能损失？特别是第1235条规定的生态环境服务功能损失是否也适用第1230条规定的举证责任倒置？

将生态环境服务功能损失赔偿条款放在整个侵权责任编考察，该编第一章“一般规定”中的第1173条、第1174条、第1175条规定的侵权人有权对被侵权人主张抗辩事由，是否也适用于第1235条？生态环境服务功能损失与侵权责任编所规定的以及学理上所说的直接损失、间接损失、纯粹经济损失等概念是什么关系？

进一步将考察范围扩大到整个《民法典》分则部分，《民法典》第1235条所规定的侵权责任是否可能存在与违约责任的竞合问题？物权编规定了自然资源公有制，当国家作为土地的所有权人，由行政机关作为土地的出让方，以国有土地使用权出让合同出让国有土地使用权，国有土地使用权人违反国家规定使用土地并造成生态环境损害，是否会引发违约责任与侵权责任的竞合问题？如果违反的国家规定，是签订国有土地出让合同之后新制定的规定，该新规定与国有土地使用权合同之间是什么关系？是否影响侵权人承担《民法典》第1235条规定的生态环境服务功能损失？

回归到《民法典》总则部分，《民法典》第1条规定该法在于保护民事主体的合法权益，第2条用“平等主体”“人身关系”“财产关系”等关键词划定了民法的调整范围，第4条规定民事主体法律地位平等，第9条规定了“绿色原则”。如何理解生态环境服务功能损失赔偿条款与这些总则条款之间的关系？比如，生态环境服务功能损失赔偿是否旨在保护民事主体的合法权益？如果是保护民事主体的合法权益，所保护的民事主体是谁？保护的是民事主体的什么权益？如何理解《民法典》第1235条与《民法典》第2条规定的民法调整范围之间的关系？生态环境服务功能损失能否被纳入“人身关系”“财产关系”

---

① 吕忠梅、张忠民、熊晓青：《中国环境司法现状调查——以千份环境裁判文书为样本》，载《法学》2011年第4期；吕忠梅：《环境侵权诉讼证明标准初探》，载《政法论坛》2003年第5期；张宝著：《环境侵权的解释论》，中国政法大学出版社2015年版，第146—193页。

的范畴？“国家规定的机关”“法律规定的组织”与侵权人之间的关系是否属于平等民事主体之间的关系？侵权人的法律地位与“国家规定的机关”“法律规定的组织”的法律地位是否平等？《民法典》第1235条与“绿色原则”之间是什么关系？

（三）裁量性赔偿问题

在损害赔偿责任成立之后，需要确定具体的赔偿金额。赔偿金额的确定，既涉及计算标准、计算方法等规则，也涉及法院对计算标准、计算方法的选择、运用以及法院在计算标准、计算方法不足时的处理，因此需要研究法院的裁量权以及对裁量权的约束。具体而言，至少需要研究法院在回应原告主张的生态环境服务功能损失赔偿金额时能否、应否行使裁量权？在裁量时应当考虑哪些因素？如何保证裁量的公正性、合理性？如何约束法院的裁量，提高裁量的可预测性？鉴定意见如何影响裁量？

（四）生态环境服务功能损失赔偿条款与其他相关法律制度之间的关系问题

制度并非孤立的存在，制度的产生、发展和运行都是在法律体系、社会治理体系内进行的。从解释论的角度来说，在解释某个具体的法律规范时，不仅需要将其放在该部门法内做体系解释，也需要跨越部门法，将其放在法秩序的整体中进行跨部门法的考量。[①] 从运行论的角度分析，立法、执法、司法甚至包括守法，都存在对规范的评价、选择问题。生态环境服务功能损失赔偿条款以私法机制解决公法问题，通过民事责任促进生态环境保护，救济被损坏的生态环境服务功能。在中国法律体系中，除《民法典》第1235条的生态环境服务功能损失赔偿条款之外，《环境保护法》以及其他环境保护法律法规还规定了大量有关预防环境污染和生态破坏的条款，规定了行政相对人的合规义务和行政机关的执法权。这些公法条款的意义仅是《民法典》第1235条所指的“国家规定”，还是具有其他的意义？行政权、行政相对人的合规义务与生态环境损害赔偿请求权、生态环境损害赔偿义务之间到底存在哪些关系？行政权的行使是否影响生态环境服务功能损失赔偿责任的构成？就民法谈民法是否能够妥帖地解释和适用生态环境服务功能损失赔偿条款？如何妥帖地解释生态环境服务

① ［奥］恩斯特·A. 克莱默著：《法律方法论》，周万里译，法律出版社2019年版，第55—57页。

功能损失赔偿条款与公法规定之间的关系？

有关污染防治和生态保护的公法规定大体可以分为以下类别。针对不同类别的公法规定，还可以分别提出如下问题。

第一，（事前）监管规定。如果生态环境服务功能损失的发生，既有侵权人（行政相对人）违反国家规定的原因，也有行政机关不作为、不当作为的原因，生态环境服务功能损失赔偿责任的成立是否会受到这些原因的影响，侵权人是否可以行使《民法典》第 1173 条规定的抗辩？

第二，行政强制。代履行制度中的请求代履行费用与《民法典》第 1234 条规定的修复费用请求权有相似、相通之处，但是行政机关不能根据代履行制度请求生态环境服务功能损失赔偿。进一步考虑到《民法典》第 1234 条与第 1235 条之间的关系，如何理解代履行制度与生态环境服务功能损失赔偿条款之间的关系？

第三，行政相对人对行政机关的信赖利益。因为行政相对人对行政机关的信赖利益所引发的纠纷，是行政法理论和实践中争议较大的一个问题。某些环境污染和生态破坏与行政机关在招商引资过程中的不当承诺、违规行为存在一定的因果关系。当被要求承担生态环境服务功能损失赔偿责任时，侵权人能否作为行政相对人主张对行政机关的信赖利益？生态环境服务功能损失赔偿与改善营商环境之间是什么关系？

第四，生态环境损害赔偿磋商制度。生态环境损害磋商赔偿制度，是一项正在试验、发展的制度。生态环境服务功能损失赔偿条款与生态环境损害磋商赔偿制度之间有什么区别和联系？

第五，刑事责任。刑法中的污染环境犯罪是否以及如何考虑生态环境服务功能损失？就法律的实际运行而言，被告对于承担生态环境服务功能损失赔偿责任的选择是否影响刑事追诉程序的启动？生态环境服务功能损失赔偿与刑事诉讼之间存在何种关系？对于生态环境服务功能损失可否通过刑事附带民事诉讼主张？刑事附带民事诉讼与民事诉讼之间的关系如何？

需要指出的是，本书无法对与生态环境服务功能相关的所有问题都进行深入研究，对于清理费用、生态修复费用等问题，本书不做重点讨论，直接将相关研究成果作为前见知识加以利用，虽然有关这些问题仍然存在很多争议。

第 11 页的图 0-2展示了本书对问题的组织和研究思路。

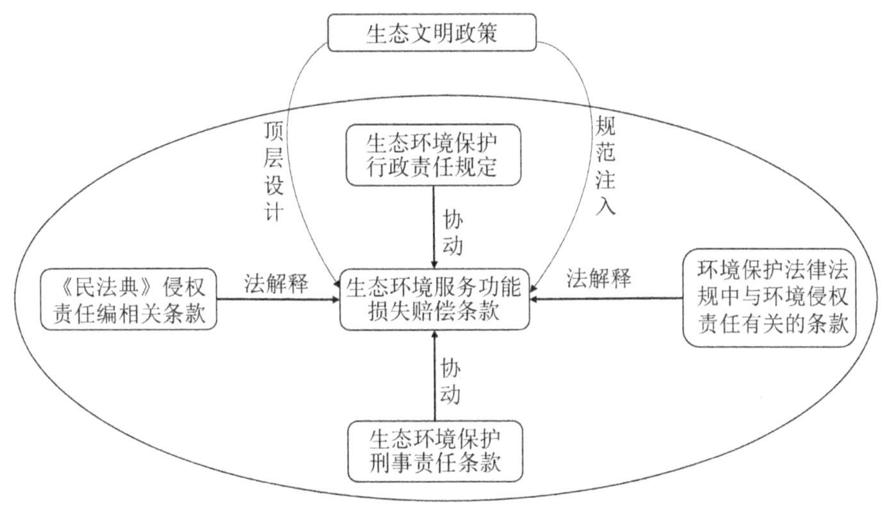

图 0-2　研究思路

三、研究意义

本书的研究，在民法学、环境资源法学等方面都具有重要的实践意义和理论意义。

（一）准确理解规范含义

“法律未经解释不得适用”的法谚深刻地揭示了法律解释的意义。生态环境服务功能损失赔偿条款也同样需要解释，以便得到准确、统一的适用。法律条款的解释不仅取决于该条款本身，而且需要考虑语境。法律文本具有“互文性”（Intertextuality），明确规定的法律条款文本与未言说的内容交织在一起。在一定意义上，未言说的内容甚至构成了明文规定的法律条款的前置“元文本”（Metatext）①。《民法典》第 1235 条的语境不仅包括《民法典》，而且包括我国生态文明制度体系中的行政管理制度，以及包括党的有关生态文明建设的各项政策和要求。总之，整个法律体系和党内法规体系都是该条的语境。在解释该条款时，不仅需要考虑民法秩序的网络化，还需要作出跨部门法的考量。制定《民法典》之前，理论上和实践上对于生态环境损害赔偿作出了有益的探索。但是，当时的理论研究和实践探索主要是以前《民法典》时代的法律背景

① ［奥］恩斯特·A. 克莱默著：《法律方法论》，周万里译，法律出版社 2019 年版，第 55 页。

展开的。《民法典》第9条规定的“绿色原则”与物权编、合同编、侵权责任编的近30个条文，共同形成了《民法典》中的“绿色规则”体系，为民事活动确立了“绿色”行为规范，为保护生态环境提供了民法依据。对《民法典》的“绿色规则”作出既尊重民法逻辑又体现生态规律的解释，是一个新的挑战。[①] 在后《民法典》时代，还应当基于《民法典》，思考是否需要对前《民法典》时代的实践和理论作出进一步调适，以便推进形成有关生态环境服务功能损失赔偿条款的通说，为法官适用、续造《民法典》的生态环境服务功能损失赔偿条款提供理论参考。

（二）回应法律适用需求

本书回应了解释和适用“绿色”《民法典》的现实需求。《民法典》的制定，是我国民法制度乃至整个法律制度体系化的重大成果。但是法律体系存在“外部体系”和“内在体系”之别，前者是法律形式上的构造，后者是法律的内部构造，是不同效力位阶、不同法律部门的上下左右内在一致的价值判断体系。[②] 在制定《民法典》之后，需要加强对《民法典》的解释、研究，加强民事立法相关工作，在民事审判、行政执法等活动中遵守《民法典》的要求和精神。这不仅要求在解释和适用其他法律时需要考虑《民法典》的规定，也需要在解释和适用《民法典》时考虑其他法律的要求，从而使《民法典》与其他法律法规不仅在“外部体系”，而且在“内在体系”上成为以宪法为统领的法律制度的有机组成部分，避免、消弭不同部门、不同位阶的法律规则之间的断裂、矛盾、冲突。物的使用损失理论、侵权责任赔偿范围、间接损失的可赔偿性等问题，都与生态环境服务功能损失赔偿密切相关。

研究生态环境服务功能损失赔偿问题，有助于实现民法典的体系化、生态化，周全、妥帖地保护各种民事权益。本书的研究集中在生态环境服务功能损失赔偿，涵盖生态环境服务功能损失的性质、赔偿责任的构成、证明方法、计算方法等问题。在广义的生态环境损害中，生态环境服务功能损失处于最外沿。相比污染清理费用、生态修复费用，生态环境服务功能损失是发展更新、争议更多、适用更难的部分。生态环境服务功能损失赔偿条款的适用以违反“国家

---

① 吕忠梅：《〈民法典〉“绿色规则”的环境法透视》，载《法学杂志》2020年第10期。

② ［奥］恩斯特·A. 克莱默著：《法律方法论》，周万里译，法律出版社2019年版，第55页。

规定”为前提，根据生态环境服务功能的损害大小确定赔偿数额，在责任构成、赔偿数额等方面都需要依据公法要求。生态环境服务功能损失具有公私法交汇、公共利益和私人利益交融的特征，研究生态环境服务功能损失赔偿条款对于揭示私法在实现公共利益方面的意义、准确适用《民法典》的绿色要求，具有相当的理论和实践意义。

（三）回应生态文明制度建设

随着经济的发展，我国的生态环境问题也日益凸显。为了使我国经济发展与生态环境之间的问题得到较好的解决，体现市场活力和政府担当，综合运用私法制度和公法制度的生态文明制度体系必须发挥关键作用。“绿色”《民法典》，特别是其中的生态环境服务功能损失赔偿条款，是我国生态文明制度建设的最新成就。近年来，突发性生态环境损害事件时有发生，缓发性生态环境损害也被屡屡曝光。作为回应，可持续发展、科学发展、绿色发展等概念相继被提出，生态文明最终被写入《宪法》，生态环境保护在立法、执法、司法、守法中的地位逐渐提高。生态环境损害赔偿制度，有助于加强企业、事业单位和其他生产经营者的环境责任意识，落实损失担责原则，筹集生态环境保护资金，缓解地方政府财政压力，疏导社会公众对污染者的反对情绪，在党的十八大以来逐渐得以发展、确立，成为生态文明制度体系中的重要内容。另外，造成生态环境破坏的行为也有社会、历史原因，民事机制为污染者以在招商引资时政府作出的承诺等为理由提出抗辩提供了对话机制。我国正处于以工业化为核心的经济转型、以城镇化为核心的社会转型、以市场化为核心的经济体制转型、以法治化为核心的政治体制转型中，[①] 这一对话机制对于保护被告污染者的合法权利，保障投资的稳定性和可持续性，缓解转型阵痛，具有一定意义。总结制定《民法典》之前的理论研究和实践探索，解释和适用包括生态环境服务功能损失赔偿条款在内的绿色条款，是用好、用足生态文明制度建设成果的需要。

（四）构建中国理论体系和话语体系

法学研究不仅需要法律思维，还需要法治思维、法学思维。[②] 生态环境服务功能损害赔偿运用私法机制解决公法问题，为公益诉讼制度提供了实体法基

① 尤明青著：《中国转型时期的环境侵权救济问题研究》，北京大学出版社 2017 年版，第 15—22 页。

② 张文显：《在新的历史起点上推进中国特色法学体系构建》，载《中国社会科学》2019 年第 10 期。

础，是我国生态文明制度体系的重要内容，是我国“绿色”《民法典》的核心内容，是对传统民法、现代环境法的进一步发展，彰显了中国特色、实践特色、时代特色。以我国国情和实际为落脚点，研究生态环境服务功能损失赔偿条款，落实构建具有中国特色的理论体系和话语体系的要求，无论是对民法还是对环境法都非常重要。对于生态环境服务功能损失赔偿条款进一步反思其法理意义，有助于揭示该条款体现的正义观以及该条款对于国家治理体系和治理能力现代化的意义。

《民法典》体现了中国国情，体现了生态文明的要求，是我国对世界民法立法史的贡献。《民法典》在总则部分规定“绿色原则”，是世界首创。《民法典》为民事领域确立了新的人性标准，为传统民事主体的“经济人”（Economic Man）假设注入了“生态理性”的内容。[①]《民法典》侵权责任编第七章“环境污染和生态破坏责任”是“绿色原则”在生态环境侵权领域的体现。与前《民法典》时代的环境侵权责任体系相比，《民法典》对生态环境侵权责任制度在救济范围、救济程度和救济方式这三方面进行了创新。[②]《民法典》的“绿色规则”体系，受到其他法域很多学者的称赞，但是也遭到一些域外学者的不解和质疑。对于域外的赞誉，需要进一步证成；对于域外的质疑，需要积极回应。以生态环境服务功能损失赔偿为例，从理论上证成“绿色”《民法典》的正当性，对于提高我国《民法典》的国际影响力具有重要意义。可持续发展是中外共同接受的理念，以可持续发展理念的“法言法语”，[③] 阐释《民法典》生态环境服务功能损失赔偿条款所体现的环境保护“中国方案”，有助于讲好中国环保故事。

总之，研究生态环境服务功能损失赔偿条款在民法、环境法，实践、理论，部门法、法理学等多个方面都具有重要意义。

四、研究现状

（一）关于《民法典》第1235条及相关条款的研究

任何规定在适用前都需要进行解释，《民法典》第1235条规定了生态环境

① 吕忠梅：《〈民法典〉“绿色规则”的环境法透视》，载《法学杂志》2020年第10期。

② 刘超：《〈民法典〉侵权责任编的绿色制度创新》，载《法学杂志》2020年第10期。

③ 吕忠梅、吴一冉：《中国环境法治七十年：从历史走向未来》，载《中国法律评论》2019年第5期。

服务功能损失赔偿条款，对该条款的解释工作对生态文明法治建设而言具有重大的意义。现有的文献中，王莉、邹雄在《生态环境损害公私法二元救济的规则安排》一文中指出，《民法典》侵权责任编第 1235 条规定了生态环境损害的赔偿责任，突破了私法仅救济私益性损害的传统观念，形成了“公法性质，私法操作”的生态环境损害救济新机制。刘辉在《民法典侵权责任规定在环境检察公益诉讼中的适用》一文中认为，第 1235 条规定的环境污染和生态破坏责任是检察公益诉讼的请求权基础。刘士国在《环境污染和生态破坏责任》一文中认为，第 1234 条和第 1235 条规定的污染环境和生态破坏责任，是立法态度从“以行政治理为主到市场或私法治理与公法治理并举”的变化。

《民法典》侵权责任编第七章相关条款及对第 1234 条的解释，对理解第 1235 条也有参考价值。杨立新在《〈民法典〉对侵权责任规则的修改与完善》一文中认为，《民法典》第七编作了较大修改，生态环境损害赔偿是新增的特殊侵权责任类型。王利明在《我国侵权责任法的体系构建——以救济法为中心的思考》一文中认为，动态系统论通过规定法律规范中的不同因素和各因素的强度差异，突破了构成要件系统“全有全无”的不足。《民法典》人格权编的侵害责任成立的判断，应根据法定因素及其顺序，通过因素间的互动综合考量。这一方法在生态环境损害赔偿中也有借鉴意义。吕忠梅、窦海阳在《以“生态恢复论”重构环境侵权救济体系》一文中认为，民法典相关规定是以生态修复为主的综合救济。冯洁语在《公私法协动视野下生态环境损害赔偿的理论构成》一文中认为，生态环境损害赔偿涉及私法与公法的协动。丁霖在《论生态环境损害代修复——兼论〈民法典·侵权责任编〉（草案）第 1234 条的完善》一文中认为，第 1234 条规定的生态环境代修复制度将环境行政代履行这一公法制度引入私法之中，利用公法主体与公共主体实现对环境公共利益的保护，体现了私法公法化的倾向。

研究述评：对《民法典》第 1235 条及相关条款解释的现有研究表明，《民法典》调整的对象不仅包括环境私益，还包括生态环境公益，体现出私法公法化的变化。但是对如何将公法制度、公法条款引入私法之中，尤其是环境法中大量的公共利益保护规范与民法典规定衔接的问题，未作出回答。而回应这些问题，正是本书关注的重点。

（二）关于生态环境服务功能损失概念的研究

在汉语文献中，生态环境服务功能损失的概念最早见于生态学者的表述中①。生态系统服务功能是指生态系统与生态过程所形成及所维持的人类赖以生存的自然环境条件与效用。上述功能即便不能直接被视为生产价值和消费价值，但是也因其拥有的生物资源能够确保产生、形成直接价值。② 生态系统服务主体是生态环境，服务对象是人类，服务内容是通过功能实现而达到对人类需求的满足。此外在相关的文件中也有概念界定，比如《环境损害鉴定评估推荐方法（第Ⅱ版）》第4.8条规定，人类或其他生态系统直接或间接地从生态系统获得的收益，即为生态系统服务。

在域外相关研究中，从自然科学和社会科学讨论生态环境服务功能的文献都比较丰富。盖瑞克（Garrick）等人从生态经济学的角度，研究了哥伦比亚河流域以及澳大利亚墨累河流域淡水资源生态环境服务功能及其在水资源市场中的意义。诺贝尔经济学奖得主奥尔森（Olsson）等人研究了生态环境服务功能的制度属性以及在流域、国家和国际层面建立生态环境服务功能利用和保护制度的问题。马塞拉（Marcela）等人以哥伦比亚和德国为例，研究了流域生态环境服务功能支付制度的可持续性等问题。罗斯切·麦克纳利（Roesch McNally）等人研究了生态环境服务功能的自愿支付和非自愿支付问题，其中非自愿支付就与我国的生态环境服务功能期间损害赔偿有相通之处。穆拉丁（Muradian）等人从治理的角度，探讨了采用市场机制和政府管制，规制、保护生态环境服务功能的问题。鲍曼（Bouwma）研究了欧盟环境政策体系对生态环境服务功能的接纳过程以及生态环境服务功能在欧盟法中的地位。阿比塞（Abcede）和格拉（Gera）研究了生态环境服务功能法律制度对于东盟国家矿产资源可持续发展的意义。帕斯腾（Pasten）研究了生态环境服务功能在加拿大和智利法律制度中的地位。瑞斯卡·哈利德（Rasyikah Khalid）研究了生态环境服务功能概念对于在马来西亚实现良好生态状态的意义。依沃纳·斯威尔莎卡（Iwona Zwierzchowska）和安杰依·米加斯基（Andrzej Mizgajski）研究了在波兰法律制度中，引入生态环境服务功能的概念、加强生态环境管理的可能性问题。亚历山大·阿尔特曼（Alexandre Altmann）和

---

① 欧阳志云：《生态系统·服务功能·价值评价》，载《科学新闻》1999年第15期。

② 靳芳、鲁绍伟、余新晓等：《中国森林生态系统服务功能及其价值评价》，载《应用生态学报》2005年第8期。

马西娅·席尔瓦·斯坦顿（Márcia Silva Stanton）从立法和司法的角度，运用致密化规范理论，研究巴西法律制度中生态环境服务功能的概念和地位。苏妮塔·乔杜里（Sunita Chaudhary）、安德鲁·麦格雷戈（Andrew McGregor）、唐纳·休斯顿（Donna Houston）、尼库·切蒂亚尔（Nakul Chettri）研究了尼泊尔法律制度中的环境正义和生态环境服务功能问题。何厚禄（Ho Huu Loc）等人针对生态环境服务功能对于农地价格的意义，研究了越南法律以及湄公河三角洲地区的习惯法。简·维毕斯基（Jane Verbitsky）从国际法的角度研究了南极洲的生态环境服务功能法律问题。艾亚娜·瓦尔加·帕斯特尔（Aitana De la Varga Pastor）和琼·庞斯·索来（Joan Pons Solé）研究了西班牙加泰罗尼亚地区为保护生态环境服务功能所进行的法律工具创新。保罗·马丁（Paul Martin）研究了管理生态环境服务功能市场的法律风险。

研究述评：生态环境服务功能损失现有的概念界定主要是科学技术上的概念。现有文件以及相关文献存在生态环境服务功能损失的名称使用混乱、生态损害赔偿与生态环境服务功能期间损失常常等同使用、生态环境服务功能期间损失被看作生态使用价值和环境功能损害本身等诸多问题，对生态环境服务功能损失的可赔偿性问题、赔偿数额计算问题都造成了影响。

（三）关于生态环境服务功能损失可赔偿性的研究

民法学学者对可赔偿损失的研究，集中在以调整“物”为对象的财产性损失和非财产性损失方面。[①] 对可赔偿损失的救济研究，集中在恢复原状与金钱赔偿两种基本方法，两者分别保护侵权受害人的完整利益与价值利益。而环境

① 相关研究专著成果参见车辉著：《非财产损害赔偿问题研究》，法律出版社 2011 年版；陈晧著：《侵权法的矫正正义论》，黑龙江大学出版社 2014 年版；程啸著：《侵权责任法（第二版）》，法律出版社 2015 年版；杨立新主编：《中华人民共和国侵权责任法草案建议稿及说明》，法律出版社 2007 年版；杨会：《论侵害生命权的损害赔偿——以及时死亡与间隔死亡的区分视角》，载梁慧星主编：《民商法论丛（第 57 卷）》，法律出版社 2015 年版；姚辉、邱鹏：《侵权行为法上损害概念的梳理与抉择》，载陈小君主编：《私法研究（第 7 卷）》，法律出版社 2009 年版。相关期刊文献成果参见常鹏翱：《论物的损坏与精神损害赔偿的关联——一种功能主义的诠释》，载《法律科学：西北政法学院学报》2005 年第 1 期；［奥］库奇奥：《欧洲损害赔偿法的立法模式与不法行为的归责要件》，朱岩译，载《北航法律评论》2011 年第 1 期；李友根：《惩罚性赔偿制度的中国模式研究》，载《法制与社会发展》2015 年第 6 期；鲁晓明：《论纯粹精神损害赔偿》，载《法学家》2010 年第 1 期；覃有土、晏宇桥：《论侵权的间接损失认定》，载《现代法学》2004 年第 4 期；薛军：《民法典编纂如何对待司法解释》，载《中国法律评论》2015 年第 4 期；张新宝、张小义：《论纯粹经济损失的几个基本问题》，载《法学杂志》2007 年第 4 期；张新宝、李倩：《纯粹经济损失赔偿规则——理论、实践及立法选择》，载《法学论坛》2009 年第 1 期；朱广新：《惩罚性赔偿制度的演进与适用》，载《中国社会科学》2014 年第 3 期。

损害和生态修复，是否应纳入民法救济中，民法学学者与环境法学学者观点不同。民法学学者程啸认为，侵权责任法的功能除了弥补损失外，还包括“补偿功能和威慑功能”①，为调整环境损害留下接口。环境法学学者则更强调环境损害与对物损害、对人损害的不同，环境修复的责任方式与恢复原状、赔偿损失有本质不同。比如，吕忠梅教授认为，民法与环境法是不同价值取向、性质迥异的两个法律领域，将环境法制度纳入民法体系确有必要，但要考虑是否会冲击民法体系的自洽性、妥当性。② 将生态环境损害界定为生态环境本身损害，认为生态环境损害是“环境损害”的下位概念。而巩固教授则认为，环境损害侵害的不是传统民法上个体人的利益，而是“人类环境利益”。环境损害的主体是人类，客体是人类环境利益，具体内容包括自然的生态价值损害、资源价值损害、精神价值损害、生物多样性丧失、残忍对待生物等五方面。③ 巩固教授还认为，现行的民事法律制度并未将生态修复与恢复原状并列规定，是承认两者的差异。④ 可见对环境损害的概念，民法学学者与环境法学学者，甚至环境法学学者之间亦未达成共识，这对生态环境服务功能损失的法律属性的认识造成一定难度。⑤

最早对生态环境损害予以救济的是海洋法。美国的相关法治实践将自损害

---

① 程啸：《试论侵权行为法之补偿功能与威慑功能》，载《法学杂志》2009 年第 3 期。

② 吕忠梅：《环境侵权的遗传与变异——论环境侵害的制度演进》，载《吉林大学社会科学学报》2010 年第 1 期；吕忠梅：《“生态环境损害赔偿”的法律辨析》，载《法学论坛》2017 年第 3 期；吕忠梅、窦海阳：《修复生态环境责任的实证解析》，载《法学研究》2017 年第 3 期。

③ 巩固：《民法典物权编“绿色化”构想》，载《法律科学（西北政法大学学报）》2018 年第 6 期。

④ 徐祥民、巩固：《环境损害中的损害及其防治研究——兼论环境法的特征》，载《社会科学战线》2007 年第 5 期。

⑤ 相关研究主要是 2015 年《生态环境损害赔偿制度改革试点方案》出台以前，包括李钰：《环境污染健康损害赔偿制度研究》，中央民族大学 2012 年博士论文；王辉：《煤炭开采的生态补偿机制研究》，中国矿业大学 2012 年博士论文；陈方淑：《环境责任保险法律制度研究》，西南政法大学 2010 年博士论文；宫小伟：《海洋生态补偿理论与管理政策研究》，中国海洋大学 2013 年博士论文；粟榆：《大规模侵权责任保险赔偿制度研究》，西南财经大学 2014 年博士论文；黄秀蓉：《海洋生态补偿的制度建构及机制设计研究》，西北大学 2015 年博士论文；龚思敏：《论我国生态环境损害赔偿制度的完善》，江西理工大学 2017 年硕士论文；明智：《论我国生态损害赔偿制度之构建》，南京大学 2017 年硕士论文；史升伟：《生态损害赔偿额司法确定问题研究》，河南财经政法大学 2017 年硕士论文；石蕊：《美国自然资源生态环境损害赔偿制度研究》，浙江农林大学 2017 年硕士论文；曲富国：《辽河流域生态补偿管理机制与保障政策研究》，吉林大学 2014 年博士论文；蒋琳：《船舶油污损害的国际法研究》，华东政法大学 2014 年博士论文；田景杰：《环境民事公益诉讼请求研究》，西南政法大学 2015 年硕士论文。

发生起至完全恢复期间所丧失的价值称为“临时性损害”，允许进行损害赔偿。美国《国家海洋保护区法》第1432条第6款规定了象征性损害。具体在“塔斯曼海”案中，海洋环境服务功能在“象征性损害”项下获得救济。[①]国内也逐渐展开相关法治实践，尤其是在开始探索海洋生态环境损害补偿之后，基于海洋生态系统服务功能损害的货币化补偿标准成为研究重点。在某市海洋局、某市渔政渔港监督管理处诉某航运有限公司、某船东互保协会船舶碰撞油污损害赔偿纠纷案[②]中，就对生态环境服务功能损失的可赔偿性予以承认。2013年，原国家海洋局颁布了《海洋生态损害评估技术指南（试行）》，为海洋生态补偿的具体实施提供了评估技术支持。在某市海洋与渔业局与某海运有限公司、某汽船保险协会海上、通海水域污染损害责任纠纷案[③]中，海洋与渔业局诉请的海洋生态环境损失就包括海洋生态环境服务功能损失，虽然最后最高人民法院还是驳回了某市海洋与渔业局的再审申请，但是并未否决海洋生态环境服务功能在损害赔偿中的重要地位。

在域外相关研究中，桑德伯格（Sandberg）研究了生态环境服务功能的法律属性。雷内·阿比塞（Rene Abcede）和威纳·赫尔（Weena Ger）研究了生态环境服务功能的法律属性，研究了借助法律强制力保护生态环境服务功能所具有的潜力及所面临的问题。苏阿尔迪曼（Suhardiman）等人研究了越南的自然资源权属以及生态环境服务功能的性质，考察了生态环境服务功能是市场机制还是政府对资源的控制。基斯特卡瑟（Kistenkas）研究了欧洲水法和自然保育法中接纳生态环境服务功能，保护、救济生态环境服务功能的障碍，对影响

---

① 相关研究成果参见赵丹：《中国海洋生态损害赔偿制度研究》，浙江大学2018年硕士论文；李会兰：《海洋生态损害赔偿范围研究》，海南大学2013年硕士论文；滕海凤：《我国海洋油污生态损害赔偿法律制度研究》，东北林业大学2013年硕士论文；曾旭：《我国船舶油污损害海洋环境赔偿范围研究》，大连海事大学2018年硕士论文；范庆容：《海洋环境污染损害司法救济研究》，西南政法大学2019年硕士论文；闫吉顺、张广帅、蔡悦荫等：《浅析我国海洋生态环境损害赔偿》，载《海洋开发与管理》2020年第2期；蔡先凤、林洁：《海洋生态损害赔偿：鉴定评估与制度保障》，载《宁波经济（三江论坛）》2019年第4期；陈惠珍：《国家机构改革背景下海洋生态环境损害政府索赔体制研究》，载《中国政法大学学报》2019年第4期；梅宏：《海洋生态环境损害赔偿的新问题及其解释论》，载《法学论坛》2017年第3期。

② 参见《某市海洋局、某市渔政渔港监督管理处诉某航运有限公司、某船东互保协会船舶碰撞油污损害赔偿纠纷案——环境涉外索赔第一案（2004）》，载正义网，http：//www.jcrb.com/xztpd/ZT2018/fogang/fzjs/dayaoan/201812/t20181218_1943975.html，最后访问日期：2023年5月5日。

③ 参见最高人民法院（2015）民申字第1637号民事裁定书，载中国裁判文书网。

生态环境服务功能的可赔偿性的法律问题作了梳理。琼斯（Jones）和迪·皮托（Di Pinto）研究了自然资源侵权诉讼中生态环境服务功能的角色，提出了初级恢复原状（primary restoration）和补偿性恢复原状（compensatory restoration）的概念，认为生态环境服务功能损失可以纳入补偿性恢复原状。该文研究了美国联邦 1990 年《石油污染法》以来的司法实践，具有很重要的比较法意义。戴维森（Davidson）研究了全球生态环境服务功能的分配正义问题，其中有关生态环境服务功能分配正义、矫正正义讨论为研究生态环境服务功能在国内法上的地位、救济等问题提供了思路。

研究述评：民法学学者对可赔偿损失的研究内容非常丰富细致，包括直接损失和间接损失、财产损失和非财产损失、精神损失赔偿、纯经济损失的赔偿、无形资产的损失赔偿等问题。民法中主要研究的重点仍然是物和人本身的损害的问题，所创制的概念和规则无法直接适用于生态环境损害。虽然民法中物的使用损失与生态环境服务功能损失在一定程度上可以类比，但民法的规则也无法直接适用。在此问题上，环境法学学者的研究主要集中在生态环境服务功能损失所赔偿的法益是什么，即生态环境损害的研究。有些学者指出，即使生态损害和一般损害概念存在一定的共同点，然而从本质而言，其并不属于损害的范畴。即使生态环境损害的直接依据无法通过侵权责任法获取，但却可以通过生态环境损害和一般损害之间存在的相同部分，实现兼顾物之所有人的一般损害与生态环境损害的目的。也有观点认为，应设立《环境侵害救济法》，从而消除公私法之间的界限，并将实体规范和程序规范结合在一起。还有观点认为，生态损害虽然具有传统损害概念的某些特征，但却不是真正意义上的损害。侵权责任法虽然不能提供填补生态损害的直接依据，但能够利用生态损害与传统损害之间的重叠关系，在填补物之所有人的损害时兼顾生态损害。

（四）关于生态环境服务功能损失赔偿责任的研究

2015 年《生态环境损害赔偿制度改革试点方案》出台以后，研究的重点从对生态环境损害的权益性质、概念研究，转移到责任认定的构成要件分析上。[①]竺效认为，生态损害责任构成要件包括生态环境危害行为、生态损害事实、因果关系和归责原则四方面的积极要件和抗辩事由、溯及力、责任限额等消极要件。其中，生态损害的事实由权益被侵害、权益被侵害而造成或可能造成的客观结果两个要素组成。生态损害侵害的权益是公共环境利益。吕忠梅认为，生态环境责任赔偿的计算，需关注环境修复和基线认定、修复的可能性和修复的范围、修复的标准、修复的方式以及修复方案的技术性与法律性等问题。其他学者在生态恢复的范围和规模、如何确定基线状态、可接受风险水平的标准以及责任人直接修复和代履行等方面也有细致的研究。[②]

---

① 相关研究成果参见张灵犀：《我国生态损害赔偿制度研究》，天津工业大学2018年硕士论文；李金菊：《生态环境损害赔偿金的法律规制》，甘肃政法学院2018年硕士论文；张慧颖：《行政机关提起生态环境损害赔偿诉讼研究》，郑州大学2018年硕士论文；陈殿栋：《生态损害赔偿资金保障法律制度研究》，山东师范大学2018年硕士论文；曾丽渲：《论生态环境损害赔偿诉讼与环境民事公益诉讼的整合》，甘肃政法学院2019年硕士论文；赵莉：《环境公益诉讼损害赔偿金制度研究》，山西财经大学2019年硕士论文；王蔚中：《生态环境损害赔偿请求权研究》，江西理工大学2019年硕士论文；谢春霞：《生态环境损害赔偿追偿制度研究》，中南林业科技大学2019年硕士论文；卢秋怡：《我国生态环境损害赔偿金制度研究》，浙江农林大学2019年硕士论文；凌晶：《生态环境损害赔偿请求权主体制度研究》，华侨大学2019年硕士论文；罗叉：《环境民事公益诉讼制度与生态环境损害赔偿制度的衔接》，甘肃政法学院2019年硕士论文；倪菊红：《新时代背景下的生态利益损害侵权责任制度研究》，宁夏大学2019年硕士论文；冯雪：《环境损害赔偿责任方式研究》，昆明理工大学2019年硕士论文；向春霞：《生态环境损害赔偿责任研究》，西南政法大学2018年硕士论文。

② 相关生态环境损害赔偿救济的研究成果参见汤威：《生态环境损害赔偿制度适用范围研究》，西南政法大学2019年硕士论文；王本强：《生态环境犯罪恢复性司法研究》，中南民族大学2019年硕士论文；赵俊博：《环境公益诉讼赔偿数额的司法认定》，西南科技大学2020年硕士论文；廖永彬：《我国生态环境损害赔偿金使用法律规制研究》，河南财经政法大学2020年硕士论文；李清、文国云：《检视与破局：生态环境损害司法鉴定评估制度研究——基于全国19个环境民事公益诉讼典型案件的实证分析》，载《中国司法鉴定》2019年第6期；李国平、刘生胜：《中国生态补偿40年：政策演进与理论逻辑》，载《西安交通大学学报（社会科学版）》2018年第6期；王社坤、吴亦九：《生态环境修复资金管理模式的比较与选择》，载《南京工业大学学报（社会科学版）》2019年第1期；张玉慧：《我国生态环境损害赔偿金制度之实证分析及其完善》，载《黑龙江省政法管理干部学院学报》2019年第2期；徐以祥、王宏：《论我国环境民事公益诉讼赔偿数额的确定》，载《法学杂志》2017年第3期；周杰普：《论公司参与人的环境损害赔偿责任》，载《政治与法律》2017年第5期；李兴宇：《论我国环境民事公益诉讼中的"赔偿损失"》，载《政治与法律》2016年第10期。

环境公益诉讼与生态环境损害赔偿的适用关系①，以及国家机关、环保组织、检察机关不同主体的请求权基础和请求权顺位问题都是学者关注的重点。对于请求权的性质，有国家所有权和国家环境事务管理职责之争。梅宏、张宝持“政府管理职能说”或“国家义务说”或“公益代表人说”的观点。张梓太、李承亮持“国家所有权说”，认为生态环境损害赔偿的索赔权来源于自然资源国家所有权。俊驹、王涌、巩固等学者对自然资源国家所有权也讨论较多，认为环境与自然资源是一体两面的关系。根据《民法典》规定，所有权的客体包括土地、海域、山岭、草原、滩涂等自然资源，而国家则是对上述所有权客体有直接诉讼利益的求偿主体。从比较法角度，德国《环境责任法》也采取类似的模式。但国家所有权不同于私人所有权，其主体具有特殊性，权力内容具有公益性。②

---

① 相关研究成果参见王曦：《论环境公益诉讼制度的立法顺序》，载《社会科学文摘》2017 年第 3 期；王明远：《论我国环境公益诉讼的发展方向：基于行政权与司法权关系理论的分析》，载《中国法学》2016 年第 1 期；李艳芳、吴凯杰：《论检察机关在环境公益诉讼中的角色与定位——兼评最高人民检察院〈检察机关提起公益诉讼改革试点方案〉》，载《中国人民大学学报》2016 年第 2 期；王旭光：《论生态环境损害赔偿诉讼的若干基本关系》，载《法律适用》2019 年第 21 期；竺效：《论生态损害综合预防与救济的立法路径——以法国民法典侵权责任条款修改法案为借鉴》，载《比较法研究》2016 年第 3 期；梅宏、胡勇：《论行政机关提起生态环境损害赔偿诉讼的正当性与可行性》，载《重庆大学学报（社会科学版）》2017 年第 5 期；胡静、崔梦钰：《生态环境损害赔偿制度框架探究——生态环境损害赔偿制度改革全面试行两周年回顾（理论篇）》，载《中国环境报》2019 年 12 月 19 日第 8 版；张宝：《生态环境损害政府索赔权与监管权的适用关系辨析》，载《法学论坛》2017 年第 3 期。

② 相关研究成果参见张梓太、席悦：《生态环境损害赔偿纠纷解决机制分析与重构》，载《江淮论坛》2018 年第 6 期；何燕、李爱年：《生态环境损害担责之民事责任认定》，载《河北法学》2019 年第 1 期；宁清同：《生态修复责任之内涵探究》，载《学术界》2018 年第 12 期；朱凌珂：《环境民事公益诉讼中原告资格的制度缺陷及其改进》，载《学术界》2019 年第 12 期；薛沛沛、周强、陈道静等：《生态环境损害赔偿制度探讨》，载《四川林业科技》2016 年第 4 期；贺震：《复盘首起省政府作为单独原告的生态环境损害赔偿案——江苏省政府诉海德公司生态环境损害赔偿案亲历者说》，载《环境经济》2019 年第 22 期；王世进、王蔚中：《论环境请求权与生态环境损害赔偿》，载《江西社会科学》2016 年第 10 期；卫草源：《草原生态环境损害赔偿制度研究》，载《中国畜牧业》2016 年第 24 期；陈泉生：《环境侵害及其救济》，载《中国社会科学》1992 年第 4 期；巩固：《2015 年中国环境民事公益诉讼的实证分析》，载《法学》2016 年第 9 期；侯佳儒：《生态环境损害的赔偿、移转与预防：从私法到公法》，载《法学论坛》2017 年第 3 期；李承亮：《损害赔偿与民事责任》，载《法学研究》2009 年第 3 期；李挚萍：《生态修复案件中的责任承担和法律适用——以广州市白云区鱼塘污染公益诉讼案为例》，载《环境保护》2015 年第 8 期；刘超：《环境修复审视下我国环境法律责任形式之利弊检讨——基于条文解析与判例研读》，载《中国地质大学学报（社会科学版）》2016 年第 2 期；吕忠梅、张宝：《环境问题的侵权法应对及其限度——以〈侵权责任法〉第 65 条为视角》，载《中南民族大学学报（人文社会科学版）》2011 年第 2 期；吕忠梅：《环境司法理性不能止于“天价”赔偿：泰州环境公益诉讼案评析》，载《中国法学》2016 年第 3 期；吕忠梅：《论环境侵权的二元性》，载《人民法院报》2014 年 10 月 29 日第 8 版；吕忠梅：《论环境侵权纠纷的复合性》，载《人民法院报》2014 年 11 月 12 日第 8 版；吕忠梅：《论环境侵权责任的双重性》，载《人民法院报》2014 年 11 月 5 日第 8 版；童光法：《环境损害概念辨析——兼论〈环境保护法〉相关条文的理解》，载《清华法治论衡》2016 年第 1 期；吴鹏：《最高法院司法解释对生态修复制度的误解与矫正》，载《中国地质大学学报（社会科学版）》2015 年第 4 期；张忠民：《环境司法专门化发展的实证检视：以环境审判机构和环境审判机制为中心》，载《中国法学》2016 年第 6 期；张梓太、王岚：《我国自然资源生态损害私法救济的不足及对策》，载《法学杂志》2012 年第 2 期；竺效：《论环境侵权原因行为的立法拓展》，载《中国法学》2015 年第 2 期；徐本鑫、刘清轩：《制度需求与供给视角下生态损害赔偿的法律进路》，载《昆明理工大学学报（社会科学版）》2015 年第 5 期。

研究述评：民法学学者对损害可赔偿性问题的研究，一般考虑的是维护公民的基本行为自由和一般加害者对损害可事先知悉或合理预见的考量，这种预见性包括行为是否可能造成损害、被害人是谁、损害的规模或范围如何等。但是，在生态环境损害中则应该考虑更多的因素，包括环境损害是否是确定的、受侵害权益的性质、因果关系不确定性的赔偿、无过错责任原则下是否在赔偿时考虑主观因素或行为违法性、罚金和行政罚款等因素。现有研究文献存在赔偿范围模糊等诸多问题。

对于环境公益诉讼与生态环境损害赔偿的适用关系问题，“国家规定的机关”“法律规定的组织”是法定的请求权主体，是生态环境损害赔偿权利人，是学界的共识。但国家机关是作为物权主体还是环境保护义务主体，身份究竟是执法机关，还是监管机关？如果环保组织和检察机关不是作为代位执法者，两者各自的求偿依据是否是公众参与权或监督权等问题尚未有统一的结论。

（五）关于生态环境服务功能损失赔偿计算规则的研究

生态环境服务功能损失赔偿计算是司法实务关注的焦点问题。张忠民等学者对环境民事公益诉讼大量案例进行实证研究，梳理总结出损害赔偿计算方法、鉴定机构管理、鉴定意见采纳、法官裁判文书规范性等问题。也有相关研究成果对酌定赔偿制度的适用条件和限制进行分析。①

在域外相关研究中，赫拉班斯基（Hrabanski）等人研究了生态环境服务功能的市场机制问题，对于如何为生态环境服务功能定价提出了思路。迈尔霍费尔（Mauerhofer）指出法律学界对生态系统服务关注较少，但是其实法律在生态系统服务中具有重要的作用。简·迪克（Jan Dick）等人明确指出生态系统服务概念正在成为政策和规划的主流。迈尔霍费尔（Mauerhofer）和沃克（Volker）对法治作为一个社会构建的规范框架和生态系统服务之间的关系提供了初

---

① 相关研究成果参见李思璇：《论我国海洋油污生态损害赔偿制度的完善》，河北经贸大学2015年硕士论文；苏青著：《鉴定意见证据规则研究》，法律出版社2016年版；吴在存、刘玉民、于海侠编著：《民事证据规则适用》，中国民主法制出版社2013年版；郭华著：《鉴定意见争议解决机制研究》，经济科学出版社2013年版；周彬彬著：《侵权因果关系不确定的解决路径——以美国侵权法为考察对象》，山东人民出版社2015年版；郭金霞：《鉴定结论适用中的问题与对策研究》，中国政法大学出版社2009年版；孙佑海：《环境损害司法鉴定：如何依法有序发展?》，载《环境保护》2016年第24期；张新宝：《美国有害物体侵权行为法介评》，载《环球法律评论》1994年第1期；朱晋峰：《环境损害司法鉴定若干问题探索——基于环境损害责任纠纷实践的分析》，载《证据科学》2017年第1期；李路阳、陈醒：《尽早制定环境损害司法鉴定意见质证认证规则》，载《国际融资》2017年第4期。

步的见解，应当协调好法规激励、经济激励和信息激励三种措施之间的关系。大卫·托雷多（David Toledo）、塔尼亚·布里塞尼奥（Tania Briceño）、奥斯皮纳（Ospina）以哥伦比亚安其卡亚地区的一个司法案例，研究了生态环境服务功能的估值框架。

研究述评：现有文献主要关注鉴定主体资格和设立模式、环境司法鉴定的特殊性研究、鉴定意见的质证和采信、环境专家辅助人制度的规则设计等问题，存在赔偿金额计算酌定性较大、对生态损害评估结论的使用主观性强等诸多问题。总体而言，现有文献对于计算期间起止点的多种情形、特殊情形以及不同的计算规则对赔偿金额的影响等问题关注不够。

对于《民法典》制定之前的文献，在《民法典》制定之后仍然具有重要的学术价值，但是需要以《民法典》为背景重新审视。

五、研究方法

（一）法律评注式研究方法

法律评注，是以立法文本为工作对象，以法条为中心、以法律适用为主要目的的体系化研究。法律评注以服务法律适用为主要目的，注重梳理司法实践情况，将法条规范研究与案例实证研究有机地融合在一起。法律评注，既是一种法学研究方法、学术作业方式，也是一类以法律适用为导向、兼具学理辨识的法学学术产品。①

法律评注融合了规范分析、案例研究、文献综述，是整理各家学说、比较司法判例，彼此砥砺，形成通说的过程。法律评注以立法文本为工作对象，必须以对立法文本的分析为逻辑起点。对于立法文本的分析，应当以规范分析方法为主。法学是以处理规范性意义下的法规范为主要任务的学问。自凯尔森提出规范分析法学后，规范分析方法就成为法学区别于其他学科的主要标志所在。拉伦茨曾言，法学主要是探讨规则的意义，所关注的是实证法的规范效力、规范的意义内容，以及法院判决书包含的裁判准则。本书收集整理了生态环境服务功能损失的法律法规并分析了大量裁判文书，通过对这些法律文本的分析和

① 张双根、朱芒、朱庆育等：《对话：中国法律评注的现状与未来》，载《中国应用法学》2017 年第 2 期；黄卉：《法律技术抑或法律文化？——关于中德合作编纂中国法律评注的可能性的讨论记录》，载王洪亮、田士永等主编：《中德私法研究（第 11 期）·占有的基本理论》，北京大学出版社 2015 年版，第 333—356 页。

整理，试图发现法律适用时的考量因素，发现司法通说，研究司法实践与法学理论之间的异同和互动。通过检索、分析在基本事实、法律适用方面具有相通性的案例，发现司法通说，是撰写法律评论的必经之路。

按照德国法学界有关“法学通说”的定义，法学通说包括学理通说、司法通说两个部分，两者并不必然统一。[①] 法学通说，包含理论上的学术共识和实践中的重复可验证性两个方面的要求。[②] 规范分析、案例研究，一方面离不开法学理论的指导，另一方面也有助于比较各种理论学说，发现学理通说和司法通说以及学理通说和司法通说之间的差异、互动。整理司法实践，对其中的事项要件类型化，并将立法目的等相关论述纳入其中。这种探讨一方面揭示了法学理论与司法实践之间的互动和差异，另一方面也方便法官之间互相借鉴。通过分析案例，从背景、审判过程、事实认定、法律适用、判决执行方案、取得的成就和经验、存在的问题和不足等方面进行研究，一方面可以验证法学理论对于司法实践的智识支持，另一方面也可以发现构建理论、完善司法的路径。通过这种研究方式，本书坚持法学的实践科学属性，试图发现隐藏在法律技术背后的思想，在法律技术层面追求安置价值判断的科学性和学术性。

法律评注，以德国民法的法律评注影响最大。法律评注是德国近代法学从法学实证主义到制定法实证主义的转向的重要体现和成果。[③]《施陶丁格民法典评注》《慕尼黑法律评注》就是重要代表性成果。德国的法律评注对日本和我国台湾地区的法学研究产生了重大影响。与德国相似，日本和我国台湾地区也出版了相当数量的法律评注。在其他大陆法系法域，也有法律评注的传统，并对理论研究和法律实践产生了重要影响。比如，美国路易斯安那州作为民法法系法域，也出版了自己的法律评注，并定期更新。近年来，我国也译介了其他法域的法律评注，[④] 探讨了法律评注的研究方法，并产生了一定数量的法律评注作品。《法学家》杂志自 2016 年第 3 期起开辟了法律评注专栏，发表了朱庆

---

① 张双根、朱芒、朱庆育等：《对话：中国法律评注的现状与未来》，载《中国应用法学》2017 年第 2 期。

② 姜涛：《认真对待法学通说》，载《中外法学》2011 年第 5 期。

③ 王剑一：《德国法律评注的历史演变与现实功能》，载《中国应用法学》2017 年第 1 期。

④ 本书写作时检索到的最早的译介外国法的法律评注类文献是董璠舆教授 1990 年翻译出版的《日本国宪法精解》。［日］宫泽俊义著，芦部信喜补订：《日本国宪法精解》，董璠舆译，中国民主法制出版社 1990 年版。

育教授有关原《合同法》第 52 条第 5 项的评注①、徐涤宇教授有关原《合同法》第 80 条债权让与通知的评注②等文章，对于推广法律评注这种研究方法产生了巨大的影响力。

由于对法律评注这种研究方法、学术文体尚未有系统的认识，本书的写作过程也是一个边干边学的过程。本书选取了《法学家》期刊上近年来发表的法律评注文章作为范本，拟定框架、分析案例、比较学说。本书采取“面向事物本身”的态度，顺着概念的逻辑和问题的辐射面逐步展开分析。

本书在对司法判决进行汇总和类型化时，结合了最高人民法院关于类案检索的要求。案例分析是最能训练法律人的方法。③ 案例分析，不仅具有学理意义，对于保障法律统一适用也有重要意义。开展类案检索，已经成为法院保障法律正确适用、实现同案同判的重要抓手。最高人民法院明确地对类案检索提出了要求④，有些高级人民法院已经建立了类案检索报告制度⑤。在选择案例时，首选最高人民法院作出裁判的案例，然后是最高人民法院作出批复的案例、指导案例、公报案例，再然后是按照高级人民法院、中级人民法院、基层人民法院的顺序寻找代表性案例。本书写作时检索的案例来源主要包括中国裁判文书网、最高人民法院指导案例、最高人民法院公报等。

（二）实证研究方法

实证研究（empirical research），也被称为经验研究，其哲学来源于社会实证主义。⑥ 规范研究和实证研究，是法学研究中的两个重要研究路径，⑦ 前者偏重逻辑推理，后者强调社会观察。法学研究应当将规范研究和实证研究有机结合，因为观点的成立，需要逻辑（logical）和实证（empirical）两方面的支持，

① 朱庆育：《〈合同法〉第 52 条第 5 项评注》，载《法学家》2016 年第 3 期。

② 徐涤宇：《〈合同法〉第 80 条（债权让与通知）评注》，载《法学家》2019 年第 1 期。

③ 王泽鉴著：《民法思维：请求权基础理论体系》，北京大学出版社 2009 年版，第 12 页。

④ 《最高人民法院关于统一法律适用加强类案检索的指导意见（试行）》（最高人民法院 2020 年 7 月 15 日公布）。

⑤ 《江苏省高级人民法院关于建立类案强制检索报告制度的规定（试行）》（2020 年 7 月 14 日第 17 次审判委员会全体会议讨论通过）。

⑥ 陈瑞华：《从经验到理论的法学研究方法》，载《中国法律评论》2019 年第 2 期；王姝彦：《回望与反思：实证主义之于科学哲学的影响》，载《晋阳学刊》2015 年第 6 期。

⑦ 侯猛：《实证“包装”法学？——法律的实证研究在中国》，载《中国法律评论》2020 年第 4 期。

既要言之成理，又要符合社会实际。[①]

经验研究包括个案式（idiographic）解释和通则式（nomothetic）解释两种模式。[②] 法学上的个案式解释研究，也被称为个案研究（case study），包括法解释学意义上的案例分析和法社会学意义上的个案研究。将法解释学的个案分析与数据分析相结合，已经成为一种新型的个案研究方法。本书针对《民法典》第 1235 条生态环境服务功能损失赔偿条款的适用情况，以案件的审级、时期为变量进行比较分析，归纳出法条的适用规则。同时，本书结合《最高人民法院关于统一法律适用加强类案检索的指导意见（试行）》《〈关于统一法律适用加强类案检索的指导意见（试行）〉理解与适用》[③] 中数据分析方法，比对分析在基本事实、争议焦点、法律适用等方面有实质相似性的案例，探寻法官在适用法条时的考量因素。

本书通过律师实务、调研访谈、查阅案卷、借阅律师工作底稿，开展实证研究，了解到判决书之外的更多案情，加深了对判决的理解。在笔者读书期间，作为律师助理参与了四川省某再生资源有限公司、饶某均污染环境罪案，亲历了该案从一审到二审的整个过程，通过当事人家属和企业法律顾问了解到该案从日常行政执法、"公众"举报、中央环保督察、行政强制到刑事审判的整个过程。本案被告公司是一家从事废机油回收、再利用的企业，于 2000 年 6 月 20 日成立，于 2001 年至 2013 年，以废机油、白土、硫酸、烧碱等为原料，将废机油提纯为燃料油并销售。该公司将作为吸附介质使用后的白土渣堆放在厂区的一个未经防渗处理的土坑中。2013 年停工之后，该企业未继续从事废机油回收提炼业务，仅将厂区出租给物流公司使用。2017 年在被人举报之后，某市环境保护局委托检测机构对土壤、周围地下水进行检测，然后以检测结果为基础委托某省地勘院编制了应急清运处置方案，组织清运处置。本案一、二审均开庭两次，二审第二次开庭还有证人出庭作证。在办案过程中，亲眼看到环境污染，也亲眼看到被告人被带走时，家属的仓皇无助、撕心裂肺，更加体会到程

---

① ［美］艾尔·巴比著：《社会研究方法（第十一版）》，邱泽奇译，华夏出版社 2018 年版，第 6 页。

② ［美］艾尔·巴比著：《社会研究方法（第十一版）》，邱泽奇译，华夏出版社 2018 年版，第 22 页。

③ 刘树德、胡继先：《〈关于统一法律适用加强类案检索的指导意见（试行）〉理解与适用》，载《人民司法》2020 年第 25 期。

序发动者将“十八般兵器”的排列组合、综合运用之后对人身自由、家庭财产、政府机关、经济发展、环境保护产生的不同影响。

笔者还访谈了多个案件的承办法官、检察官、代理律师、当事人、当事人家属、社会组织，查阅了多个案件的全套案卷，借阅了多个案件的律师工作底稿。通过调研，笔者从北京市某环境研究所、福建省某环境友好中心诉谢某某、倪某某等侵权责任纠纷案①中了解到谢某某等人的案件从招商引资到压矿关停，从刑事诉讼到公益诉讼，从政府给予行政补偿到法院判决生态环境服务功能损失赔偿，从一审到二审、再审的全过程。通过调研，笔者从福建省某环境友好中心诉兰某水污染责任纠纷案②中了解到兰某从当地政府“菜篮子”工程的积极响应者，到当地政府表彰的养猪先进个人，再到法院公开审理，人大代表、政协委员、社会公众旁听，电视、报纸公开报道的水污染责任纠纷这一生态环境损害赔偿案件的被告。诸如此类案例还有很多，通过对此类案件的实证研究，笔者知道了判决书之外的很多案情，加深了对案件的理解，提高了对司法判决的解读能力。

笔者注重通过复盘案件，推演程序启动者的不同路径选择、被告不同的应对策略对于生态环境服务功能损失赔偿规则适用的影响，发现不同制度之间的潜在竞争、竞合关系。本书第四章有关公私协动的讨论在很大程度上就是对案件复盘反思的结果。

六、创新之处

本书契合最新立法，以发展通说为目的，采取了解释论的研究进路，采用法律评注的研究方法，不求宏大叙事、架梁立柱，但求小心求证、添砖加瓦，虽无四梁八柱之宏力，但愿能够打造一块有用的砖头，为中国法治建设贡献绵薄之力。本书虽然力求有所创新，但也只是谨慎地追求有限创新。

（一）研究视角新：从立法论到解释论的转向

本书的研究视角，是环境法学界较少采用的解释论视角。本书没有采用环境法学目前通常采用的立法论的研究视角，而是采用了解释论的视角，以服务法律适用、发展通说为目的。

---

① 参见最高人民法院（2016）最高法民申1919号民事裁定书，载中国裁判文书网。

② 李栖主编：《环境公益诉讼观察报告（2015年卷）》，法律出版社2016年版。

生态环境服务功能损失赔偿是民法学和环境法学的交叉领域。民法学具有解释论的研究传统，在《民法典》制定之后，更是以解释论研究为重点。与民法学稍有不同，改革开放四十多年来的环境法学主要以立法论为研究进路，以服务环境立法为目的，为建立和完善以宪法为核心的环境法律体系作出了重要贡献。[①] 但是在经过四十多年的立法论研究之后，环境法学也应当转变研究视角，从立法论研究为主转向解释论研究为主，并综合运用多种思维方法进行法律解释操作。[②] 这一方面是因为具有中国特色的以宪法为核心的环境法律体系已经建立，立法论研究的迫切程度已经相对降低；另一方面也是因为环境执法总体上落后于环境立法，推进环境法治，发展“环境法治学”乃至“环境法理学”都需要加强解释论研究，加强对法律规则与法律实践之间互动关系的研究。近年来，我国的环境公益诉讼实践表现出很强的司法能动性，不仅走在理论的前面，也走在实体法的前面。《民法典》有关生态环境服务功能损失赔偿的规定，夯实了环境公益诉讼的实体法基础。“法律未经解释不得适用。”解释论研究的一个重要目的，就是推动形成通说。对于《民法典》第 1235 条提供的请求权基础，还需要加强解释论研究，推进形成学理通说和司法通说，满足司法实践的需求。

（二）研究方法新：法律评注式研究方法的尝试

本书的主要研究方法，是我国此前甚少采用的法律评注式研究方法。法律评注，既可以作为一种法学研究方法、学术作业方式，也可以作为一种文体，产出以法律适用为导向、兼具学理辨识的法学学术产品。[③] 法律评注是德国近代法学从法学实证主义到制定法实证主义的转向的重要体现和成果。[④] 无论是作为研究方法的法律评注还是作为研究成果的法律评注，都以德国民法的法律评注影响最大，并对美国路易斯安那州等其他大陆法系法域产生了广泛的影响。法律评注作为一种研究方法，在中国仍然具有探索性，民法学大家也承认目前

---

① 吕忠梅、吴一冉：《中国环境法治七十年：从历史走向未来》，载《中国法律评论》2019 年第 5 期。

② 吕忠梅：《环境法的裁判解释初论》，载《江苏社会科学》2010 年第 6 期。

③ 黄卉：《法律技术抑或法律文化？——关于中德合作编纂中国法律评注的可能性的讨论记录》，载王洪亮、田士永等主编：《中德私法研究（第 11 期）·占有的基本理论》，北京大学出版社 2015 年版，第 333—356 页。

④ 王剑一：《德国法律评注的历史演变与现实功能》，载《中国应用法学》2017 年第 1 期。

在中国开展法律评注研究还处于“摸着石头过河”的“边干边学”阶段。[①]《法学家》发表的法学评注论文，集中在合同法领域，其次是物权法领域，在侵权责任法领域，特别是生态环境侵权领域尚无法律评注论文发表。因此本书的研究方法具有一定的创新。

在开展法律评注式研究时，本书也根据最高人民法院关于类案检索的最新要求，融合了类案分析思维，开展案例分析。比如，本书对“国家规定”等问题，检索了司法解释的适用、《民法典》其他含有“国家规定”的条款的适用、原《民法通则》第124条中的“违反国家保护环境防止污染的规定”的适用，探讨《民法典》第1234条、第1235条中的“国家规定”的规范含义和适用问题。

（三）研究对象新：对新法新规适用的探讨

本书的研究对象，是新中国第一部以“典”命名的立法文件规定的一项新的法律规则。生态环境服务功能损失问题既面向庞杂的现实生活，也涉及理论、原则和规则的创新。在《民法典》之前，对于包括生态环境服务功能损失赔偿在内的生态环境损害赔偿已经开展了大量的、富有真知灼见的理论探讨，最高人民法院、最高人民检察院也通过司法解释、司法政策、典型案例等方式推进规则建构，检察机关、社会组织提起了很多具有代表性的、开拓性的诉讼，公益律师为生态环境公益诉讼提供了创造性的法律服务，为《民法典》制定生态环境损害赔偿规则、救济社会公共利益奠定了基础。在后《民法典》时代，此前的理论成果、司法解释、典型案例对于《民法典》第1234条、第1235条的适用具有重要的指导意义。但是，《民法典》第1235条毕竟是新立法文本语境下的新规则，需要研究立法文本本身，并将前《民法典》时代的理论成果、司法解释、典型案例放在《民法典》的背景下重新审视，分析哪些理论观点、裁判方法被《民法典》采纳，哪些没有被采纳，以便发现、揭示、发展通说。

正是基于这一考虑，本书首先分析生态环境服务功能损失赔偿条款的规范定位（第一章），其次将其放在侵权责任编乃至整个民法典中分析（第二章），

---

① 本书写作时检索到的最早的译介外国法的法律评注类文献是董璠舆教授1990年翻译出版的《日本国宪法精解》。[日] 宫泽俊义著，芦部信喜补订：《日本国宪法精解》，董璠舆译，中国民主法制出版社1990年版；张双根、朱芒、朱庆育等：《对话：中国法律评注的现状与未来》，载《中国应用法学》2017年第2期；徐涤宇：《〈合同法〉第80条（债权让与通知）评注》，载《法学家》2019年第1期。

再次探讨以条款为请求权基础的裁量性赔偿问题（第三章），最后将该条款放在我国法律体系的总体中比较分析，发现公法、私法互动协力的问题（第四章）。

第一章通过对生态环境服务功能损失赔偿条款规范定位的研究，提出生态环境服务功能作为一项社会公共利益，可以被解释为直接作为请求权基础的公共利益。以社会公共利益本身直接作为民事请求权的基础，是我国"绿色"《民法典》的创新和贡献。在第二章民法典内的研究部分，本书考察了"国家规定"的含义及其对生态环境服务功能损失赔偿责任成立的意义、生态环境服务功能损失作为一种损害的性质、因果关系及其证明、抗辩事由等问题。第三章在生态环境服务功能损失赔偿责任成立的基础上，探讨裁量性赔偿。第四章在分析生态环境服务功能损失赔偿条款与其他法律制度的关系时，本书重点从程序发动者的视角，分析程序发动者"兵器库"中的各种"兵器"以及各种"兵器"的长短优势。通过比较分析，发现对于程序的发动者来说，代履行和罚款、生态环境损害赔偿磋商、刑事责任与《民法典》第1235条之间具有一定的补充、替代、加强作用，是否选择以《民法典》第1235条为请求权基础发动民事诉讼，在法律实践中可能是程序发动者在比较其他"兵器"之后的选择。这种比较研究，有助于进一步反思《民法典》第1235条的适用。

本书的观点创新主要有三点：其一，本书提出生态环境服务功能损失赔偿条款价值定位的二元性，体现在目标的公益性和手段的私法性。其二，提出《民法典》第1235条法条性质是不完全规范，其功能不仅在于与其他私法规范结合成为完全规范，更在于通过"违反国家规定"要件，引公法规范进入私法适用。其三，从制度协动的角度进一步反思生态环境服务功能损失赔偿制度。

第一章　二元融合：生态环境服务功能损失赔偿条款的规范定位

本章重点关注《民法典》第1235条生态环境服务功能损失赔偿条款的规范定位是什么？该条款的价值定位、规范联结、条文构造（包括规范类型、适用范围等问题）、程序保障是什么？

第一节　价值定位的二元

《民法典》第1235条是以私法机制实现公共利益的条款，其价值定位的二元体现在目标的公益性和手段的私法性。污染环境、破坏生态可能同时损害公共利益和民事主体的个别利益，此即环境侵权的二元特征。① 对生态环境公共利益的损害和对民事主体的个别权益的侵害可能同时存在，可以分别救济，两者并不排斥，并且经常会互相促进。亦即，针对生态环境公共利益提起民事诉讼后，具体的受害人还可以就其遭受的损失提起侵权责任诉讼。反之亦然，具体的受害人在提起侵权责任诉讼之后，代表共同利益的主体仍然可以就生态环境公共利益提起民事诉讼。②《民法典》第1235条的规范意旨在于规定侵权人因为违反国家规定造成生态环境损害时，应当承担的损害赔偿责任的赔偿项目和范围。期间损失和永久性损失，是该条款规定的应当予以赔偿的项目。该条款的规范意旨在于通过侵权责任制度，使救济成为具有公益性质的生态环境法益，落实《民法典》第9条规定的“绿色原则”，实现《民法典》的立法目的，

---

① 吕忠梅：《论环境侵权的二元性》，载《人民法院报》2014年10月29日第8版。

② 在此方面，生态环境公共利益与英雄烈士等的姓名、肖像、名誉、荣誉等社会公共利益不同。根据《民法典》第185条和《英雄烈士保护法》第25条，英雄烈士的近亲属提起诉讼的，检察机关不得提起公益诉讼。

实现《宪法》的生态文明建设要求。该条款的规范意旨，回应了我国民事主体的环境意识，体现了近年来的生态环境保护政策。

一、公共利益的含义

（一）《宪法》对“公共利益”的明文使用情况

“公共利益”的界定以及实施，一直是宪法领域里的一项重要课题。“公共利益”一词在中国宪法文本中一直都较为固定，自 1954 年以来，我国在历部《宪法》中都对公共利益进行了规定。[①] 随着政治文明的不断进步，我国现行《宪法》规定了诸多关于“公共利益”或与之相近的条款，体现了我国平衡公共利益和个人利益、保障人权的态度和决心。在我国现行《宪法》中明文使用了“公共利益”一词的条款主要有两个，即第 10 条第 3 款、第 13 条第 3 款，这两个条款通常被看作“行政征收”和“行政征用”的宪法规范依据，即宪法上的“征收和征用条款”，规定了国家利益对集体权利、公民权利的限制，确立了公共利益的优先地位。这些规定体现了我国宪法在公共利益与私有财产权之间寻求平衡，也为各部门法制定具体的公共利益条款提供了宪法依据和标准。宪法上的“公共利益”是法律上的“公共利益”的立法依据；是法律上的“公共利益”的审查依据；是法律上的“公共利益”的解释依据。[②] 但是《宪法》本身并没有对公共利益予以定义。

虽然《宪法》中明文规定“公共利益”的条款只有两个，但是很多其他条款都旨在保护、促进公共利益，与公共利益发生勾连，使用诸如“社会秩序”“公共秩序”“社会公德”“国家秘密”“公共财产”等概念。不过，虽然可以透过公共利益的本质要素——公共目的——来了解其核心含义，但由于公共利益主张者的缺位以及主张者的不保险性，由法律来确认或者形成客观的公共利益已然成为法治社会的普遍做法。[③] 《宪法》没有明确界定公共利益，《宪法》中的“公共利益”具有概括性、模糊性的特点。[④]

（二）《民法典》对“公共利益”的明文使用情况

在《民法典》中，共有 11 个条文明确使用了“公共利益”一词，如下页

---

① 李灵素：《论宪法文本中公共利益的判断原则》，载《社会科学动态》2019 年第 9 期。

② 上官丕亮：《“公共利益”的宪法解读》，载《国家行政学院学报》2009 年第 4 期。

③ 胡锦光、王锴：《论我国宪法中“公共利益”的界定》，载《中国法学》2005 年第 1 期。

④ 许峰：《宪法视野下的公共利益研究》，载《辽宁行政学院学报》2016 年第 10 期。

表 1-1 所示。

表 1-1 《民法典》中明文使用“公共利益”的条款

类别	所涉事项	条文编号	所属编章
征收、征用类	征收、征用财产	第 117 条	第一编“总则”第五章“民事权利”
	征收集体所有的土地和组织、个人的房屋以及其他不动产	第 243 条	第二编“物权”第二分编“所有权”第四章“一般规定”
	提前收回建设用地	第 358 条	第二编“物权”第三分编“用益物权”第十二章“建设用地使用权”
禁止滥用权利类	禁止滥用权利	第 132 条	第一编“总则”第五章“民事权利”
	针对当事人通过合同进行损害国家与社会利益的行为，行政主管部门有权根据相关法律进行监督，并给予其相应的处罚	第 534 条	第三编“合同”第一分编“通则”第四章“合同的履行”
	禁止在医学和科研活动中损害公共利益	第 1009 条	第四编“人格权”第一章“一般规定”
禁止侵害类	旨在保护英雄烈士等的姓名、肖像、名誉、荣誉的禁止性规定	第 185 条	第一编“总则”第八章“民事责任”
合理使用类	基于公共利益合理使用民事主体的姓名、名称、肖像、个人信息等	第 999 条	第四编“人格权”第一章“一般规定”
	为维护公共利益制作、使用、公开肖像权人的肖像的其他行为	第 1020 条	第四编“人格权”第四章“肖像权”
	免除为公共利益实施新闻报道、舆论监督等行为影响他人名誉的民事责任	第 1025 条	第四编“人格权”第五章“名誉权和荣誉权”
	免除为维护公共利益合理处理个人信息行为的民事责任	第 1036 条	第四编“人格权”第六章“隐私权和个人信息保护”

从表 1-1 可以看出，《民法典》明文使用“公共利益”的条文比《宪法》更多，所涉事项更广，除涵盖了《宪法》所规定的征收、征用之外，还涵盖了禁止滥用权力，禁止侵害英雄烈士人格权，允许合理使用民事主体的姓名、名称、肖像、个人信息并免除民事责任。

自原《民法通则》以来，我国民事立法一直承认“公共利益”并在民法直接予以规定。原《民法通则》中的相关条款包括第7条、第49条第6项、第55条第3项、第58条第5项、第150条。原《合同法》中的相关条款包括第7条、第52条第4项、第127条。原《物权法》中的相关条款包括第7条、第42条、第148条等。

与《宪法》相似，《民法典》保护公共利益的条款并不限于明文使用“公共利益”一词的条款。《民法典》第1条从立法目的上强调要保护民事主体的合法权益、维护社会秩序，隐含保护公共利益之意，而在《民法典》第8条、第143条中所规定的“公序良俗”其实就是公共利益的同义语，“法律”“强制性规定”也主要是以确认和保护公共利益为目的的法律规则。①

因此，在探究《民法典》中的公共利益的含义以及对公共利益的保护时，还需要考虑其他条款。《民法典》对公共利益的维护，说明《民法典》不仅调整民事主体之间的利益关系，也协调民事主体利益与公共利益之间的关系。国家基于公共利益限制民事主体的利益，不仅通过公法进行外部限制，也通过民法条款实现民法内部的限制。作为民法的核心范畴，公共利益是限制民事主体自由的正当理由、充分理由。②

（三）公共利益的含义

《宪法》和《民法典》都没有明确定义公共利益，这对理解和适用《民法典》造成了一定的困难。以下从公共利益相对的概念、包含的内容两个方面分别讨论。

公共利益是与个别利益相对的一个概念。很多有关中国法律的文献将公共利益与私人利益作为相对的两个概念，这可能并不完全符合中国法律体系的实际情况。《宪法》第10条第3款规定国家基于公共利益行使征收、征用权时，所对应的主体为农村集体经济组织。从民事主体的类别来看，农村集体经济组织是《民法典》第96条、第99条规定的特别法人，具有民事权利能力和行为

---

① 王轶、关淑芳：《认真对待民法总则中的公共利益》，载《中国高校社会科学》2017年第4期；徐以祥、王宏：《论我国环境民事公益诉讼赔偿数额的确定》，载《法学杂志》2017年第3期。

② 王轶：《民法价值判断问题的实体性论证规则——以中国民法学的学术实践为背景》，载《中国社会科学》2004年第6期；王轶、关淑芳：《认真对待民法总则中的公共利益》，载《中国高校社会科学》2017年第4期；徐以祥、王宏：《论我国环境民事公益诉讼赔偿数额的确定》，载《法学杂志》2017年第3期。

能力，具有自身的利益。从所有制性质来看，农村集体经济组织是我国社会主义公有制的重要组成部分，将集体经济组织的利益称为私人利益，有违《宪法》第6条、第8条的规定。国家利益与集体经济组织的利益关系，是社会主义公有制的整体和局部的关系。以“个别利益”作为“公共利益”的对称，能够恰当地描述国家利益与集体经济组织之间的关系。同时，“个别利益”一词，也能够涵盖公民个人的私人利益。

《民法典》中的公共利益包含国家利益和社会公共利益两个方面。《民法典》第132条、第534条就是将“国家利益”和“社会公共利益”并列，作为行政主管部门行使公权力的两个理由。[①]《民法典》第185条单独使用了“社会公共利益”的用语。此外，2017年《行政诉讼法》第25条第4款对于检察机关提起公益诉讼的范围也将“国家利益”和“社会公共利益”区分为两种不同的法益。公共利益包含社会公共利益，争议较少，甚至很多时候公共利益就被等同于社会公共利益。在国际法领域，对于国家利益的独立性以及国家利益作为公共利益的一个组成部分，争议较少。对于涉外民事诉讼中的外国裁判文书、仲裁文书的执行，各国普遍接受公共利益保留。该意义上的公共利益，就包括国家利益。在国际法之外的法学学科中，对于是否存在有别于社会公共利益的国家利益，国家利益是否构成公共利益的一个组成部分，存在较多争议。主张取消国家利益和社会公共利益二元划分的观点仍然存在。[②] 但是总体而言，认可国家利益的独立性，将国家利益作为公共利益的一个组成部分，是现在的主流观点。[③] 这种观点也更加有利于融合国内法和国际法，更好地反映我国包括

---

① 对于《民法典》第534条中的“行政主管部门”应当作扩张解释，将人民政府也涵盖在内。按照有些法律的规定，有些监督管理职权应由人民政府行使。

② 刘欣琦：《我国公益诉讼制度的逻辑梳理与修正》，载《中国检察官》2020年第5期。

③ 沈宗灵主编：《法理学研究》，上海人民出版社1990年版，第61页；薄振峰：《朱利叶斯·斯通的社会法学思想》，载《清华法学》2006年第3期；孙笑侠：《论法律与社会利益——对市场经济中公平问题的另一种思考》，载《中国法学》1995年第4期；胡锦光、王锴：《论我国宪法中“公共利益”的界定》，载《中国法学》2005年第1期；郑景元：《论〈合同法〉中的公共利益——以合同无效事由为视角》，载《昆明理工大学学报（社会科学版）》2008年第7期；高富平、晏夏：《合同法公共利益条款适用反思——基于利益法学方法论的尝试》，载《法律方法》2018年第1期；闫发伟：《论我国城市地下空间利用中生态损害救济制度的构建》，福州大学2014年硕士论文；曾忞：《谢某等人破坏林地民事公益诉讼案评析》，湖南师范大学2017年硕士论文；黄琴：《市场化流域生态补偿民法问题研究》，福建师范大学2017年硕士论文；卢瑶：《马克思主义公共产品理论视域下的生态环境损害赔偿研究》，华中科技大学2018年博士论文。

民法在内的立法实践。国家利益和社会公共利益有重叠部分，但是某些类型的公共利益更加具有国家利益的特征，或者更加具有社会公共利益的特征。

二、《民法典》中的生态环境公共利益

在分析生态环境服务功能损失赔偿条款的规范意旨时，还需要考虑生态环境公共利益与民事权益之间的关系。《民法典》第1条将本法的调整范围划定为“保护民事主体的合法权益”“调整民事关系”。“民事主体的合法权益”与第七编“侵权责任”开篇的第1164条所规定的“民事权益”应当是同一个法律概念，“民事权益”是“民事主体的合法权益”的简略表述。如何理解生态环境公共利益与民事权益的关系，涉及生态环境公共利益的内容以及在《民法典》内对公共利益的解释路径。

生态环境公共利益，是指具有生态环境属性的公共利益。如上所述，公共利益包括社会公共利益和国家利益，对于生态环境公共利益也应当作如此理解。即生态环境公共利益包括具有生态环境属性的社会公共利益和具有生态环境属性的国家利益。

自然资源和生态环境要素具有很大程度上的重合，因此有些自然要素同时具有资源价值和生态环境价值。考虑到生态环境容量具有相当的经济价值，可以进行资源化分配和利用，[①] 促进自然资源和生态环境的重合程度更高。有观点区分了环境公共利益和自然资源物权，认为前者指向自然资源的生态价值，后者是自然资源的物权价值，主张前者通过环保组织、检察机关提起环境民事公益诉讼的方式实现，后者通过私权利人提起的私益民事诉讼的方式实现。[②] 由于我国对自然资源的相关规定，除了少量例外，自然资源的经济价值体现为国家利益。上述观点实际上将环境公共利益限定在具有环境属性的社会公共利益，将国家利益排除在公共利益之外。这一观点无法实现对《民法典》的融贯解释，也不符合《民法典》第1234条、第1235条对起诉主体的安排。

《民法典》第1234条、第1235条都是直接规定生态环境损害的条款，体现了《民法典》所保护的生态环境公共利益的内容和救济范围。纳入《民法典》保护的生态环境公共利益包括生态环境的完整性和生态环境服务功能，也包括

---

① 吕忠梅：《关于物权法的“绿色”思考》，载《中国法学》2000年第5期。

② 薄晓波：《环境公益损害救济请求权基础研究》，载《甘肃政法学院学报》2020年第3期。

生态环境要素作为自然资源的价值。以森林资源为例，森林资源所体现的生态环境公共利益包括涵养水源、防风固沙、调节气候、生物多样性等社会公共利益，也包括森林作为自然资源所体现的国家利益。

根据《环境保护法》第2条的规定，环境是一个总体概念，包括天然的自然因素和人工改造的自然因素，以影响人类生存和发展的范围为限，包括大气、水、海洋等环境要素，也包括自然保护区、风景名胜区的区域。虽然《宪法》《环境保护法》等法律法规都使用了“生态环境”一词，但是都没有规定生态环境的定义。

根据保护的利益不同，环境法律规范可以分为三类。第一类是保护人的利益的法律规范；第二类是保护生态环境利益的法律规范；第三类是兼保护人的利益与生态环境利益的法律规范。① 生态环境服务功能，不仅向人类提供服务，也向生态环境的其他部分、要素提供服务。因此，生态环境服务功能损失赔偿条款，是兼具保护人的利益与生态环境利益的法律规范。但是，此处人的利益应作抽象理解，不是个体意义上的人而是公众。

三、生态环境公共利益的二元解释路径

对于纳入《民法典》保护的生态环境公共利益与民事权益的关系，可以存在以下两种解释路径。

（一）解释路径一：民事主体利益之下的公共利益的解释路径

在《民法典》已经规定了生态环境服务功能损失赔偿条款的情况下，就可以生态环境公共利益作为民事权益的一个子集，从而完成体系解释的操作。因此从体系解释的角度分析，生态环境服务功能是民事权益的一部分，生态环境服务功能损失应当被理解为侵害民事主体合法权益所造成的一种损失。如此解释需要进一步回答的是，生态环境服务功能损失的受害人是谁，该损失是侵害人身权益造成的损失还是侵害财产权益造成的损失？

作为公共利益的生态环境，具有整体性、非排他性、受益主体不特定的特点。对生态环境服务功能造成的损害，也就没有具体的受害人，② 进而也就无法确定是对人身权益造成的损害还是对财产权益造成的损害。按照这种解释路

① 徐以祥：《我国环境法律规范的类型化分析》，载《吉林大学社会科学学报》2020年第2期。

② 吕忠梅：《“生态环境损害赔偿”的法律辨析》，载《法学论坛》2017年第3期。

径，无法完成体系解释的操作，因为无法将公共利益解释为民事利益的子集。正是这一原因，在制定《民法典》之前就有观点认为不应对纯粹公益损害简单地适用侵权责任制度，不应在《民法典》侵权责任编规定纯粹公益损害的救济问题。[①] 将纯粹公益的生态环境服务功能损失作为通过公益诉讼等特殊救济程序予以救济，更为妥当。[②] 但是如果将生态环境公共利益置于民事主体利益之下，公共利益与私人利益之间的界限将逐渐模糊，甚至会出现公共利益等同于私益诉讼之和的论述，而此观点实际上并不能很好地对公共利益与私人利益之间的关系予以解读，最关键的是，此观点不利于公益诉讼制度的完善与落实。总而言之，民事主体利益之下的公共利益的解释路径并不是合理的解释路径。

（二）解释路径二：可以直接作为请求权基础的公共利益

另一种解释路径是，将可以直接作为请求权基础的公共利益，作为与民事权益并列的概念。可以直接作为请求权基础的公共利益，具有公共利益的一般特性，比如受害人不特定等，也具有可以直接作为请求权基础的特性。由于受害人不特定，由公共利益的代表行使请求权，提起民事诉讼。但是，构成民事救济请求权的直接基础并不会将公共利益转化为民事权益，有权行使请求权的主体只是代表共同利益行使请求权。此种公共利益，是与民事权益并列的概念。这一解释路径，可能能够更为妥帖地在《民法典》内处理公共利益与民事权益之间的关系，更好地揭示我国《民法典》的中国特色、实践特色、时代特色。

《民法典》第 185 条有关英雄烈士等的姓名、肖像、名誉、荣誉的规定，可以为生态环境公共利益提供借鉴。《民法典》第 185 条即原《民法总则》第 185 条。民法作为私法的核心，一般不承担积极推动公共利益实现的使命，而是发挥消极地保护公共利益的功能。[③] 在原《民法总则》之前，我国民法对公共利益的保护都是通过限制民事权益的范围和内容实现的，并未将公共利益直接作为请求法律救济的请求权基础。原《民法总则》第 185 条首次直接赋予公共利益以请求权为基础的地位。根据该条规定，英雄烈士等的姓名等人格权益构成

① 吕忠梅课题组、吕忠梅、竺效等：《“绿色原则”在民法典中的贯彻论纲》，载《中国法学》2018 年第 1 期。

② 吕忠梅课题组、吕忠梅、竺效等：《“绿色原则”在民法典中的贯彻论纲》，载《中国法学》2018 年第 1 期；吕忠梅：《新时代环境法学研究思考》，载《中国政法大学学报》2018 年第 4 期；吕忠梅：《“生态环境损害赔偿”的法律辨析》，载《法学论坛》2017 年第 3 期。

③ 王轶：《法律规范类型区分理论的比较与评析》，载《比较法研究》2017 年第 5 期。

社会公共利益，侵害者应当承担民事责任。在英雄烈士生前，其姓名、肖像、荣誉、名誉为其人格权的内容，英雄烈士本人可以行使。在英雄烈士去世后，其近亲属有权行使请求权。将英雄烈士的姓名、肖像、荣誉、名誉宣告为社会公共利益，可以使其得到比普通自然人人格权更好的保护。在英雄烈士没有近亲属或者近亲属不提起诉讼的情形下，检察机关依据《英雄烈士保护法》第25条，依法向人民法院提起诉讼。检察机关已经根据原《民法总则》第185条和《英雄烈士保护法》第25条提起了多起诉讼。在某市人民检察院诉曾某侵害烈士名誉案①中，曾某在微信群中公开发表侮辱某烈士的言论，某烈士的近亲属放弃提起民事诉讼的权利，并签署支持检察机关追究曾某侵权责任的书面意见。2018年5月21日，某市人民检察院就本案向某市中级人民法院提起民事公益诉讼。法院经审理后认为，被告曾某的行为侵害了某烈士名誉，损害了社会公共利益，判令被告曾某在判决生效之日起7日内在本地市级报纸上公开赔礼道歉。被告服从判决，并于2018年6月16日在某日报上公开刊登道歉信，消除不良社会影响。在辛某侵害某烈士名誉、荣誉案中，法院认为，被告的行为有损某烈士的英雄形象和人格利益，同时损害了善良风俗和社会公共利益，应当承担相应的民事责任。在曹某侵害某烈士名誉案②中，法院认为某烈士的个人利益已经成为社会公共利益的一部分。从《民法典》第185条的规定以及相关司法实践可以看出，英雄烈士的姓名、肖像、荣誉、名誉虽然最初可能是民事权益（有些英雄烈士的生平在新中国民事立法之前），但是已经不能完全涵盖在民事权益之下。因此，可以将作为公共利益的英雄烈士的姓名、肖像、荣誉、名誉作为与民事权益并列的利益。与此相通，也可以将生态环境公共利益作为与民事权益并列的概念。

对于公共利益，国家可以选择通过公法的方式，主要通过行政执法和刑事制裁的方式实现。对于民法中将某些公共利益作为请求救济的直接权利基础，一个可能的解释是，国家选择在行政执法和刑事制裁之外，以民事请求权的方式，向法院提出民事救济请求，由法院居中裁判。与行政处罚相比，民事请求不具有先定的效力，对被告（行政相对人）的影响较小。法院在裁判时，不仅

① 最高人民检察院检例第51号。

② 《侮辱性言论发表在烈士认定之前，要担责吗？法院：要！英雄的牺牲应当被特别铭记》，载《浙江法制报》2020年4月20日第1版。

要考虑原告的诉讼请求、法律理由和证据，而且也要平等地考虑被告的抗辩理由和证据。与行政处罚相比，被告（行政相对人）能够更好地行使抗辩权（申辩权）。即国家在选择以提出民事救济请求的方式主张对公共利益的保护，给予对方更多的平等地位，使国家主张公共利益的过程更加具有商谈性（Deliberativeness）。

与商谈性相伴的是额外性（Additionality）。商谈并不意味着国家放弃公权力，而是为了在行政执法、刑事制裁之外，寻求更多、更充分救济损害的方式。《民法典》第185条即为一个例证。该条使得法院能够更好地救济被损害的公共利益。在前述曹某侵害某烈士名誉案中，某市某派出所根据《英雄烈士保护法》于2019年8月17日对曹某发表侮辱牺牲英雄的言论进行调查，同日对曹某处以拘留5日并处罚款200元的行政处罚。在某某市人民检察院对曹某提起民事诉讼之后，某某中级人民法院判决被告曹某在全国性公开发行的媒体上赔礼道歉、消除影响。这种救济方式，是通过行政处罚无法实现的，人民法院的民事判决相对于行政处罚来说就具有额外性。

在《民法典》中规定生态环境服务功能损失赔偿条款，通过民事诉讼请求生态环境服务功能损失赔偿，也同样具有商谈性和额外性。其商谈性亦如上述。其额外性表现在生态环境主管部门无法通过行政处罚、行政强制等行政行为获得生态环境服务功能损失的赔偿金。

商谈性和额外性是相互关联的两个特性，商谈性是通过给予被告更好的抗辩机会，保障相对于行政执法额外增加的救济措施的公平性，从程序和实体两方面保障被告的利益。额外性则导致了对商谈性的需求。在缺乏额外性的情形下，通过行政执法的方式一般比通过民事诉讼的方式更有效率。

生态环境服务功能损失赔偿，是我国近年来开展的一项探索，是在行政责任、刑事责任之外的一种新的责任。额外性和商谈性保障了此种责任能够保障其程序正义和实体正义。赋予生态环境公共利益直接作为请求民事救济的权利基础的地位，为请求生态环境服务功能损失赔偿提供了请求权基础。这一请求权并不排除具体受害人就个别损害提出诉讼请求的权利。①

① 《民法典》第1234条、第1235条与第185条的一个区别是，第1234条、第1235条不排除具体的受害人就遭受的个别损害行使请求权，提起民事诉讼。此种诉讼为私益诉讼。根据《民法典》第185条和《英雄烈士保护法》第25条，英雄烈士的近亲属提起诉讼的，检察机关不得提起公益诉讼。

直接将公共利益作为民事救济的请求权基础，使公共利益在《民法典》获得更加积极、主动的地位，是我国《民法典》的一个重要发展。在一定程度上体现了民法的公法化，不损害民法总体上的私法特性，回应了社会生活联系日益紧密、公共利益的外延日益扩大的社会现实，具有鲜明的中国特色、实践特色、时代特色。

四、生态环境服务功能损失的二元属性

（一）生态环境服务功能损失的规范含义

生态环境服务功能损失包括修复期间的损失和永久性功能损失两种类型。

对于修复期间的损失，《民法典》第1235条第1项将期间的起点定为“生态环境受到损害”的时间，终点定为“修复完成”的时间，在此期间因为服务功能丧失所导致的损失构成期间服务功能损失。“生态环境受到损害”中的“损害”应理解为“侵害”。根据《民法典》第七编第一章“一般规定”中的第1165条，“侵害”是原因行为，“损害”是结果，是计算赔偿金额的直接依据。在第1235条第1项中，“损失”是作为构成要件的损害的一个组成部分，将“生态环境受到损害”理解为第1165条的“侵害”，能够更好地理顺第1235条（侵权责任分则条款）与第1165条（侵权责任总则条款）之间的关系。

对于永久性损失，第1235条第2项将其定义为“生态环境功能”“永久性损害”造成的损失。此处的“生态环境功能”与第1项中的生态环境服务功能同义，“永久性损失”是指服务功能的永久性丧失。第1项和第2项的相同之处在于都指向生态环境服务功能，两者的区别在于是暂时性丧失还是永久性丧失。

生态环境系统服务，是指生态环境系统为人类或其他生态系统直接或间接地提供的收益。① 生态环境损害的“标的”为环境系统、生态系统以及环境系统和生态系统的结合。生态环境损害可以分为结构损害、生态功能损害等不同类型。在结构上，环境系统包括各种环境要素，生态系统包括无生命物质、生产者、消费者、分解者，环境系统和生态系统有很多重叠之处，将其视为环境系统或者生态系统主要是因为视角的不同。生态环境系统的结构应保持相对的稳定，链条断裂、各部分之间比例失衡，都构成结构损害，会影响生态环境系统的功能。生态环境系统的功能损害，主要是指严重的功能的退化或丧失。生

---

① 参见《环境损害鉴定评估推荐方法（第Ⅱ版）》。

态环境系统的结构和功能相互影响、互为支撑，共同构成了完整的生态环境系统。

（二）生态环境服务功能损失的性质

生态环境服务功能损失究竟是纯粹环境本身的利益损害，还是包括对人的利益的损害？2014年原环境保护部修订出台的《环境损害鉴定评估推荐方法（第Ⅱ版）》载明，期间损害是指生态环境损害发生至生态环境恢复到基线状态期间，生态环境因其物理、化学或生物特性改变而导致向公众或其他生态系统提供服务的丧失或减少。永久性损害是指受损生态环境及其服务难以恢复，其向公众或其他生态系统提供服务能力的完全丧失。从这个技术规定的概念界定上，期间损失和永久性损失均包括对公众的服务功能损失。

在司法实践中也有对生态环境服务功能分类考虑的案例。在中国某基金会、浙江某集团有限公司等环境污染责任纠纷案①中，法官对生态环境服务功能损失的分类是这样认为的，生态环境的服务功能主要包括供给服务（如提供粮食和水）、调节服务（如调节气候、控制洪水和疾病等）、支持服务（如维持地球生命生存环境的养分循环）、文化服务（如精神、娱乐、文化收益等）和存在价值（即指人们仅仅从知道这个资产存在的满意中获得价值，尽管并没有要使用它的意愿）等。其中的供给服务，包括对人和其他生态环境系统的供给。而本案中的环境要素是指土壤，土壤对人的重要供给产品是粮食，所以粮食损失也是生态环境服务功能损失。在福建省某绿家园中心诉某建材有限公司侵权责任纠纷案②中，法官也提及生态环境服务功能，认为生态环境系统能为人类创造各种效益和提供各种服务，包括调节气候和水文、满足群众身心健康所需的美学景观与环境等，能带来一定的生态环境服务功能价值，尤其是森林生态系统服务功能还包括涵养水源、保育土壤、固碳释氧、积累营养物质、净化大气环境、生物多样性保育、森林游憩、森林防护等。不仅在民事案件中，刑事案件中也逐渐关注到生态环境服务功能的多样性，在吴某红等非法采矿案③中，法院就对生态环境服务功能进行多元评价，创新实践生态产品价值核算，认为该案中的河道生态产品损害价值为284900元，其中调节服务损害价值为218300

① 参见浙江省高级人民法院（2018）浙民终1015号民事判决书，载中国裁判文书网。

② 参见福建省漳州市中级人民法院（2021）闽06民终3933号民事判决书，载中国裁判文书网。

③ 《生态产品价值核算结果的司法应用》，载《人民法院报》2022年8月25日第6版。

元，文化服务损害价值为47700元，物质产品损害价值（渔业资源损失，不含非法采砂的市场价值）为18900元，并将核算结果作为被告人履行生态修复义务的依据。

在土壤被污染的情形下，这种生态环境服务功能损失赔偿兼具保护人的利益与自然利益的规范功能最明显，但仍需注意区分环境私益和环境公益。在上述中国某基金会、浙江某集团有限公司等环境污染责任纠纷案中，法官对土地的环境私益和环境公益进行了区分。根据环境修复方案，3处填埋场的农业用地用途因污染而改变，不能继续作为农用耕地使用，无法继续提供农用耕地功能。法院将由此产生的损失认定为生态环境服务功能损失。但是，由于涉案的3处土地仍属某村相关村民小组所有，在其农用耕地用途强制改变前所涉及土地收益减损等损失属于私益范围，不属于本案环境公益诉讼处理范畴。因此，本案农用耕地服务功能损失可以从强制改变其农用耕地用途时开始计算，在属地政府现在尚未对涉案土地规划用途作出实际调整的情况下，原审法院参考案涉的3处场地修复及维护运行时间，将本案公益诉讼中的生态环境服务功能损失期间确定为10年，并参照耕地年产值标准，酌定本案服务功能损失为594270元。

在土地的性质是农用土地，土地权属为集体所有的情形下，判断服务功能损失是否存在，以及如何判断该损失是环境私益还是环境公益？在上述案件中，法院认为该案被污染的“环境要素”主要是“农用土地”，在遭受污染之后，不能作为“农田”使用，存在“服务功能损失”，进而将土地的农业功能认定为生态环境服务功能，以农业损失量作为生态环境服务功能损失量。法院虽然也考虑到土地在气候调节、水土涵养方面的功能，但是认为这些功能相较于农业功能，是次要功能且难以量化，因此不予单独计算。

类似案例还有某市人民检察院诉贵州省某化工有限公司、广东省某贸易有限公司土壤污染责任纠纷案①，同样是土壤污染造成生态环境损害情况，在该案中，法院认为，生态环境服务功能主要包含两部分，第一部分是农用耕地服务功能损失，该部分主要是以耕地年产值的数据进行计算衡量。第二部分则是土壤污染对气候调节、水土涵养等生态环境服务功能的影响所产生的损失，该部分与农用耕地服务功能损失不属于相同的生态环境服务功能评价范围，主要

① 参见贵州省遵义市中级人民法院（2016）黔03民初520号民事判决书，载中国裁判文书网。

原因是该部分是根据环境科学研究设计院等专业鉴定人员作出的《损害评估报告》进行认定评估的。也正是因为两部分不属于相同的生态环境服务功能评价范围，所以可以同时计算，生态环境服务功能损失也是这两部分相加之和。

在审判实务中，生态环境损失赔偿从以往单纯的重视物质损失的填补和修复（如滥伐林木的，责令行为人补种树木；非法采砂的，通过增殖放流弥补渔业资源损失等）向多元评价生态环境服务功能转变（如滥伐林木的，考量损毁到修复期间的碳汇损失；非法采砂的，对水环境质量、河床结构、水源涵养、水生生物资源等方面的受损情况进行全面评价等），但少有对生态环境损害期间造成生态文化服务方面的损失（如休闲旅游和景观价值等）进行计算。对此，在生态环境服务功能损失赔偿时务必将生态系统提供的物质产品、调节服务和文化服务三方面价值纳入核算体系，从功能量和价值量两个维度测度生态环境服务功能和结构等状况，更有助于真实、全面、客观反映生态环境实际损害情况。

五、立法目的的二元特征

（一）在私法体系中引入生态环境公共利益保护机制

《民法典》第1234条和第1235条都体现了“私法公法化”。以救济生态环境损害为目的，体现了目的的公共性。将行使请求权的主体规定为国家规定的机关或者法律规定的组织，体现了原告主体的公共性。国家规定的机关，本身就是依据公法成立的，具有公共属性，是《民法典》规定的特别法人之下的机关法人。法律规定的组织，以保护生态环境为目的，具有目的公共性。[①] 民法是私法制度的核心，而《民法典》第1234条和第1235条赋予公共利益直接作为民事救济请求权基础的地位，进一步利用私法机制保护公共利益。

（二）与《宪法》的关系

生态环境服务功能损失赔偿条款，是《宪法》序言中的基于新发展理念建设社会主义现代化强国的国家任务、第9条自然资源条款、第10条土地条款、第26条国家环境保护义务条款在民法中的体现。

《宪法》序言规定的新发展理念要求“推动物质文明、政治文明、精神文

---

① 蒋大兴：《论私法的公共性维度——“公共性私法行为”的四维体系》，载《政法论坛》2016年第6期；丁霖：《论生态环境损害代修复——兼论〈民法典·侵权责任编〉（草案）第1234条的完善》，载《吉首大学学报（社会科学版）》2020年第3期。

明、社会文明、生态文明协调发展”，在社会主义现代化强国的限定语中加上了“美丽”，体现了环境保护要求。生态文明建设构成一项国家任务，“美丽”也成为国家目标的一部分。[①] 基于新发展理念，我国《宪法》已经形成了以推进“五位一体”协调发展的国家任务为统领，以总纲部分的自然资源条款、土地条款和环境保护义务为内容，以国家机构中的协调发展职责为保障的宪法规范体系。这一宪法规范体系对于生态环境服务功能损失赔偿的规范意义在于，对于代表公益提起生态环境损害赔偿的原告选择被告、提出诉讼请求，以及被告主张抗辩事由，都具有法律解释意义。

（三）与《民法典》立法目的的关系

《民法典》的立法目的集中规定于第 1 条，不仅包括保护民事权益、调整民事关系等不证自明的立法目的，也包括弘扬社会主义核心价值观等具有中国特色、实践特色、时代特色的要求。该规定与原《民法总则》第 1 条完全相同。自原《民法总则》规定该立法目的以来，其一直受到学界的广泛关注。[②]《民法典》的立法目的，是宪法要求在民法中的集中体现，对民法中具体规定的目的解释，具有重要意义。

（四）与《民法典》“绿色原则”的关系

《民法典》第 9 条与原《民法总则》第 9 条相同，是《民法典》中的“绿色原则”，是“绿色”《民法典》中的一片重要绿叶。“绿色原则”在性质上属于限制性原则，其功能是在民法规范体系中确立绿色发展、生态安全、生态伦理的价值理念，旨在协调经济社会发展与生态环境保护、代内公平与代际公平之关系。[③]“绿色原则”承认、尊重自然资源的生态价值。[④] 生态环境服务功能损失赔偿作为一项后果评价制度，是在责任追究环节实现“绿色原则”的重要条款，是“绿色原则”在侵权责任领域的具体化。

---

① 杜健勋：《国家任务变迁与环境宪法续造》，载《清华法学》2019 年第 4 期。

② 王利明主编：《中华人民共和国民法总则详解（上、下册）》，中国法制出版社 2017 年版，第 4 页、第 5 页；杨立新著：《民法总则——条文背后的故事与难题》，法律出版社 2017 年版，第 5 页、第 6 页；陈甦主编：《民法总则评注》，法律出版社 2017 年版，第 9 页；崔建远：《我国〈民法总则〉的制度创新及历史意义》，载《比较法研究》2017 年第 3 期；严立：《论作为民法典立法目的的社会主义核心价值观》，载《时代法学》2019 年第 5 期。

③ 吕忠梅课题组、吕忠梅、竺效等：《“绿色原则”在民法典中的贯彻论纲》，载《中国法学》2018 年第 1 期。

④ 吕忠梅：《以绿色民法典回应环境民生关切》，载《学习时报》2020 年 6 月 3 日第 2 版。

第二节　规范联结的二元

规范联结的二元，是指法律规范在法律体系中的横向、纵向位置。横向位置，是指与性质相同的法律规范的关系。纵向位置，是指与性质不同的法律规范的关系。横向和纵向，犹如坐标一般，将法律规范在整个法律体系中予以精准定位。生态环境服务功能损失赔偿条款，横向联结着《民法典》内其他有关保护环境公益的侵权责任条款、其他环境侵权责任条款，以及其他民法条款；纵向联结着有关生态环境保护的行政法律规范、刑事法律规范等公法规范。

一、横向联结

（一）与第 1234 条的关系

《民法典》第 1234 条规定了生态环境修复费用请求权。第 1234 条和第 1235 条均为保护生态环境公益的条款。比较第 1234 条和第 1235 条，两个条款在程序发动者、被告、以“违反国家规定”为前置条件等方面相同。两个条款的区别在于请求范围：第 1234 条限于修复费用；第 1235 条除了在第 4 项规定了修复费用以外，还在第 1、2 项规定了生态环境服务功能损失，在第 3 项规定了事务性费用，在第 5 项规定了预防费用。可以理解为，《民法典》为国家规定的机关和法律规定的组织规定了两个选择，一个选择是单独请求修复费用，另一个选择是一并请求生态环境服务功能损失、修复费用、事务性费用、预防费用。

（二）与其他生态环境侵权条款的关系

《民法典》第七编第七章可以分为两个单元，第一单元为《民法典》第 1229 条至第 1233 条。该单元吸收了原《侵权责任法》第 65 条至第 68 条，并且纳入了“生态破坏”、增加了惩罚性赔偿（第 1232 条）。第二单元为《民法典》第 1234 条和第 1235 条。第一单元主要是针对环境污染、生态破坏侵害的私益；第二单元主要针对环境污染、生态破坏侵害的公益。对于公益的救济与对于私益的救济存在共同之处，为了条文的简洁，没有必要在第二单元重复第一单元的内容。比如，在第三人过错同时也构成“违反国家规定”的情形，可以将第 1233 条有关如何处理侵权人与第三人之间关系的规定，适用于第 1235 条规定的情形。总之，第 1235 条与第一单元（第 1229 条至第 1233 条）主要是并列关系，但是可以通过法律解释操作，将第 1229 条至第 1233 条的部分内容，适用于第1235条规定的情形。对于第1229条至1233条与第1235条的关系，下文结合具体问题，进一步分析。

二、纵向联结

（一）与生态环境保护行政管理规定的关系

改革开放以来，经过四十多年的发展，我国已经制定了不同效力等级、几乎涵盖所有生态环境领域的生态环境保护行政管理规定体系。从该规定体系所规制的环节予以观察分析，这些行政管理规定涵盖了事前预防、事中管理、事后追责、应急响应等环节。生态环境保护行政管理规定，为预防、减轻生态环境损害，追究违法责任，组织应急响应提供了规则。生态环境保护行政管理规定与生态环境服务功能损失赔偿条款之间的关系，主要包括两个方面。

第一，生态环境保护行政管理规定降低了实践中适用生态环境服务功能损失赔偿条款的需求。事前管理规定、事中管理规定，降低了发生生态环境损害的概率，也就减少了请求侵权人赔偿生态环境服务功能损失的需求。用于事后追责的行政管理规定，也在一定程度上实现了生态环境服务功能损失赔偿条款的目的，在实践中也具有减少适用生态环境服务功能损失赔偿条款的效果。应急响应制度，可以预防或者减轻生态环境服务功能损失，在有些案件中消除了适用生态环境服务功能损失赔偿条款的必要性，在有些案件中降低了需要通过生态环境服务功能损失赔偿条款主张的赔偿数额。

第二，生态环境行政管理规定可能构成《民法典》第1234条、第1235条意义上的“国家规定”。如果构成“国家规定”，则构成生态环境服务功能损失赔偿条款的前提。对于“国家规定”的含义，本书另有分析。

（二）与生态环境刑事责任条款的关系

我国《刑法》规定了污染环境罪等多个涉及生态环境的罪名。这些刑法规定是我国生态环境保护制度的重要内容，是生态环境保护行政管理制度的最严厉保障。

生态环境服务功能损失赔偿民事责任和环境污染刑事责任，都以违反国家规定为前提，因此生态环境服务功能损失赔偿条款与生态环境污染刑事责任条款的关系是责任的轻重关系，即造成的生态环境服务功能损失没有达到入罪标准的，仅适用民事责任，由侵权人承担生态环境服务功能损失的民事赔偿责任；达到入罪标准的，不仅追究侵权人的刑事责任，还可能通过附带民事诉讼程序使侵权人承担民事责任。在实务中，也有很多案件本来已经达到入罪标准，应当追究刑事责任，但是由于侵权人愿意赔偿生态环境服务功能损失等生态环境损害，没有被追究刑事责任。也有一些案件，因为侵权人拒不赔偿生态环境服务功能损失等生态环境损害，被原计划提起民事诉讼的国家指定的机关移送公安机关作为刑事案件侦查，进入刑事诉讼程序并被追究刑事责任。生态环境服务功能损失赔偿条款的规范联结见图 1-1。

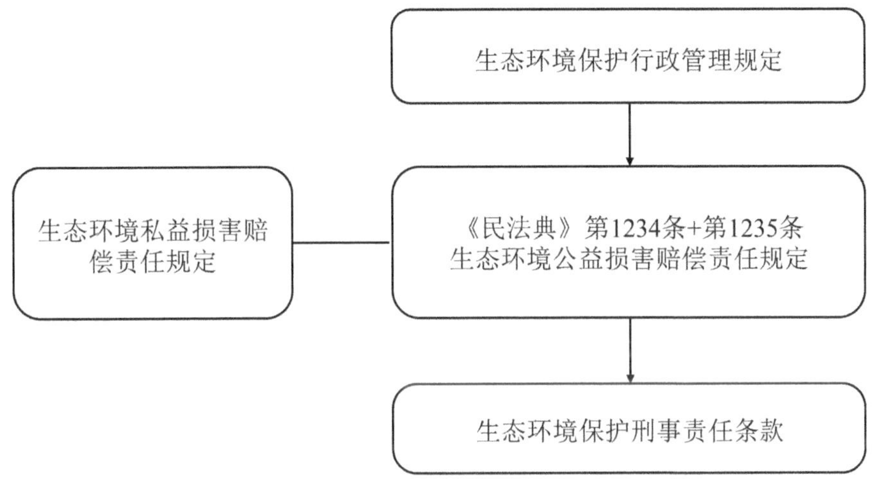

图 1-1　生态环境服务功能损失赔偿条款的规范联结

第三节　条文构造的二元

生态环境服务功能损失条款在条文构造上的二元，主要表现在其以私法条款嵌套了公法规定。“违反国家规定”，是指违反国家有关生态环境保护的行政管理性规定，是对公法规定的引致。将引致的公法规定，嵌套于民法条款中，从而使《民法典》第 1235 条的条文构造呈现二元结构。

一、条文构造

从条文构造的角度分析，生态环境服务功能损失赔偿条款隶属《民法典》第七编“侵权责任”之第七章“环境污染和生态破坏责任”。该章共 7 条（第 1229 条至第 1235 条），生态环境服务功能损失赔偿条款的规定于该章最后一条的第 1 项和第 2 项。第 1235 条导语部分规定了责任构成的前置条件（“违反国家规定”）、损害要件（“造成生态环境损害”）、起诉主体（“国家规定的机关或者法律规定的组织”）、承担责任的主体（“侵权人”）。该条在导语之后，列举了两项可以根据该条主张赔偿的损失，即期间损失和永久性损失，[①] 以及三项费用。期间损失和永久性损失，共同构成生态环境服务功能损失。由于该条在生态环境服务功能损失赔偿之外，还规定了相关费用的赔偿，因此将导语和第 1 项、第 2 项结合在一起，称为生态环境服务功能损失赔偿条款。

第 1234 条和第 1235 条，都是《民法典》第七编第七章有关生态环境损害公益救济的条文。第 1234 条规定了生态环境修复费用请求权，适用于被破坏的生态环境能够修复的情形。由于第 1235 条第 4 项也包含修复生态环境费用，在分析生态环境服务功能损失赔偿条款的条文构造时，也需要考虑第 1234 条。

二、规范类型

按照拉伦茨对规范类型的分类，法条分为完全法条和不完全法条。所谓完全法条是由行为规范（构成要件）和法律效果为法条的基本构造模式。[②] 根据该分类，《民法典》第 1234 条和第 1235 条属于不完全法条。两个法条有关责任成立的部分仅规定了“违反国家规定”“造成生态环境损害”，并没有明确规定行为的性质。法律行为的违反是一个有待价值补充的规范概念，因为法律直接禁止的总是事实行为，是否构成违反，需要法官对法律所欲保护的法益进行价值填补，并与法律行为体现的法益进行利益权衡，最终判断法律行为的效力。此处的“违反国家规定”就是一个需要法官进一步判断、有待价值补充的规范概念。

在《民法典》第 1234 条和第 1235 条内部同样存在类似不完全性法条性质概念，需要借助其他法条进一步界定或解释。如“国家规定的机关”和“法律规定的组织”，《民法典》对转介其他法律规范辅助认定原告资格在规范依据的范围上进行了范围的限缩。然而，此种范围的限缩在我国的立法和司法实践中也人为地催生了一些难题。在我国，法律此类位阶较高的法律规范往往停留在宏观且原则的层面上，就具体主体资格和起诉条件而言，需要采用部门规章、

① 刘倩、季林云、於方等编著：《环境损害鉴定评估与赔偿法律体系研究》，中国环境出版社 2015 年版，第 171 页；霍宪丹主编：《司法鉴定学（第二版）》，中国政法大学出版社 2016 年版，第 388 页。

② ［德］卡尔·拉伦茨著：《法学方法论（第六版）》，黄家镇译，商务印书馆 2020 年版，第 319—333 页。

地方性法规或地方政府规章，甚至会采用司法解释的方式对其作出规范。在未作出规定前，法官就会陷入法律适用的困境。

三、适用范围

（一）生态环境

《民法典》第1235条有关责任成立的部分仅规定了“违反国家规定”“造成生态环境损害”，没有明确规定行为的性质。从章标题可以推知，本条的适用范围既包括污染环境的行为，也包括破坏生态的行为。破坏生态的行为，会导致生态环境服务功能损失。排放污染的行为，也可能造成生态环境服务功能损失。环境污染及/或生态破坏的行为损害公共利益的，都处于本条的适用范围内。即，图1-2的C、D区域。与原《侵权责任法》第七章仅适用于环境污染相比，《民法典》侵权责任编第七章既适用于环境污染，也适用于生态破坏，更好地实现了与《环境保护法》第64条的衔接。

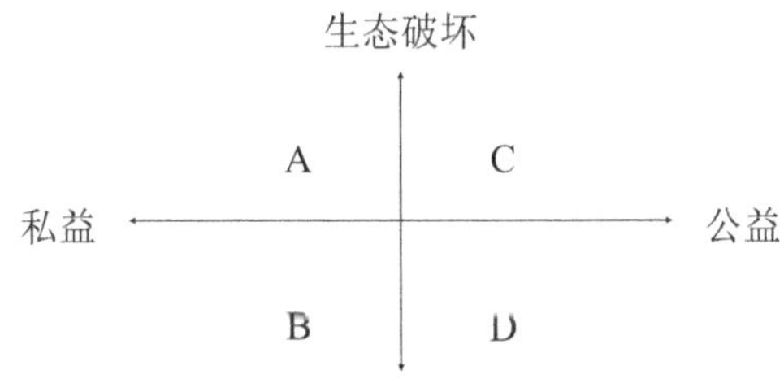

图1-2　生态环境服务功能损失赔偿条款的适用范围

（二）陆海二分

我国一直对海洋环境和陆地环境作二元区分，分别立法。对于海洋生态环境，全国人大常委会早在1982年就制定了《海洋环境保护法》，规定了对海洋生态环境公共利益损害的赔偿问题，要求造成海洋环境污染损害的当事人，“赔偿国家损失”。对于陆地生态环境，虽然全国人大常委会早在1979年就制定了《环境保护法（试行）》，并于1989年制定了《环境保护法》，但是对于生态环境公共利益的赔偿责任，则是多年以后通过理论推动、实践探索逐步建立起来的。对于是否保护、如何保护生态环境公共利益，我国立法一直表现出陆海二分的格局。

《民法典》是否打破了陆海二分的格局，是确定《民法典》第1235条适用范围的一个关键问题。对于是否适用于海洋生态环境，《民法典》第1235条并不明确，需要在总则条款中寻求解释。《民法典》第12条规定了《民法典》的适用范围。该条对于适用范围规定了两个标准，即“中华人民共和国领域”和“法律另有规定”。影响陆海二分的关键标准在于法律是否另有规定。2020年4月29日修订的《固体废物污染环境防治法》采用“转致”的立法方式作出了相关规定，固体废物污染环境、破坏生态，损害国家利益、社会公共利益的，有关机关和组织可以依照《环境保护法》《民事诉讼法》《行政诉讼法》等法律的规定向人民法院提起诉讼。可以推知，其他环境保护单行法在修改时也会采取相同的立法态度。即使其他环境保护单行法不作进一步修改，按照2014年修订后的《环境保护法》第64条规定，因环境污染、生态破坏造成的损害，也应当适用《民法典》侵权责任编。现行《海洋环境保护法》第89条规定了“给国家造成重大损失的”赔偿问题。从文义解释来看，该条针对的是国家利益的赔偿，而非社会公共利益的赔偿。与《民法典》第1235条相比，该条构成了“法律另有规定”。因此，《民法典》第1235条的适用地域范围为中华人民共和国领域内的陆地生态环境，延续了海陆二分的格局。由于这一原因，本书讨论的是陆地生态环境的生态环境服务功能损失赔偿问题，海洋生态环境损害赔偿不是本书的讨论重点。本书有关海洋生态环境损害赔偿的讨论，仅是为了与陆地生态环境损害赔偿进行对比和提供参考。

第四节　程序保障的二元

程序保障的二元主要表现在赔偿程序发动者的二元：国家规定的机关和法律规定的组织都有权发动生态损害赔偿请求程序。

一、主体性质

生态环境服务功能损失赔偿条款存在请求权行使主体与请求权基础的利益归属主体之间的分离问题。生态环境服务功能损失赔偿条款规定的行使请求权的主体，在性质上属于程序发动者，而不是实体权利的主体，即本条款规定的主体，不是请求权基础分析的实质意义上的权利归属主体，而是程序意义上的赔偿请求程序的发动者，是实体权利的代理人。正是因为这个原因，本书将主体问题放在程序保障部分讨论。

请求权行使主体与请求权基础的利益归属主体之间的分离，是因为社会公共利益归属于社会公众，但是社会公众是一个集合概念，是一个集体，不宜作为行使请求权的主体。国家规定的机关和法律规定的组织，是提起生态环境损害赔偿的程序发动者，并不是请求权基础的归属主体。国家规定的机关和法律规定的组织，以社会公众的请求权为基础，提起生态环境损害赔偿的请求程序。国家规定的机关和法律规定的组织除了可以基于《民法典》第1235条提起生态环境损害赔偿请求之外，还可以通过行政强制、行政处罚、磋商、刑事责任等制度间接地、部分地实现《民法典》第1235条的目的，或者对《民法典》第1235条进行补充。本书第二章、第三章集中讨论《民法典》第1235条，然后在第四章讨论国家规定的机关和法律规定的组织可能发动的其他制度。

请求权行使主体与请求权基础的利益归属主体之间的分离，对于被告主张抗辩事由产生了一定的影响。作为一个集合的社会公众，被告很难主张与有过失、受害人同意、自甘风险等抗辩事由。社会公共利益具有丰富的内容，各个组成部分之间甚至存在潜在的竞争、冲突。政府作为社会公共利益的代表者和保护者，政府的行为可以被认为是对社会公共利益的取舍和平衡。如果这一观点成立，将政策承诺、国家规定的变化作为被告的抗辩事由，就更有依据。

二、主体范围

（一）国家规定的机关

1.“国家规定的机关”的规范含义

“国家规定的机关”，是《民法典》第1235条规定的有权提起生态环境损害赔偿诉讼的原告主体类型之一。此类原告，首先应当是机关，其次需要以“国家规定”的方式获得提起生态环境损害赔偿诉讼的职权、职责。

《民法典》在多种规范目的之下使用“机关”一词。“机关”一词在《民法典》中被使用了44次，包括“有关机关”6次、“主管机关”4次、“登记机关”11次、“有独立经费的机关”1次、“机关法人”7次、“国家机关”5次、“国家规定的机关”3次、“外交机关”2次、“公安机关”和“公安等机关”2次、“司法机关”1次、“行政机关”1次、“机关、企业、学校等单位”1次，分布在总则、婚姻家庭编、人格权编、物权编、合同编、侵权责任编等处。《民法典》明文使用“机关”的情况见表1-2。有些是作为民事主体意义上使用的，比如“机关法人”，但是更多的是从管理机关、登记机关的意义使用的。作为管理机关、登记机关等意义上的“机关”，尽管对于民事权利的取得、变更、消灭具有重要意义，但是并非民事主体。

表 1-2 《民法典》明文使用“机关”的情况

表述方式	所涉法条	所涉内容
有关机关	总则编第 41 条、第 46 条、第 58 条、第 68 条、第 103 条，人格权编第 1016 条	总则编：自然人下落不明和宣告死亡、法人的成立和终止、非法人组织的设立；人格权编：姓名权和名称权的登记
主管机关	总则编第 70 条、第 94 条、第 95 条，婚姻家庭编第 1109 条	总则编：法人清算、法人捐助、公益非营利法人终止；婚姻家庭编：涉外收养
登记机关	总则编第 51 条、第 64 条、第 66 条、第 78 条，婚姻家庭编第 1049 条、第 1076 条、第 1077 条、第 1078 条、第 1083 条	总则编：自然人宣告死亡撤销后婚姻关系、法人变更及其公示、法人营业执照；婚姻家庭编：结婚登记、离婚登记、复婚登记
有独立经费的机关	总则编第 97 条	机关法人资格
机关法人	总则编第 96 条、第 97 条、第 98 条，合同编第 683 条	总则编：特别法人中的机关法人；合同编：机关法人不得为保证人
国家机关	物权编第 255 条，人格权编第 1020 条、第 1039 条，侵权责任编第 1177 条	物权编：国家机关的物权内容；人格权编：国家机关对肖像权的合理使用；侵权责任编：国家机关对个人信息的保密义务、被侵权时的自助行为
国家规定的机关	侵权责任编第 1234 条、第 1235 条	生态环境损害修复责任、生态环境损害赔偿损失和费用的范围
外交机关	婚姻家庭编第 1109 条	涉外收养
公安机关和公安等机关	婚姻家庭编第 1106 条，侵权责任编第 1254 条	婚姻家庭编：收养后的户口登记；侵权责任编：查明抛掷物侵权责任人的职责
司法机关、行政机关	合同编第 724 条	租赁合同解除的法定情形
机关、企业、学校等单位	人格权编第 1010 条	单位对性骚扰行为的预防义务

《民法典》第 1235 条中的“国家规定的机关”，是请求被告承担侵权责任的程序发动者，具有民事主体的一面，属于机关法人。根据《民法典》第 97 条

规定，机关法人从事民事活动以履行职能所需为限。因此，机关法人是否有权根据《民法典》第1235条提起生态环境损害赔偿诉讼，取决于提起该诉讼是否为“履行职能所需要”。

机关法人是否负有向被告主张生态环境损害赔偿责任的职能，应当由“国家规定”予以明确。明确职责的“国家规定”与责任构成的“国家规定”是否具有相同的含义、相同的范围，是首先需要考虑的问题。上文分析指出，责任构成的“国家规定”，包括省级人民政府制定的污染物排放标准等文件，范围较广。如果将明确职责的“国家规定”也作如此广泛的解释，可能并不恰当。借鉴《刑法》第96条，比较妥当的解释是将明确职责的“国家规定”予以限制，将“国家规定”的制定机关限定为全国人民代表大会及其常务委员会、国务院，将“国家规定”的形式限定为法律、行政法规、决定、命令。

综上所述，“国家规定的机关”，是指全国人民代表大会及其常务委员会、国务院以法律、行政法规、决定、命令的形式规定的负有向污染者主张生态环境损害赔偿责任的机关法人。①

2. 行政机关

根据《海洋环境保护法》第89条的规定，海洋生态环境监督管理部门，即依照该法规定行使海洋环境监督管理权的部门，有权代表国家对海洋生态环境污染责任者提出损害赔偿要求。虽然该条规定适用的范围是“给国家造成重大损失的”污染，但是“代表国家”提出损害赔偿要求，不仅涵盖修复海洋生态的成本等国家利益，而且也应当涵盖海洋生态环境服务功能等社会公共利益。

除了海洋生态环境监督管理部门，其他行政机关提起生态环境损害赔偿请求的职责经历了从无到有的三个阶段的制度演进。

第一阶段，从2012年《民事诉讼法》第55条对公益诉讼作出规定到2015年《生态环境损害赔偿制度改革试点方案》出台前，行政机关的原告身份“有名无实”。在2012年修改《民事诉讼法》时，起草者的一个思路是用民事诉讼机制弥补行政手段的不足。立法者在2012年修改《民事诉讼法》时不是没有考虑到行政机关负有维护公共利益、管理公共事务的职责。相反，立法者恰恰是考虑行政机关的这些行政职责，才赋予行政机关提起民事公益诉讼的主体资格。

---

① 也有观点认为，《民法典》直接地、概括性地授予行政机关提起生态环境损害赔偿的原告资格。

但是2012年在修改《民事诉讼法》时，立法机关并没有明确哪些行政机关有权提起民事公益诉讼，而是将明确具体行政机关的立法工作留待将来修改相关立法的时候进一步明确。此后在修改《环境保护法》和《消费者权益保护法》时，没有以立法的形式授权行政机关提起民事公益诉讼。在2012年修改后的《民事诉讼法》施行后，就出现了《民事诉讼法》有基本规定，相关行政管理性立法无具体规定，《民事诉讼法》第55条规定的行政机关无具体指向的问题，导致行政机关的民事公益诉讼原告主体资格"有名无实"。①

第二阶段，从2015年《生态环境损害赔偿制度改革试点方案》出台之后至《民法典》出台前，行政机关"崭露头角"。事实上，实践中的一些做法已为应当赋予行政机关环境民事公益诉讼实施权提供了有力证据。例如，作为生态环境损害赔偿制度改革试点的地区之一，中共山东省委办公厅、山东省人民政府办公厅2018年6月20日印发的《山东省生态环境损害赔偿制度改革实施方案》第2条第4款中就充分考虑到行政机关在诉讼能力方面的优势，赋予"省政府""设区的市政府"和省政府、设区的市政府"指定的部门或机构"在生态环境损害赔偿案件中的原告资格，对2017年《民事诉讼法》第55条第1款中的"法律规定的机关"范围进行扩张。

第三阶段，《民法典》实施之后，行政机关应成为生态环境损害的第一顺位求偿主体。《民法典》将"法律规定的机关"修改为"国家规定的机关"，扩大了规定机关职能的法律文件的范围，体现了放宽主体资格要求的立法变化。

目前，根据法律、行政法规、全国人大及其常务委员会的决定和国务院规定的行政措施、发布的决定及命令，负有向污染者主张生态环境损害赔偿责任的行政机关，除了海洋生态环境监督管理部门之外，试点省份的地方人民政府（省级、市地级）及其指定机关（相关部门、机构）、中央政府授权部门（国务院委托行使全民所有自然资源资产所有权的部门）都是适格的行政机关。

2020年4月29日修订的《固体废物污染环境防治法》第122条规定，设区的市级以上地方政府或其指定的部门、机构组织，对于固体废物污染环境、破坏生态给"国家"造成的重大损失，有权向造成环境污染、生态破坏的单位和其他生产经营者主张损害赔偿责任，可以先提出磋商，磋商未达成一致的，

① 李浩：《民事公益诉讼起诉主体的变迁》，载《江海学刊》2020年第1期。

可以提起诉讼。该处的“给国家造成重大损失”，是否仅限于损害国家利益，还是既包括国家利益，也包括社会公共利益，还需要进一步思考。相比较而言，将该条的“给国家造成重大损失”解释为既包括国家利益，也包括社会公共利益，更加符合生态环境损害赔偿制度建设的相关国家规定。《固体废物污染环境防治法》代表了立法方向，其他的环境保护单行法将来进一步修改的时候，也会作出类似的规定，以便与《民法典》衔接。

设区的市级地方生态环境主管部门虽然是本级人民政府负责生态环境的主要工作部门，但是否因此当然获得提起生态环境损害赔偿诉讼的主体资格，还存在争议。在某市生态环境局某县分局诉万某、某某市某联运有限公司、中国人民财产保险股份有限公司某某市分公司生态环境损害赔偿案①中，某市中级人民法院以原告不是某市人民政府指定的相关部门、机构，诉讼主体不适格为由，驳回起诉。有权提起生态环境损害赔偿诉讼的地方人民政府以什么样的方式指定部门、机构组织提起生态环境损害赔偿诉讼，还需要在实践中进一步探索。“指定”期限包括长期，也包括一次性；“指定”方式包括在“三定方案”中指定、政府以专门文件指定等方式。

3. 检察机关

检察机关提起生态环境损害赔偿诉讼的原告主体资格来源于全国人大常委会 2015 年 7 月 1 日对于检察机关开展民事公益诉讼试点的授权，以及 2017 年 6 月 27 日对于《民事诉讼法》的修改。全国人大常委会 2015 年 7 月给予检察机关提起生态环境公益诉讼的试点授权，将试点范围定为北京、内蒙古等 13 个省、自治区、直辖市，试点期限为 2 年。② 全国人大常委会 2017 年 6 月 27 日作出的修改《民事诉讼法》的决定，增加了《民事诉讼法》第 55 条第 2 款，明确规定了检察机关就生态环境社会公共利益提起公益诉讼的原告主体资格。但是，检察机关的原告主体资格位于法律规定的机关之后，法律规定的机关提起诉讼的，检察机关可以支持起诉。

（二）法律规定的组织

“法律规定的组织”，是指法律规定有权就损害生态环境社会公共利益请求

---

① 参见山东省日照市中级人民法院（2019）鲁 11 民初 298 号民事裁定书，载中国裁判文书网。

② 《全国人民代表大会常务委员会关于授权最高人民检察院在部分地区开展公益诉讼试点工作的决定》（2015 年 7 月 1 日第十二届全国人民代表大会常务委员会第十五次会议通过）。

赔偿的社会组织。

从立法方式看，“法律规定的组织”是一个转介条款，该条款本身并不规定有权提起生态环境社会公共利益损害赔偿诉讼的原告主体资格。目前对于社会组织提起生态环境社会公共利益损害赔偿诉讼的原告主体资格作出规定的法律主要是《环境保护法》第58条。该条从登记机关、宗旨、活动历史等方面规定了社会组织取得原告主体资格的条件。最高人民法院于2015年1月发布的《最高人民法院关于审理环境民事公益诉讼案件适用法律若干问题的解释》，进一步明确了有资格提起生态环境公益诉讼的社会组织的范围。与《环境保护法》第58条相比，2020年修正的《最高人民法院关于审理环境民事公益诉讼案件适用法律若干问题的解释》第2条在两个方面予以细化。第一，登记的法律依据。《环境保护法》第58条规定“依法”登记，《最高人民法院关于审理环境民事公益诉讼案件适用法律若干问题的解释》第2条细化为“依照法律、法规”登记。第二，解释了“社会组织”的含义。《最高人民法院关于审理环境民事公益诉讼案件适用法律若干问题的解释》第2条将《环境保护法》第58条中的“社会组织”解释为包括社会团体、基金会以及社会服务机构等。

《民法典》中没有使用“社会组织”的术语。根据《民法典》第87条，社会团体、基金会、社会服务机构，都是非营利法人。《民法典》第90条至第95条规定了社会团体、基金会、社会服务机构的成立、运行和终止程序。

三、主体顺位

“国家规定的机关”和“法律规定的组织”，都是《民法典》第1235条规定的有权提起生态环境损害赔偿诉讼的主体，但是两者之间是否有顺位关系，仍然是需要研究的问题。

由于《民法典》颁布施行时间不长，目前直接讨论《民法典》第1235条的主体顺位的文献不多，但是此前关于环境民事公益诉讼主体顺位的讨论仍然具有参考意义。对于提起环境民事公益诉讼的主体的顺位，有的主张按照行政机关、社会组织、检察机关的顺位，将检察机关排在社会组织之后；[①] 也有的主张将检察机关排在社会组织之前；[②] 还有的主张按照陆地、海洋，生态环境

---

① 李琳：《论环境民事公益诉讼之原告主体资格及顺位再调整》，载《政法论坛》2020年第1期。

② 张锋：《环境公益诉讼起诉主体的顺位设计刍议》，载《法学论坛》2017年第2期。

损害、环境公益，民事、行政的界分，分别讨论主体范围和主体顺位。①

通过文义解释并不能回答“国家规定的机关”和“法律规定的组织”之间的顺位问题。《民法典》第 1234 条、第 1235 条将“国家规定的机关”和“法律规定的组织”并列，并将“国家规定的机关”置于“法律规定的组织”之前，但是这一排列顺序，并不必然表明了两者的顺位关系。这是因为，《民法典》在使用或者将多个名词并列时，并不必然表明这些名词之间具有顺位。比如，《民法典》第 24 条第 2 款中使用“或者”一词，但是在“无民事行为能力人或者限制民事行为能力人”中的“或者”是不具有顺位关系的并列，在“本人、利害关系人或者有关组织”中的“或者”是具有顺位关系的并列。《民法典》第 24 条第 2 款也表明，如果并列的多个名词之间具有顺位关系，排列在前的名词居于优先地位。

按照这一思路，可以先试图回答“国家规定的机关”和“法律规定的组织”之间是否具有顺位关系，如果回答是肯定的，就可以认为“国家规定的机关”优先于“法律规定的组织”。从诉的利益考虑，“国家规定的机关”和“法律规定的组织”对于生态环境服务功能都不存在直接诉的利益。但是，从性质和功能上比较，“国家规定的机关”和“法律规定的组织”则有所区别。有关行政机关在性质上为执法机关，负有保护生态环境的职责。检察机关在性质上是法律监督机关，负有法律监督职责。与之相比，社会组织在性质上具有民间性，其提起公益诉讼的行为在性质上属于公众参与，发挥着社会监督的职能。由于性质和功能的不同，可以合理地认为“国家规定的机关”和“法律规定的组织”之间存在顺位问题，进而根据排列顺序推断“国家规定的机关”比“法律规定的组织”享有更加优先的地位。从诉讼能力的角度分析，“国家规定的机关”事实上也比“法律规定的组织”更为积极、遇到的现实困难更少、提起的诉讼更多。

《民法典》第 1235 条规定的顺位，与《民事诉讼法》第 58 条规定的顺位存在不一致之处。按照《民事诉讼法》第 58 条的规定，应当遵守行政机关、社会组织、检察机关的顺位。为了避免法律适用困难，还需要以司法解释等方式，协调《民法典》第 1235 条与《民事诉讼法》第 58 条的关系。

---

① 牛秉儒：《论环境公益诉讼原告主体资格之范围与顺位》，载《社科纵横》2020 年第 7 期。

四、诉讼程序

《民事诉讼法》第 58 条规定了公益诉讼程序，为“国家规定的机关”和“法律规定的组织”主张生态环境服务功能损失提供了民事诉讼程序保障。“国家规定的机关”和“法律规定的组织”有权根据该条提起民事公益诉讼，主张生态环境服务功能损失。

《刑事诉讼法》规定了刑事附带民事诉讼程序。在有些刑事案件中，检察机关基于《刑事诉讼法》第 101 条附带提出生态环境服务功能损失赔偿请求，并被法院支持，比如在蓝某某、黄某某滥伐林木案①中，检察机关针对被告人盗挖林木的行为提起公诉，并附带提出生态环境服务功能损失赔偿请求。但是，《刑事诉讼法》第 101 规定的是“国家财产”，生态环境服务功能损失属于“社会公共利益”，并不能被“国家财产”涵盖。检察机关能否通过刑事附带民事诉讼主张生态环境服务功能损失，还存在一定的争议。

此外，《最高人民法院关于审理生态环境损害赔偿案件的若干规定（试行）》中也包含了程序法的相关内容。有学者认为该司法解释建立了一个与民事公益诉讼制度相并列的生态环境损害赔偿诉讼制度，进而形成了多元程序并轨运行的格局，导致法律适用困难、混乱。② 目前已经形成的多元程序并轨运行格局，更多的是前《民法典》时代法律创设过程中分步探索的结果。在后《民法典》时代，应当整合目前《民事诉讼法》第 58 条和生态环境损害赔偿司法解释中的程序法内容，进一步完善《民事诉讼法》有关公益诉讼的规定，消除《民事诉讼法》与《民法典》之间的不一致。

本章小结

生态环境服务功能损失赔偿条款的规范定位体现了二元融合的特征。规范定位体现在价值定位、规范联结、条文构造、程序保障等方面。价值定位的二元，体现在目标的公益性和手段的私法性。通过法律解释操作，本书将生态环

① 参见广西壮族自治区南宁市中级人民法院（2020）桂 01 刑终 600 号刑事附带民事判决书，载中国裁判文书网。

② 周勇飞、高利红：《多元程序进路下环境公共利益司法体系的整合与型构》，载《郑州大学学报（哲学社会科学版）》2020 年第 5 期。

境服务功能解释为可以直接作为请求权基础的公共利益。该条的立法目的在于赋予公共利益直接作为民事救济请求权基础的地位，以便利用私法机制保护公共利益。由于可以直接作为请求权基础，主张生态环境服务功能损失不以主张生态修复费用为前提。《民法典》第 1234 条与第 1235 条具有相对的独立性，即使“国家规定的机关”或者“法律规定的组织”在根据《民法典》第 1234 条主张修复生态环境的费用之后，“国家规定的机关”或者“法律规定的组织”仍然可以就生态环境服务功能损失提出赔偿请求。同样，在“国家规定的机关”以行政主体的身份通过行政强制等机制实现生态环境修复费用之后，“国家规定的机关”或者“法律规定的组织”仍然可以通过民事公益诉讼提出生态环境服务功能损失赔偿请求。规范联结的二元，体现在该条款横向联结着《民法典》内其他有关保护生态环境公益的侵权责任条款、其他生态环境侵权责任条款，以及其他民法条款；纵向联结着有关生态环境保护的行政法律规范、刑事法律规范等公法规范。条文构造的二元主要体现在其以私法条款嵌套公法规定。程序保障的二元主要体现在程序发动者的二元，“国家规定的机关”和“法律规定的组织”都有权提出生态环境服务功能损失赔偿请求。

第二章　公私交错：生态环境服务功能损失赔偿的责任构成

生态环境服务功能损失赔偿责任的构成包括哪些要件？生态环境服务功能损失是否有严重程度要求？有权提出生态环境服务功能损失赔偿的主体有哪些？有权提起生态环境服务功能损失赔偿诉讼的主体能否像私人主体一样处分自己的请求权？国家规定的机关或者法律规定的组织在根据《民法典》第1234条主张修复生态环境的费用之外，是否也有权利要求侵权人赔偿生态环境服务功能损失？《民法典》第1234条和第1235条之间是什么关系？《民法典》第1229条至第1233条是否也适用于救济生态环境服务功能损失？特别是，《民法典》第1230条规定的举证责任倒置是否也适用于救济《民法典》第1235条规定的生态环境服务功能损失？《民法典》第1173条规定的侵权人有权对被侵权人主张就损害的发生或者扩大存在过错的抗辩，是否也适用于《民法典》第1235条？生态环境服务功能损失与侵权责任编所规定的以及学理上所说的直接损失、间接损失、纯粹经济损失等概念是什么关系？《民法典》第1235条所规定的侵权责任是否可能存在与违约责任的竞合问题？是否影响侵权人承担《民法典》第1235条规定的生态环境服务功能损失？如何理解生态环境服务功能损失赔偿条款与《民法典》总则条款之间的关系？

第一节　引公入私的过错要件

以“违反国家规定”作为构成侵权责任的要件，将公法内容注入私法救济机制，使损害要件具有引公入私的特点，进而使生态环境服务功能损失赔偿责任具有强烈的公私交融特色。何谓“国家规定”，如何判断是否构成“违反国家规定”，这些都属于适用生态环境服务功能损失赔偿责任的重点问题。

《民法典》第 1235 条两处使用了“国家规定”一词，第一处是“违反国家规定”，第二处是“国家规定的机关”。前者是有关责任构成要件的规定，后者是关于诉讼主体资格的规定。两者虽然有相同之处，但是仍然有所不同，因此分开讨论。此处仅仅讨论“违反国家规定”问题，在有关诉讼主体资格的章节讨论“国家规定的机关”。

一、“违反国家规定”对于侵权责任构成的意义

研究“违反国家规定”对于侵权责任构成要件的意义，关键在于回答“违反国家规定”是构成了独立的“违法性”要件，还是被过错要件吸收。前者可以称为“独立要件说”，后者可以称为“过错吸收说”。

（一）独立要件说

独立要件说认为，“违反国家规定”可以成立一种独立的侵权行为类型。王泽鉴教授认为，违反保护他人之法律，构成一种独立的侵权行为类型。① 王泽鉴教授所讨论的违反保护他人之法律，在于保护他人之人身权益和财产权益。在制定《民法典》之前，也有学者提出，违法性应当是生态环境损害赔偿责任的必备成立要件，生态环境服务功能损失赔偿责任的构成应当以违法性为前提。理由是生态环境损害赔偿与环境侵权损害赔偿所保护的利益基础有着根本不同，前者是为了保护公共利益，后者在于保护民事主体的个别利益。因此应当为生态环境损害赔偿建立自己的专门规则，并且将违法性作为责任构成要件。②

《民法典》第 1235 条规定生态环境公共利益具有直接作为请求权基础的地位。此外，《民法典》第 1234 条、第 1235 条中的生态环境公共利益难以被“他人民事权益”所涵摄，将《民法典》侵权责任编第一章“一般规定”中有关过错责任、无过错责任之《民法典》第 1164 条、第 1165 条适用于生态环境公共利益存在一定的障碍。因此独立要件说似有缓和《民法典》第 1234 条、第 1235 条与《民法典》侵权责任编第一章“一般规定”之间紧张关系的作用。

（二）过错吸收说

过错吸收说认为，行为人违反国家规定，即可被推定为有过错，系以违反

---

① 王泽鉴著：《侵权行为》，北京大学出版社 2009 年版，第 283 页、第 284 页。

② 冯汝：《论生态环境损害赔偿责任违法性要件的确立》，载《南京工业大学学报（社会科学版）》2018 年第 5 期。

国家规定将过错标准客观化。此时违反国家规定不是独立地作为侵权责任成立的一个构成要件，而是作为认定过错的一个方法或者标准，被过错要件吸收，因此可以称为“过错吸收说”。

过错吸收说的解释力在于与一般侵权责任构成的过错要件保持一致，并以违反国家规定作为认定是否存在过错的客观判断标准。《民法典》第1165规定，侵权责任的构成以过错责任为一般要件，仅在法律有明确规定时才实行无过错责任。将违反国家规定作为过错要件，正好与该条对侵权责任的构成一般需要过错要件的要求保持一致。按照判断标准分类，过错分为主观过错标准和客观过错标准。以违反国家规定作为过错要件，采用的是客观过错标准。

过错吸收说的不足首先在于对“违法性”和“过错”之间的区别和分工关注不足。在现代侵权行为法上，“违法性”与“过错”已经被区分、发展成为两个不同的概念，具有不同的规范含义和规范功能。“过错”关注的是行为人在作出行为时的主观状态，“违法性”将关注的重点放在行为人在作出行为时是否存在对法定义务的违反。在有些案件中，两者可能同时存在。比如，在生态环境侵权案件中，损害结果的发生往往是因为行为人违反了法定义务。行为人违反了法定义务，行为具有“违法性”，可以由此推定行为人具有主观过错。除了生态环境侵权之外，在其他很多案件中，都可基于违法性推定行为人的过错。但是，“违法性”和“过错”之间并不存在必然联系，违法性并不必然导致法院认定行为人具有过错。这是因为，“违法性”和“过错”具有各自的规范含义、规范功能、关注重点。“过错”关注的是行为人的主观心理状态，对其行为与损害结果（生态环境损害结果）之间关系的认识状况以及对不同结果的取舍态度。“违法性”关注的是法律义务的存在与否以及内容如何，行为人是否负有义务，是否履行了义务。就当事人的主观心理状态来说，“违法性”关注的是行为人对其法定义务的认识、取舍。违反法定义务，行为具有违法性，但是这并不必然导致损害的发生。随着公私法分野、分配正义等多种原因，现代侵权法逐渐抛弃了违法性要件。但是这并不意味着违法性在民法中毫无用武之地。在一些特殊的领域，民法保留了违法性要件，并对这些领域作特殊处理。[①]《民法典》第1234条、第1235条就是保留了违法性要件的条款。《民法

① 赵虎：《环境侵权民事责任研究》，武汉大学2012年博士论文。

典》第1232条规定了对于具有违法性的情形适用惩罚性赔偿，就是对具有违法性要件的侵权行为作特殊处理的例子。

过错吸收说的不足还体现在没有充分体现违反国家的特殊性，无法处理国家规定缺失、国家规定冲突等问题。国家规定有一定的范围限制，在范围内不一定有可以适用的国家规定，也可能存在多个可以适用的国家规定，因此存在国家规定的缺失和冲突问题。认定行为人是否违反国家规定，与认定行为人是否有过错，存在显著的差别。并且，在过错责任案件中，客观化标准是辅助，在无法通过客观化标准推定过错时，仍然可以适用主观过错标准。但是对于违反国家规定的行为，只要行为人的行为没有违反国家规定，就不得适用主观过错标准认定行为人存在过错。这是因为行为人的行为本身具有一定的社会有用性，抛开国家规定认定行为人存在主观过错并应当承担侵权责任，将会导致侵权责任法律法规与其他法律法规之间的冲突。

本书倾向于坚持独立要件说，但是认为过错吸收说也有其道理。两者的共识在于，独立要件说和过错吸收说都认为，根据《民法典》第1234条、第1235条，违反国家规定，是构成生态环境损害赔偿责任的必要条件。

二、“违反国家规定”的内涵

“国家规定”不是《立法法》有关立法权限、效力位阶的标准用语，明确其含义是适用《民法典》第1234条、第1235条的前提。

《民法典》第1235条对“国家规定”未做解释。为了探究“国家规定”，拟从三个方面寻找解释时可资佐证的材料。第一，第1235条立法之前最高人民法院以司法解释的方式进行了探索。第二，《民法典》中也有其他条文将“国家规定”“国家有关规定”作为权利得失变更的前提要件，在这些法律条文具体适用的时候必须以适用“国家规定”为前提。《民法典》除了使用“国家规定”“国家有关规定”外，还使用了“国家有关工程建设标准”（第293条，相邻关系）、“国家标准”（第511条，质量要求，包括强制性国家标准，推荐性国家标准）、“国家颁发的施工验收规范和质量检验标准”（第799条）、“国家有关危险物品运输的规定”（第828条，托运）、“国家另有规定”（第1109条，证明材料的外交认证）等类似用语。《民法典》中明文使用“国家规定”“国家有关规定”的条款见表2-1。对于“国家规定”“国家有关规定”的分析也适用于其他类相似用语，因此不一一分析。第三，原《民法通则》第124条中的

“违反国家保护环境防止污染的规定”，将违法性作为环境侵权民事责任的成立要件。围绕该条的理论研究和司法实践具有历史意义。虽然该规定后被原《侵权责任法》代替，但是在该法适用期间，司法实践和理论研究对“违反国家保护环境防止污染的规定”的理解，对于《民法典》第 1234 条、第 1235 条的适用也有一定的参考意义。

表 2-1　《民法典》中明文使用“国家规定”“国家有关规定”的条款

条文编号	涉及事项	立法沿革
第 294 条	相邻关系	原《物权法》第 90 条，《民法典》将“光”修改为“光辐射”
第 363 条	宅基地的取得	原《物权法》第 153 条
第 651—655 条	供用电	原《合同法》第 179—183 条
第 676 条	借款人应支付的逾期利息	原《合同法》第 207 条
第 680 条	禁止高利贷，借款利率不得违反“国家有关规定”	原《合同法》第 211 条
第 792 条	国家重大建设工程	原《合同法》第 273 条
第 1009 条	从事与人体基因、人体胚胎有关的医学和科研活动，应遵守法律、行政法规和国家有关规定	《人类遗传资源管理条例》第 2 条、第 7—10 条；《基因工程安全管理办法》第 2、3、30 条
第 1106 条	收养，按照国家有关规定为被收养人办理户口登记	原《收养法》第 16 条
第 1234 条	承担生态环境修复的条件、请求修复费用的主体	新增条文
第 1235 条	赔偿生态环境损害所致使损失和费用的、请求损害赔偿的主体	新增条文

（一）前《民法典》时代生态环境赔偿责任中的“国家规定”

原《民法通则》第六章第三节侵权的民事责任部分的第 124 条，对于环境污染致人损害责任的构成要件，规定了违法性要求。“违反国家保护环境防止污染的规定”，所指向的是有关生态环境保护的公法规定。此后 2014 年修订的《环境保护法》第 16 条第 1 款规定，“国务院环境保护主管部门”“制定国家污染物排放标准”，制定标准的依据是“国家环境质量标准和国家经济、技术条件”。适用原《民法通则》第 124 条的案例，对于《民法典》第 1234 条、第

1235 条中的“国家规定”有一定的参考意义。

1. 大气污染责任纠纷中适用“国家规定”的情况

在北京市某环境研究所与中国石油天然气股份有限公司某分公司、支持起诉单位某大学环境资源法研究和服务中心大气污染责任纠纷案①中，法官在认定“大气超标排放污染物造成污染”是否存在时，委托辽宁省环境科学研究院出具评估意见，其中主要评估内容为烟尘污染物、二氧化硫污染治物、NOx 污染物的排放浓度。进一步作出判断污染物排放标准的依据是，烟气除尘工艺系统、烟气脱硫工艺系统、烟气脱硝工艺系统是否符合设计文件及《火电厂大气污染物排放标准》的相关要求。如果在线监测及 168h 数据表明，排放符合设计文件及《火电厂大气污染物排放标准》（GB 13223—2011）的相关要求，则不认为存在大气污染，反之则认为大气污染存在。本案中的“国家规定”，是原环境保护部与原国家质量监督检验检疫总局 2011 年联合发布的《火电厂大气污染物排放标准》。

在赵某某与广西某页岩多孔砖厂、广西某建筑材料有限公司大气污染责任纠纷案②中，主要是针对国家的排污许可规定。本案的被告广西某页岩多孔砖厂强调，取得《排放污染物许可证》，排放气体符合国家标准。一审法院则认为，取得《排放污染许可证》，不等于排放气体符合国家标准，也不等于对赵某某的果树没有造成损害，二审法院对此也予以认可，表示广西某页岩多孔砖厂在一审中虽提供了《排放污染物许可证》，但不能否定环境污染的事实及不能作为法定免责任事由。类似相关的案例还有肖某某与贵州某建材有限公司大气污染责任纠纷案③，张某强、张某、于某某、张某某与包头市某煤炭储运有限公司大气污染责任纠纷案④，等等。

2. 水污染责任纠纷中适用“国家规定”的情况

在聂某等 149 户村民与平顶山某煤业股份有限公司五矿、平顶山某煤业股

---

① 参见吉林省吉林市中级人民法院（2016）吉 02 民初 146 号民事判决书，载中国裁判文书网。

② 参见广西壮族自治区玉林市中级人民法院（2015）玉中民三终字第 208 号民事判决书，载中国裁判文书网。

③ 参见贵州省黔南布依族苗族自治州中级人民法院（2016）黔 27 民终 289 号民事判决书，载中国裁判文书网。

④ 参见内蒙古自治区包头市中级人民法院（2014）包民三终字第 17 号民事判决书，载中国裁判文书网。

份有限公司六矿、某医疗集团总医院环境污染责任纠纷案[①]中，法官在认定排放行为是否造成水污染时，主要参考司法鉴定中心出具的鉴定意见。其中鉴定内容是依据《污水综合排放标准》（GB 8978—1996）和《农田灌溉水质标准》（GB 5084—2005）[②] 的要求，判断外排污水有没有超标。其中，鉴定意见认为，新新街排污口 COD 浓度超过《污水综合排放标准》（GB 8978—1996）限值，超标 0.8 倍，但可以满足《农田灌溉水质标准》（GB 5084—2005）要求，其余因子均达标，即该排污口 COD 超标排放。五矿外排水总硬度接近地下标准，新新街外排水总硬度超过地下水标准，虽不用于超标判断（因地表水标准中没有总硬度指标），但地表水总硬度过高会对地下水水质造成一定影响。辛庄水井中矿区特征因子均可满足《地下水质量标准》（GB 14848—1993）[③]，但超出《生活饮用水卫生标准》（GB 5749—85）[④]，但水井水质总硬度 435.2mg/L 已接近饮用水标准 450mg/L 的限制。背景土壤监测结果满足《土壤环境质量标准》（GB 15618—1995）[⑤] 一般农田标准，受损树木下污泥监测结果满足该标准中林地土壤或矿产附近土壤（非蔬菜地）标准要求。法官直接依据上述鉴定意见，判断认定污染成立。在庭审过程虽然进行了补充司法鉴定，但也仅是将《生活饮用水卫生标准》（GB 5749—85）改为采用《生活饮用水卫生标准》（GB 5749—2006）。可见，排放是否超标是认定水污染存在的依据，而超标与否的依据是“国家规定”，是原卫生部制定的生活饮用水卫生国家标准。

类似案例还有某自治州某矿业公司与重庆市某志愿者联合会水污染责任纠纷案[⑥]。在该案中，法官援引了环境保护标准、部门规章等文件，判断是否存在“违反国家保护水环境防止污染的规定”的情形。具体而言，该案援引了《地表水环境质量标准》（GB 3838—2002）、《饮用水水源保护区污染防治规定》、《生活饮用水卫生标准》（GB 5749—2006）的规定，而且选择 Fe 含量是

---

① 参见查国防、孙正宇：《聂某等 149 户村民诉平顶山某煤业股份有限公司五矿等单位环境污染侵权案——“排放污染物达标”是否承担水污染侵权责任》，载河南省高级人民法院网，http://www.hncourt.gov.cn/public/detail.php? id=157859，最后访问日期：2023 年 3 月 6 日。

② 现为《农田灌溉水质标准》（GB 5084—2021），下同。

③ 现为《地下水质量标准》（GB 14848—2017），下同。

④ 现为《生活饮用水卫生标准》（GB 5749—2022），下同。

⑤ 现为《土壤环境质量 农用地土壤污染风险管控标准（试行）》（GB 15618—2018），下同。

⑥ 参见重庆市第二中级人民法院（2016）渝 02 民终 772 号民事判决书，载中国裁判文书网。

评价集中式饮用水源是否达标的指标之一。并且，该案对鉴定机构的报告意见提出法律适用的意见，认为选择洼地土壤 Fe 含量作为指标，判断其含量超标构成对饮用水水源的潜在污染风险，是有充分科学依据的。我国的《土壤环境质量标准》（GB 15618—1995）虽未将 Fe 作为土壤的控制性指标，但在《地表水环境质量标准》（GB 3838—2002）、《饮用水水源保护区污染防治管理规定》、《生活饮用水卫生标准》（GB 5749—2006）中均规定集中式饮用水源 Fe 含量低于0.3 mg/L，由此说明 Fe 含量是评价集中式饮用水源是否达标的指标之一。而本案中关于重大污染风险的评判正是针对饮用水安全而言，并非基于对土壤的污染。故鉴定评估报告依据充分，结论科学。

3. 土壤污染责任纠纷中适用“国家规定”的情况

在孙某与中国石油天然气股份有限公司某油田分公司土壤污染责任纠纷案[①]中，一审法院认为，本案属于环境污染侵权纠纷，根据原《侵权责任法》第65条、第66条规定，被告所有的位于某采油厂152-1-4井到27号井组在孙某承包的稻田地内发生泄漏，经黑林科鉴字2016第（01）号技术鉴定书和黑林科补字2016第（02）号补充说明，可以证明孙某承包的稻田地中存在污染点，且呈斑块状均匀分布，污染点密度为5.5个/100平方米。污染点属于高浓度污染，不能种植任何农作物。二审法院认为，价格评估机构以将污染土壤更换为能够种植水稻的土壤为依据，计算更换污染土壤费用，原审采信价格评估意见正确。

类似案件还有青白江区某家庭农场与四川某燃气股份有限公司、成都市青白江区某村村民委员会土壤污染责任纠纷案[②]，一审法院认为“土壤污染责任纠纷是由于单位或个人的活动，将各种污染物或有害物质排放或传播到土壤中并积累到一定程度，引起土壤质量恶化，并进而造成农作物中某些指标超过国家标准”，国家标准的违反是判断“人身财产受到损害，或者其他公共环境、公共财产遭受损害，或者有造成损害的危险”的重要依据。二审法院认为，《环境保护法》第16条第1款规定了国务院环境保护主管部门制定环境质量标准、污染物排放标准的权力和考量因素，认为对于环境污染主要从有害物质排

---

① 参见吉林省白城市中级人民法院（2017）吉08民终1000号民事判决书，载中国裁判文书网。

② 参见四川省成都市中级人民法院（2016）川01民终6810号民事判决书，载中国裁判文书网。

放的角度规范。

4. 固体废物污染责任纠纷中适用“国家规定”的情况

在中华环保联合会与谭某、方某环境污染责任纠纷案[1]中，法院认为环境民事公益诉讼目的具有公共性，在于保护“公共”环境利益、环境安全，因此在认定本案被告的行为是否构成污染环境的侵权行为时，判断标准应当是社会公共利益是否受到损害。通过委托鉴定机构对涉案鱼塘污泥和底泥进行检测分析，检测、检验结果显示，污泥中的铜含量、锌含量分别为 327 mg/kg、1020 mg/kg，底泥中的铜含量、锌含量分别为 253 mg/kg、750 mg/kg。对于涉案鱼塘的污泥和底泥是否超标，是将检验数值与《农用污泥中污染物控制标准》（GB 4284—1984）[2] 比对之后得出的结论。法院认为该评估报告具备科学性和合理性，将其作为证据采信，作为本案认定事实的依据，更多的是基于检验机构的资质和对检验报告的形式审查。

《农用污泥中污染物控制标准》（GB 4284—2018）属于国家标准。该标准的规范目的是防止农用污泥污染环境、影响农作物安全、保护人体健康。该标准对于各种金属最高容许含量作出了规定，涉及的检测指标包括铜及其化合物、锌及其化合物。考虑铜、锌在不同类型的土壤中对于生态环境、食品安全、人体健康的影响不同，该标准针对酸性、中性和碱性土壤分别规定了不同的最高容许含量。通过将案涉鱼塘中的污泥中的铜、锌检测数值与该标准的最高容许含量进行比对，法院认为污泥超标，超标的污泥会通过食物链影响人体健康，损害社会公共利益。据此，法院认定本案构成环境侵权。

类似的案件还有某市人民检察院诉武汉某环保科技有限公司、黄某、曹某有、曹某威、王某新、王某福环境污染责任纠纷案[3]，该案中法院判定曹某的危险废物倾倒行为造成了污染结果，主要是考察了国家标准，根据环境保护厅所出具的认可意见，认为倾倒、填埋在某县某村 S354 省道 201KM 路段东侧山地的废物取样检测出铅含量为 1.99mg/L，超过了国家标准，pH 值为 1.78，具有强酸性，系有毒物质；倾倒、填埋在某某县某镇铁坑的废物及土壤取样检测

---

① 参见广东省广州市中级人民法院（2015）穗中法民一终字第 3804 号民事判决书，载中国裁判文书网。

② 现为《农用污泥中污染物控制标准》（GB 4284—2018），下同。

③ 参见湖南省郴州市中级人民法院（2018）湘 10 民初 3 号民事判决书，载中国裁判文书网。

出镉、铅、铬、铜、镍、锌含量均超过了国家标准。还有肖某某、某市某港货运码头有限公司等环境污染责任纠纷案①，一审法院在关于公司的危险废物处置资质问题时考虑了《危险废物贮存污染控制标准》，该标准是为贯彻落实《固体废物污染环境防治法》等法律法规，加强危险废物规范化环境管理而发布的，主要规定了对危险废物贮存的一般要求，以及对危险废物包装、贮存设施的选址、设计、运行、安全防护、监测和关闭等要求。

（二）《民法典》其他条文适用“国家规定”的情况

1. 与相邻关系有关的“国家规定”

《民法典》第294条调整相邻关系时引入了“国家规定”。该规定是对原《物权法》第90条的平移，唯一的变化是在原《物权法》第90条中的“光”后面增加“辐射”二字，修改为“光辐射”。适用原《物权法》第90条的案例，对于《民法典》第1234条、第1235条中的“国家规定”有一定的参考意义。

在李某诉某置地（重庆）有限公司环境污染责任纠纷案②中，原告主张被告的户外LED显示屏构成光污染，对其造成人身损害，法院判决被告停止案涉外置LED显示屏对原告的侵害，限定被告在不同季节开启案涉LED显示屏的时间以及每日19点之后的亮度。法院在判决时除了援引原《物权法》第90条外，还援引了《环境保护法》第42条第2款、原《侵权责任法》第65条。对于案涉LED屏幕排放的光辐射是否超标、能否进行环境监测的问题，法院咨询的专家表示国家和重庆市都不存在相关技术规范、监测指标，无法开展环境监测。法院根据原告提供的照片、视频资料，在咨询专家、组织双方在现场查看后认定被告LED显示屏产生的强光超出了一般公众普遍可忍受的范围。

在王某诉某置地（重庆）有限公司环境污染责任纠纷案③中，原告援引了《城市夜景照明设计规范》（JGJ/T 163—2008），并提出应当参考《北京市户外电子显示屏设置规范》。被告也以其安装使用LED显示屏是经过行政部门审批同意的，而且是根据行政部门的要求播放公益广告为由提出抗辩，认为如果将

---

① 参见广东省佛山市中级人民法院（2021）粤06民终17120号民事判决书，载中国裁判文书网。

② 最高人民法院指导案例128号。

③ 最高人民法院中国应用法学研究所编：《人民法院案例选》（2019年第12辑），人民法院出版社2019年版。

公益广告放在中午或者21点播放，那侵权责任应该是政府部门。法院在判决时除了援引原《物权法》第90条外，还援引了《环境保护法》第42条第1款，认为被告使用LED显示屏播放广告、宣传资料等所产生的强光已超出了一般公众普遍可容忍的范围。而且根据日常生活经验法则，被告运行LED显示屏产生的光污染势必会给原告等人的身心健康造成损害，干扰周围居民正常生活和休息，这也为公众普遍认可。因此被告的行为已构成由强光引起的光污染，应承担停止侵害、排除妨碍等民事责任。法院在判断被告承担责任具体方式时，除了考虑原告所援引的标准规范外，还提及《LED显示屏干扰光评价要求》（GB/T 36101—2018）。最终法院判决被告停止案涉外置LED显示屏对原告的侵害，限定被告在不同季节开启案涉LED显示屏的时间以及每日19点之后的亮度。

在刘某某诉卢某某相邻污染侵害纠纷案①中，原告诉称被告与自家相邻，且其家中有熏麦药磷化铝，挥发后在周围空气中形成了剧毒磷化氢气体，造成环境气体的毒性污染。被告则辩称其家中磷化氢含量经有关部门监测并没有超出国家规定。一审法院和二审法院均倾向于保护原告刘某某的合法权益，均没有对被告的“合规抗辩”的效力予以承认。但是本案中法院未认同该“合规抗辩”效力的主要原因并非法院对“合规抗辩”效力的消极态度，而是被告在诉讼过程中所提出的“合规抗辩”力度不够。经过上述案情梳理可见，被告在一审和二审中都强调了自己经有关部门监测，家中的磷化氢含量没有超出国家规定，但并未提供相关的证据予以论证，也没有具体说明没有超出的国家规定是哪种规定，这必然会使得法院在案件审理过程中对该种抗辩事由采取忽略轻视的态度。

还有在一起因养牛排放粪便污水而引发的承包土地相邻污染纠纷案中，原被告的土地相邻，原告认为，被告一直在农地里大规模养牛，由于其养牛场未按国家标准化修建，粪便未经任何处理就直接排放出来，对其承包的田地造成了严重污染，田地耕种产量逐年减少。被告则辩称，自从养牛以来，他修建了粪便池，对牛粪进行了焚烧，原告没有证据证明养牛粪便排放对原告承包的田地造成了污染侵害行为，应驳回原告的诉讼请求。粪便排放污染土地损失程度的判断标准对于该案判决结果具有至关重要的作用。国家环保标准没有关于农

---

① 参见安徽省亳州市中级人民法院（2018）皖16民终1757号民事判决书，载中国裁判文书网。

地养牛排放粪便污水的标准，重庆农业科学院提供的咨询意见不仅没有判断损失标准，还存在相互冲突，这不仅是当事人争议的根源，也是人民法院处理此类纠纷无法逾越的障碍。对此，原国家环保局在《关于确定环境污染损害赔偿责任问题的复函》中明确指出，承担污染赔偿责任的法定条件，就是排污者造成环境污染危害，并使其单位或者个人遭受损失。至于国家或者地方规定的污染物排放标准，只是环保部门决定排污单位是否需要缴纳超标排污费和进行环境管理的依据，而不是确定排污单位是否承担赔偿责任的界限。可见，行为的违法性并不构成环境侵权行为的必要前提，而行为的致害性才是环境侵权行为的构成要件。因此，环境污染侵权责任在构成要件上须具备存在环境污染的致害行为、环境污染造成损害结果、环境污染的侵权行为与损害事实之间有因果关系。

类似的案件还有很多，如某市某体育俱乐部有限公司诉某市某体育文化传播有限公司相邻污染侵害纠纷案①，刘某某、何某某等环境污染责任纠纷案②，李某某、某市某餐饮管理有限责任公司等相邻污染侵害纠纷案③，等等。

相邻关系法律规则在于协调不动产权利人的利益，核心在于要求双方互负容忍义务，既不支持过于敏感者的请求，也不允许肆无忌惮的行为，以此实现睦邻友好。④《民法典》第294条中的“国家规定”，就在于对容忍义务客观化。《民法典》第293条中的“国家有关工程建设标准”更是对客观化的容忍义务的进一步细化。但是从以上案例可以看出，法院在有些案例中除了引用《环境保护法》、原《侵权责任法》的一般规定之外，并没有援引对容忍义务进行客观化的“国家规定”。在有些案件中，对于当事人援引国家标准中的推荐性标准，法院也没有将其作为认定责任的依据。⑤ 造成这种现象的一个重要原因，就是“国家规定”的缺失。在没有国家规定的情形下，法院依据经验法则、一般人的容忍义务等标准认定被告的行为是否超出了原告应当忍受的程度。

---

① 参见重庆市第五中级人民法院（2020）渝05民终8609号民事判决书，载中国裁判文书网。

② 参见四川省内江市中级人民法院（2022）川10民终462号民事判决书，载中国裁判文书网。

③ 参见山西省太原市中级人民法院（2021）晋01民终8433号民事判决书，载中国裁判文书网。

④ ［德］鲍尔·施蒂尔纳：《德国物权法》，张双根译，法律出版社2004年版，第539页。

⑤ 参见最高人民法院（2013）民一终字第83号民事判决书，载中国裁判文书网。

2. 与供用电有关的“国家规定”

《民法典》第651条至第655条将“国家规定”“国家有关规定”作为建立合同关系、确定权利义务、承担违约责任和侵权责任的依据。侵权责任主要是指第651条规定的供电人未按照国家规定安全供电的赔偿责任；第653条规定的未按照国家规定及时抢修的赔偿责任；第655条规定的用电人未按照国家规定用电的赔偿责任。司法实践和法学理论一般认为，该损害赔偿责任为侵权责任，适用过错责任的归责原则。

在李某与海南电网有限责任公司某供电局财产损害赔偿纠纷案[①]中，原告李某主张被告并没有尽到检修和维护的职责，导致线路出现氧化断落的事故，从而造成自己财产损失。被告则辩称在接到用户反映线路故障的通知后，工作人员仅在40分钟内就到现场展开检修工作，并连夜排除线路故障，从线路停电故障发生至恢复供电时间仅5个小时，已经做到了及时检修、修复电力供应，尽到了相关职责，对于原告的财产损失并不存在过错。而在本案中所援引的国家规定是《供电营业规则》，这是由原电力工业部于1996年以电力工业部令第8号发布的规章，主要援引的是《供电营业规则》第11条的规定，最终法院驳回了原告的诉讼请求。

类似案例还有很多，例如，在张某与国网湖南省电力有限公司某县电力分公司财产损害赔偿纠纷案[②]中，法院认定被告没有按照国家规定及时抢修，但是并没有在裁判文书中说明被告违反的国家规定的名称、内容。在田某与国网湖北省电力公司某市供电公司供用电合同纠纷案[③]中，法院认为被告在晚上耗时4小时左右排除故障，恢复供电，履行了及时抢修义务。法院认为被告按照国家规定及时抢修，但是也没有指出国家规定的名称、内容。在聂某与国网四川省电力公司某供电公司供用电合同纠纷案[④]中，二审法院援引了《电力供应与使用条例》，认定原告（上诉人）不是该条例意义上的“重要用户”，被告（被上诉人）没有提前24小时通知中断供电，不违反该行政法规。从判决书分析，法院据以判案的国家规定即为该行政法规。

---

① 参见海南省第二中级人民法院（2019）琼97民终2674号民事判决书，载中国裁判文书网。
② 参见湖南省怀化市中级人民法院（2018）湘12民终1582号民事判决书，载中国裁判文书网。
③ 参见湖北省汉江中级人民法院（2018）鄂96民终812号民事判决书，载中国裁判文书网。
④ 参见四川省乐山市中级人民法院（2018）川11民终582号民事判决书，载中国裁判文书网。

从司法实践可以看出，法院不仅认为《民法典》第 651 条至第 655 条中的“国家规定”“国家有关规定”包括部委规章，而且在很多案件中对“国家规定”“国家有关规定”的名称、内容、违反规定与损害之间的因果关系未作讨论。从判决书也可以看出，供电人、用电人对于“国家规定”“国家有关规定”的名称、内容、违反规定与损害之间的因果关系也未作争辩，这也解释了为什么法院对此不作讨论。

（三）其他法律中的“国家规定”

在民法之外的其他立法中，也有大量使用“国家规定”的法律条文。我国生态环境法律制度中也使用“国家规定”，这也为生态环境服务功能损失赔偿的“引公入私”提供了一定的法律依据，比如在《噪声污染防治法》中就使用了 10 次“国家规定”。《湿地保护法》《森林法》《草原法》《长江保护法》《环境影响评价法》等多部生态环境法律也使用了这一法律术语。

在《刑法》中，与生态环境保护有关的重要条文是《刑法》第 338 条，即：“违反国家规定，排放、倾倒或者处置有放射性的废物、含传染病病原体的废物、有毒物质或者其他有害物质，严重污染环境的，处三年以下有期徒刑或者拘役，并处或者单处罚金；情节严重的，处三年以上七年以下有期徒刑，并处罚金；有下列情形之一的，处七年以上有期徒刑，并处罚金：（一）在饮用水水源保护区、自然保护地核心保护区等依法确定的重点保护区域排放、倾倒、处置有放射性的废物、含传染病病原体的废物、有毒物质，情节特别严重的；（二）向国家确定的重要江河、湖泊水域排放、倾倒、处置有放射性的废物、含传染病病原体的废物、有毒物质，情节特别严重的；（三）致使大量永久基本农田基本功能丧失或者遭受永久性破坏的；（四）致使多人重伤、严重疾病，或者致人严重残疾、死亡的。有前款行为，同时构成其他犯罪的，依照处罚较重的规定定罪处罚。”在规定污染环境罪时也要求“违反国家规定”。《刑法》第 96 条是对“国家规定”的解释条款，规定了“违反国家规定之含义”。根据该条，《刑法》上的“国家规定”，制定机关包括全国人民代表大会及其常务委员会、国务院，文件形式包括法律、决定、行政法规、行政措施、命令等。

三、"违反国家规定"的适用

（一）效力位阶：扩张解释

在解释《民法典》第1235条的"国家规定"时，应当按照不同的效力位阶分别处理。法律、行政法规，构成该条的"国家规定"。

是否将国务院各部委的规章、地方政府规章纳入"国家规定"，需要慎重。中共中央办公厅、国务院办公厅印发《生态环境损害赔偿制度改革方案》的对应条款规定的是"违反法律法规"。《民法典》没有采用该改革方案中的"法律法规"，而是采用了"国家规定"，其目的是否在于扩大指向的范围，还需要进一步考虑。"违反国家规定"，是对行为具有违法性的认定。如果是由行政机关认定该行为违法，行政相对人可以提起行政诉讼。根据《行政诉讼法》第63条第3款，人民法院在审理行政诉讼案件时"参照规章"。为了避免人民法院在审理民事案件中出现与审理行政诉讼案件不同的结果，在审理依据《民法典》第1235条提起的案件时，对于规章也应当采取"参照"的态度。

规章以下的规范性文件，不得直接被用于认定"违反国家规定"。《行政诉讼法》第53条规定，行政相对人可以一并请求人民法院审查规范性文件的合法性。虽然依据《民法典》第1235条提起的诉讼是民事诉讼，但人民法院也应当采取与行政诉讼相同的态度。这一方面是为了保护被告的权利，另一方面也是为了避免民事审判和行政审判产生互相冲突的结果。

综上所言，就效力位阶而言，对于"国家规定"总体上作必要的扩张解释，但是规章应当采取参照的态度，对于规章以下的规范性文件应当在审查之后决定是否适用。人民法院在审理《民法典》第1235条提起的案件时，应当允许被告对规章、规章以下的规范文件的合法性提出质疑。

（二）适用范围：扩张解释

"国家规定"是否仅限于全国普遍适用的规定，还是也应当包括地方性法规，是需要讨论的问题。

《立法法》第81条规定，设区的市级地方人民代表大会有权就生态文明建设制定地方性法规。《环境保护法》第15条、第16条规定，省级人民政府有权制定地方性环境质量标准、污染物排放标准。如果将《民法典》第1234条、第1235条的"国家规定"限定为全国普遍适用的规定，可能会不当限制地方性法规、地方性环境标准的作用，因此应当对"国家规定"作扩张解释，将地方性法规也纳入其中。对于不同效力位阶的地方性法规的处理，与上文有关效力位阶的讨论相同。对于民族自治地方的生态环境案件，该民族自治地方的自治条例和单行条例构成《民法典》第1235条意义上的“国家规定”。

在确定地方性法规是否可以适用、地方性规章是否可以参照时，应当以行为实施地为标准判断，而不是以结果发生地为标准判断，因为“违反国家规定”指向的是行为，而不是结果。

（三）效力强度：限缩解释

按照是否具有强制效力，“国家规定”可以区分为强制性规定与非强制标准。规划、技术标准，都存在这个问题。有些规划是约束性规划，具有强制效力，构成《民法典》第1235条意义上的“国家规定”；有些规划只是建议性规划，不具有强制效力，不构成《民法典》第1235条意义上的“国家规定”。按照效力，技术标准可以分为强制标准、推荐标准和行业标准，强制标准构成《民法典》第1235条意义上的“国家规定”，推荐标准、行业标准都不构成《民法典》第1235条意义上的“国家规定”。

但是，建议性规划、推荐标准、行业标准被土地出让合同引用的，行为人违反该规划、标准的，可以按照违约责任处理。建议性规划、推荐标准、行业标准被批准的环境影响评价文件引用的，按照违反环境影响评价制度处理。在这两种情形下，虽然违反建议性规划、推荐标准、行业标准可能导致法律责任，但这并非适用《民法典》第1235条的结果，不能认为是将这些规划、标准作为国家规定，要求行为人承担责任。

（四）规范目的：限缩解释

《民法典》第1235条所指的“国家规定”，应当被限缩解释为直接防止生态环境破坏的国家规定，对该规制之违反会造成生态环境破坏的国家规定。在生态环境破坏已经发生的情况下，应当倒推因果关系，仅在因果关系的范围内考察是否存在违反国家规定的情形。应当根据国家规定的规范目的，从环境保护和侵权责任两方面考察，违反该规定是否会直接造成生态环境损害。因此，对于《民法典》第1235条中的“违反国家规定”中的“国家规定”，应当根据规范目的作限缩解释。

《民法典》以及此前的民事立法中，有很多需要作规范目的限缩解释的条款，可以作为借鉴。原《合同法》第52条第5项在司法实践中发展出的“效力性强制性规定”和“管理性强制性规定”的二分格局[①]。这种解释方法对于《民法典》第1235条有借鉴意义。从规范目的的角度，可以将有关生态环境保护的国家规定区分为“责任性国家规定”和“非责任性国家规定”。对前者的违反，可能导致《民法典》第1235条规定的生态环境损害赔偿责任，对后者的违反不应当具有此等法律效果。

我国已经建立起以宪法为统领、以《环境保护法》为基础、以各环境单行法为主体、以相关部门法为补充的环境法律体系，[②] 建立了环境规划制度、环境影响评价制度、环境标准制度、环境监测制度、生态保护红线制度、生态补偿制度、环保督政问责制度、排污总量控制制度、排污许可管理制度、突发环境事件应急制度、“三同时”制度，[③] 以及其他环境法律制度。这些规定都旨在保护生态环境，但是有些规定的规范目的决定了对该规定的违反会导致《民法典》第1235条的生态环境损害赔偿责任，另外一些规定的规范目的决定了对其违反不应导致此等法律效果。试举两例讨论。

1. 固体废物

2016年《固体废物污染环境防治法》第1条规定了立法目的，即“为了防治固体废物污染环境，保障人体健康，维护生态安全，促进经济社会可持续发展”，2020年修订的《固体废物污染环境防治法》第1条在原有表述的基础上增加了“保护和改善生态环境”“推进生态文明建设”，并将“人体”改为“公众”，进而在第15条第2款对于使用固体废物综合利用产物作出了规定，要求符合“国家规定”的用途、标准。该法对危险废物进行界定，是指列入国家危险废物名录或者根据“国家规定”的危险废物鉴别标准和鉴别方法认定的具有危险特性的固体废物。

---

① 原《合同法》第52条第5项将违反法律、行政法规强制性规定，作为合同无效的原因。原《最高人民法院关于适用〈中华人民共和国合同法〉若干问题的解释（一）》第4条明确地将地方性法规、地方性规章排除在外，严格地将效力位阶限制在全国人大及其常委会制定的法律与国务院制定的行政法规的范围内；原《最高人民法院关于适用〈中华人民共和国合同法〉若干问题的解释（二）》第14条将“强制性规定”限缩为“效力性强制性规定”；《最高人民法院关于当前形势下审理民商事合同纠纷案件若干问题的指导意见》第15条、第16条则在确立效力性与管理性强制性规定二分格局的基础上为之提供基本判准。原《合同法》第52条第5项的准确适用，关键在于探寻规范意旨。参见朱庆育：《〈合同法〉第52条第5项评注》，载《法学家》2016年第3期。根据《民法典》第153条的规定，原来针对原《合同法》第52条第5项发展出的“效力性强制性规定”和“管理性强制性规定”的二分格局在《民法典》之下仍有意义。

② 吕忠梅主编：《环境法学概要》，法律出版社2016年版，第59页。

③ 吕忠梅主编：《环境法学概要》，法律出版社2016年版，第161—194页。

2. 环境保护税

《环境保护税法》明示的立法目的虽然包括“保护和改善环境”“减少污染物排放”等内容，但是该法的直接规范目的在于以税收机制间接影响污染者的污染排放行为，对生态环境的保护具有间接性，因此不属于《民法典》第1235条所指的“国家规定”。

禁止非法排放危险废物和环境保护税分别代表了可能导致或者不可能导致生态环境损害赔偿责任的国家规定的例子。我国的环境规划种类繁多，制定主体多元，存在内容交叉重叠、管理目标不一等问题，造成了环境管理中的不协调、不衔接、不统一。[①] 对于行为人违反环境规划的行为是否导致生态环境破坏，需要慎重认定。环境标准，包括污染物排放标准、环境质量标准、方法标准等，违反污染物排放标准可能导致生态环境损害赔偿责任，违反方法标准一般不会导致生态环境损害赔偿责任，违反环境质量标准是否可能导致生态环境损害赔偿责任存在较多争议。[②] 将环境影响评价制度与“三同时”制度相比，“三同时”制度更加符合《民法典》第1235条所指的“国家规定”。专为维护社会秩序之法律、程序性的环境行政管理规定、环境规费税收类管理规定、劳动法规等都不应当被认为是《民法典》第1235条所指的“国家规定”。生态环境损害赔偿案件中援引“国家规定”的情况见表2-2。

表2-2　生态环境损害赔偿案件中援引“国家规定”的情况[③]

案件名称	法律适用	国家规定
被告人董某等19人污染环境案（2017）冀06刑终202号	法院认为，案涉废碱液、废盐酸均被列入《国家危险废物名录》，属危险废物。被告人董某等违反国家规定，非法处置、排放有毒物质，严重污染环境。	《国家危险废物名录》

① 吕忠梅主编：《环境法学概要》，法律出版社2016年版，第166页。

② 尤明青：《论环境质量标准与环境污染侵权责任的认定》，载《中国法学》2017年第6期；陈伟：《环境质量标准的侵权法适用研究》，载《中国法学》2017年第1期。按照尤明青的观点，不应以被告违反环境质量标准为由，要求被告承担生态环境损害赔偿责任。但是按照陈伟的观点，违反环境质量标准可能构成生态环境损害赔偿责任。

③ 表中案例均来自中国裁判文书网。

续表

案件名称	法律适用	国家规定
被告人卓某走私珍贵动物案 （2018）粤刑终225号	法院认为，被告人卓某无视国家法律，逃避海关监管，指使他人走私国家禁止进出口的珍贵动物入境，其行为已构成走私珍贵动物罪。	《濒危野生动植物种国际贸易公约》附录Ⅰ保护的珍贵动物
东莞市某镇人民政府诉李某固体废物污染责任纠纷案 （2018）粤19民终6238号	判决认定，李某违反国家规定向某镇某村倾倒了60车约600吨重金属超标的电镀废料，严重污染环境，其行为已构成污染环境罪。	《危险废物鉴别技术规范》（HJ/T 298—2007）①
韩某与中国石油天然气股份有限公司某省油田分公司水污染责任纠纷案 （2018）最高法民再415号	本案系因原油泄漏使鱼塘遭受污染引发的环境污染侵权责任纠纷，法院认为，韩某的养鱼行为是否违法，并非某油田分公司免除侵权责任的法定事由。	2009年大安市人民政府出台的《关于加强嫩江洮儿河滩地管理有关事宜的通知》（规范主体资格的国家规定，不是《民法典》第1235条所指的国家规定）
被告人张某非法采伐、毁坏国家重点保护植物案 （2019）渝02刑终75号	张某违反《野生植物保护条例》等规定，非法采挖2株野生红豆杉，移植或准备移植至自家花园，构成非法采伐国家重点保护植物罪。	《野生植物保护条例》
孟某诉天津某城市建设投资有限公司噪声污染责任纠纷案 （2019）津02民终5521号	在有关噪声污染责任纠纷判断中，对于是否造成噪声污染，应以是否违反国家有关噪声排放标准为依据。	《住宅设计规范》（GB 50096—1999）、《社会生活环境噪声排放标准》（GB 22337—2008）
黑龙江省齐齐哈尔市某村民委员会与苏某农村土地承包合同纠纷案 （2019）黑02民终1827号	合同履行过程中，因案涉地块被划归为国家湿地公园范围内，客观情况发生了当事人在订立合同时无法预见的重大变化，并且该变化是行政机关出于生态环境保护目的作出的行政行为，不属于商业风险，由于合同目的已经不能实现，因此应予解除。	《国家湿地公园管理办法》第19条规定

① 现为《危险废物鉴别技术规范》（HJ/T 298—2019）。

续表

案件名称	法律适用	国家规定
倪某诉某市生态环境局不履行环境保护监督管理职责案（2019）京04行终4号	法院认为，自2009年至2013年底，生态环境局存在对某某公司使用放射装置的情况关注不够、监管不足、未履行相应的法定监督管理职责的情形。	《放射性同位素与射线装置安全和防护条例》第46条
某省某市林业局诉某市牧业管理局草原行政登记案（2018）吉24行终179号	再审认为，某市牧业局的颁证行为无事实依据，且案涉草地中162公顷已被纳入某市东北虎国家级自然保护区范围，无论牧业局颁证行为是否合法，依法都应予以撤销。	2005年7月，国务院办公厅《关于发布河北柳江盆地地质遗迹等17处新建国家级自然保护区的通知》

（五）规范缺失：慎重处理

虽然我国环境法律制度已经基本实现了全覆盖，但是在某些领域仍然欠缺更为明确、详细的法律、法规，即使是“参照”性质的规章在很多领域也有空白或不详细之处。国家规定的缺失，是在处理以违反国家规定为前提的侵权责任案件时经常面临的问题。根据证据规则，应当由原告承担举证责任，原告对于应当适用的国家规定、是否违反国家规定负有证明义务。原告在主张被告违反国家规定时，不应笼统地主张被告违反国家规定，而是应当指出违反的具体条款，避免向法律原则逃逸。污染者的行为本身具有一定的社会有用性，不能因为周围的环境有一定程度的改变就直接认定污染者违反国家规定，因为在污染者达标排放、遵守所有国家规定时，仍然有可能污染环境。

司法实践亦存在国家规定缺失时，法官适用困境。在某省人民政府诉安徽某化工科技有限公司生态环境损害赔偿案①中，被告虽然存在危险废物违法排放行为，但鉴于国家没有对该种物质的允许排放浓度限值作出规定，技术小组只能采取保守的数据，并在评估时将数值放大10倍。法官按照这种方法所计算出来的数值肯定少于水资源的实际损失。资源等值分析方法是用污水的体积乘以水资源费的单价，计算出水资源价格。通过这种方式，法院判决被告应当赔偿的金额。

① 参见江苏省高级人民法院（2018）苏民终1316号民事判决书，载中国裁判文书网。

第二节　保公护私的损害要件

损害，是指受害人的合法权益因一定行为或事件所造成的、达到应予救济程度的各种不利益。[①] 根据《民法典》第1165条、第1166条规定，损害是构成侵权责任的前提，不因过错责任、无过错责任而有所不同。因此，“损害”是民事赔偿责任制度的第一个要件，没有损害，也就不需要救济，[②] 无须分析致害行为、因果关系等问题。生态环境服务功能损失赔偿实际上就是在法律层面对作为社会公共利益的生态环境服务功能予以直接救济，但是在实际效果上间接保护了公民个人的生态环境利益，因此具有保公护私的特点。

分析生态环境服务功能损失赔偿的逻辑起点，就是明确生态环境服务功能损失的含义。从语言表述上看“生态环境服务功能损失”的概念包含“生态环境服务功能”和“损失”两个组成部分，因此需要先厘清各自部分的含义，然后才能厘清整个概念的含义。2017年12月发布的《生态环境损害赔偿制度改革方案》就直接使用了“生态环境服务功能”一词，但是没有予以定义。从《民法典》第1235条第1项、第2项也可以提炼出“生态环境服务功能”一词，但是《民法典》同样也未给出生态环境服务功能的定义。

一、生态环境服务功能损失的含义

（一）定义要素分析

“生态环境服务功能损失”的定义要素包括“损失”“服务功能”“生态”“环境”等要素。在界定生态环境服务功能损失的含义时，有必要先分析各个定义要素的含义。

对于“生态环境”的一种解释是将其理解为由“生态”和“环境”构成的一个偏正词组，另一种解释是将其理解为“生态”和“环境”组成的并列词组。《宪法》第26条将“生态环境”与“生活环境”并列，表明《宪法》上的生态环境是一个偏正词组。“生态环境部”的英文翻译为“The Ministry of E-

---

① 本定义借鉴了现有研究成果，主要包括张新宝著：《侵权责任法（第三版）》，中国人民大学出版社2013年版，第25—37页；王利明著：《侵权责任法研究（上）》，中国人民大学出版社2011年版，第283—286页。

② 王泽鉴著：《侵权行为》，北京大学出版社2009年版，第175页、第176页。

cology and Environment”，表明生态环境部将“生态环境”理解为并列词组。

综合《环境损害鉴定评估推荐方法（第Ⅱ版）》以及相关文件，生态环境服务功能可以被理解为包含生态系统服务功能和环境服务功能两部分。生态系统服务功能，是指由于生态环境对其他生态环境和公众利益所发挥的作用，直接或者间接地向人类或其他生态系统提供的服务。① 环境服务功能，主要是环境在物质循环、能量传递中的功能。生态环境服务功能与生态恢复力（environmental resilience）密切相关但并不完全相同。环境恢复力是环境保持稳定的能力，是指环境在遭受严重危险之后结构、功能等方面仍然保持不变或者快速恢复到原来状态的能力。生态系统服务功能和环境服务功能具有高度重合，两者的区别主要是侧重点有所不同。在某市海洋与渔业局与某有限公司侵权责任纠纷案②中，二审法院则对“环境生态损害”和“环境容量损害”分开认定，前者是环境对生态系统支持能力的损害，后者是环境对污染物自净能力的损害。可以看出，该案区分了生态系统服务功能和环境服务功能，表明了司法实践对生态环境服务功能的认识进一步深化。在很多案件中，区分生态系统服务功能和环境服务功能的意义并不很大。

生态环境服务功能损失，是生态环境在没有被侵害之前能够正常发挥的功能的丧失或者部分丧失。生态环境服务功能损失，同时具有生态面向和社会经济面向。从生态面向分析，生态环境服务功能损失是对生态环境本身的损害，侵害的法益是生态法益，而非通过环境媒介，侵害传统的（他人）人身权益、财产权益，造成的（他人）人身、财产权益的传统损害（环境侵权损害）。这是生态环境损害和传统损害的根本区别。③ 从社会经济面向分析，生态环境服务功能损失是直接或间接从生态环境系统功能中本能获得利益的丧失，包括生态系统所提供的产品和服务。根据是否可以修复，可以将生态环境服务功能损失区分为永久性损失和修复期间损失。修复期间，是一个时间段，起点是生态环境遭受到损害的时间，终点是生态环境恢复的时间。生态环境是否遭受到损

---

① 《环境污染损害数额计算推荐方法（第Ⅰ版）》将生态环境服务功能定义为：某种生态环境和自然资源对其他生态环境、自然资源和公众利益所发挥的作用。

② 参见山东省高级人民法院（2014）鲁民四终字第193号民事判决书，载中国裁判文书网。

③ 段小兵：《理论证成与路径依赖：论生态损害的法律救济——跨越公法、私法界限的视域》，载《重庆广播电视大学学报》2017年第6期。

害，是否恢复，都以基线为准。修复期间，也被称为过渡期（Interim Period）。在此期间生态环境服务功能的丧失，即为期间损失，或者过渡期损失（Interim Loss）。[①] 对于无法修复的生态环境，该生态环境本来具有的生态环境服务功能就发生了永久性丧失，即为永久性服务功能损失。不论是修复期间损害，还是永久性损失，都涉及纳入损害的范围和因果关系链条长短问题。

（二）属与种差分析

属与种差，是自亚里士多德以来的常见定义方法。在界定生态环境服务功能损失的时候，需要注意与以下概念的关系。

第一，环境损害。对于“环境损害”一词，有多种定义，外延大小不一。狭义的环境损害，是指对环境造成的损害，侵害对象是环境。[②] 欧盟委员会2004年发布的第34号指令，也采用了这个定义。[③] 最广义的环境损害，采用了“可观察的”“可测量的”判断标准，只要不利改变达到了“可观察的”“可测量的”程度，即构成环境损害。[④] 环境损害的侵害对象，一方面包括人体健康和财产，另一方面包括生态环境及其生态系统。对人体健康和财产的侵害，导致的是人身、财产损害。对生态系统的侵害，造成的是生态环境损害。因此，环境损害包括人身损害、财产损害、生态环境损害3个部分。将其区分为3个部分，正好与《民法典》第七编第七章的标题“环境污染和生态破坏责任”对应。易言之，与“环境污染和生态破坏责任”对应的损害，即为环境损害。在该章之内，涵盖的内容包括对人身、财产造成损害的侵权责任（私益损害）以及对生态环境造成损害的侵权责任（公益损害）。私益、公益，在该章都得到

---

① 美国是较早对过渡期损失费用进行赔偿的国家之一。20世纪70年代制定的《海洋自然保护区法》率先将“修复时海洋自然保护区内未使用的资源价值”纳入赔偿范围，1990年制定的《石油污染法案》亦明确规定，赔偿范围应当包括自然资源在修复期间的减损。美国联邦内政部和国家海洋与大气管理局也在各自的职权范围内作出了对应的表述。

② 童光法：《环境损害概念辨析——兼论〈环境保护法〉相关条文的理解》，载《清华法治论衡》2016年第1期。

③ 欧盟委员会2004年发布了《关于预防和补救环境损害的环境责任指令》，对“环境损害”作出了定义。该指令在定义“环境损害（environmental damage）”时，将损害的对象涵盖了“受保护物种”“自然栖息地”“水”“土”等。“受保护物种”是生态要素，“水”“土”是环境要素，“自然栖息地”是环境要素和生态要素的结合。该定义对“损害”采取了“可评估的”标准，只要不利变化达到了“可评估的”程度，即构成损害。可以看出，该指令对“环境损害”的定义与“生态损害”的定义相同。参见段小兵：《理论证成与路径依赖：论生态损害的法律救济——跨越公法、私法界限的视域》，载《重庆广播电视大学学报》2017年第6期。

④ 参见《环境损害鉴定评估推荐方法（第Ⅱ版）》。

体现。

第二，生态环境损害。生态环境损害，是在“环境损害”的基础上增加了“生态”一词，早在20世纪中期，我国就有学者谈及“生态”与“环境”两个词语之间的逻辑关系：“盖环境一词，较之具有密切科学基础之‘生态’，远不确定。但对人类社会而言，生态一词固有确定之意义，但用之于整体人类生存空间与活动广泛之范围，包括物质与精神方面，则恐无法涵盖。反之，层次上较为笼统之‘环境’一词，终于扮演重要角色。”相比“环境”一词，“生态”则更强调生物与其周围环境的关系，① 具有间接性、整体性、动态性、保障性等典型特征。② 生态环境损害具体包括生态和环境两个部分，包括不利改变和功能退化两种表现。不论是环境要素，还是生态要素，抑或是环境要素和生态要素结合形成的生态系统，只要发生了不利改变、功能退化，都构成生态环境损害。③ 生态环境服务功能损失，就是“不利改变”“功能退化”导致的消极影响，是生态环境损害的一个组成部分。

（三）法律属性分析

《民法典》第1235条对生态环境损害赔偿诉讼中原告可以主张的损害作了明确列举，生态环境服务功能期间损失和永久性损失，是该条明确列出的可以主张的损害事项。即，当“损害”被作为赔偿责任构成要件使用时，生态环境服务功能损失是损害的一个组成部分。

“损害”具有一词多义的特征，导致在理顺“生态环境服务功能”“损失”“损害”这些关键词时存在困难。“损害”在《民法典》第1235条中出现了5次：第一次的语境是“违反国家规定造成生态环境损害”，表示的是违法行为的结果；第二次的语境是“生态环境受到损害至修复完成期间”，表示的是生态环境所处的状态；第三次的语境是“生态环境功能永久性损害”，表示的是损害的类型；第四次的语境是“生态环境损害调查”费用，泛指所有生态环境损害；第五次的语境是“防止损害的发生”，包括已经发生或者可能发生的损害。这些地方所使用的“损害”一词具有不同的含义。

---

① 邓禾、韩卫平：《法学利益谱系中生态利益的识别与定位》，载《法学评论》2013年第5期。

② 杨朝霞著：《生态文明观的法律表达——第三代环境法的生成》，中国政法大学出版社2020年版，第109页。

③ 参见《生态环境损害赔偿制度改革方案》。

“违反国家规定造成生态环境损害”中的“损害”，是侵权责任构成要件意义上的损害，具体强调的是一种损害结果，即为侵权责任构成要件中的结果要件，在判断因果关系的时候还要与行为要件结合予以考虑，充分考察行为与结果之间的关联关系和关联程度。

“生态环境受到损害至修复完成期间”中的“损害”，是侵害意义上的损害，但是更侧重于一种损害状态。根据《民法典》第1165条规定，行为人先是侵害他人民事权益，实施了侵权行为，然后造成损害，发生了损害结果，最后需要承担侵权责任，导致了法律责任。① 学理上也认为，侵权行为在侵害民事权益之后，是否造成损害是首先应当予以分析的事项，在此之后才进一步决定是否承担损害赔偿责任。②

“生态环境功能永久性损害”，是在事实问题意义上讨论，是指生态环境服务功能的永久性丧失。此处的“损害”是环境科学意义上的损害，是事实问题，而不是法律责任意义上的损害。

“生态环境损害调查”意义上的“损害”既可以包括环境科学意义上的损害，也可以包括侵权责任构成要件意义上的损害。调查的内容以及调查结论，根据调查主体有所不同。如果调查主体不是环境行政主管部门，而是科学机构，调查的内容和结论更多是科学意义上的损害。如果调查主体为生态环境主管部门或其委托的内设环境监测机构、环境监察机构，调查的内容更多是从责任构成要件上分析。鉴定评估，主要是针对侵权责任构成要件意义上的损害，但是也可以指向环境科学意义上的损害。

“防止损害的发生”中的“损害”，与“生态环境损害调查”中的“损害”一样，既包括环境科学意义上的损害，也包括侵权责任构成要件意义上的损害。

正是因为“损害”的一词多义，导致在《民法典》第1235条中，有的地方“损害”包含“损失”，是比“损失”更大的概念；有时相反，“损失”包含“损害”，“损害”又成为比“损失”更小的概念，导致理解上的困难。

（四）与其他损害的共通特征

作为损害的生态环境服务功能损失，应当满足侵权责任法对于损害的基本

① 《民法典》第1165条第1款　行为人因过错侵害他人民事权益造成损害的，应当承担侵权责任。
② 程啸著：《侵权责任法（第二版）》，法律出版社2015年版，第215页。

特征要求。构成侵权责任法上的损害，需要满足以下基本要求。

第一，损害应当具有客观确定性。损害是一个客观存在的事实，具有确定性，并且能够依据社会一般观念和公平意识予以认定，而不能是尚未发生的、臆想的、虚构的现象。[①] 只有造成客观确定的不利益，才可能构成损害。此种不利益可以表现为实际发生的财产损失、人身伤害等，也可以表现为可能造成财产损失、人身伤害等不利益的客观确定的风险。需要注意的是，导致风险的事实应当是已经发生的，并且导致不利益的风险本身也应当是客观确定的。在现实生活中，有些风险在未实现之前，也可能已经造成财产损失或人身伤害，比如物的交换价值的降低、处于风险之下的受害人所经受的精神痛苦。

第二，损害应当包含程度要求。虽然损害以侵害民事权益为前提，但是对民事权益的侵害并不必然都构成损害。只有达到一定程度的不利益，才可能构成损害。因此，在考虑是否构成损害从而引发损害赔偿问题时，尚需要考虑侵害的程度。对于程度的要求来源于主体之间的容忍义务。在社会生活中，民事主体应对其他民事主体的行为负担一定程度的容忍义务，并且此种容忍义务一般也具有对等性、互惠性，包括互负容忍义务以及从被容忍的行为直接、间接受益。容忍义务之产生，在于社会行为具有外部性，包括造成消极影响的负外部性和造成积极影响的正外部性。绝对地消除负外部性，要求造成负外部性的主体就其造成的负外部性承担所有成本；或者绝对地消除正外部性，要求因为他人具有正外部性的行为获得利益的主体就其获得的所有利益支付费用，在现实社会中既不可能，也不可行。而且，从纠纷解决的角度考虑，不承认容忍义务，则民事主体可能会耗费过多成本解决纠纷，审判机构也无法承受审判压力，极大地增加全社会的总交易成本，降低社会总净福利。容忍义务不仅是相邻关系的核心内容，[②] 而且在相邻关系之外的领域普遍存在。容忍义务的程度，因时代、文化、地域等因素有所不同，应当根据具体案件，以处于该社会共同体中的理性人（reasonable man of the community）的标准进行判断。在我国，虽然原《民法通则》和原《侵权责任法》都没有明确规定此种容忍义务，但是在适用《民法典》时应通过法律解释承认此种容忍义务。在英美法中，也存在“法

① 马俊驹、余延满著：《民法原论（第二版）》，法律出版社 2005 年版，第 1012 页。
② 王利明：《论相邻关系中的容忍义务》，载《社会科学研究》2020 年第 4 期。

律不管鸡毛蒜皮”（de minimis non curat lex）的规则。根据该规则，法律不对过分小的事情提供救济。①

对损害的程度要求不仅在国内法中存在，在国际法中也同样存在，可资佐证。国际法不加禁止的行为所产生的损害性后果的国际责任（International liability for injurious consequences arising out of acts not prohibited by international law），可以类比国内法中的生态环境侵权责任问题，有关该问题的讨论对于分析国内法中的生态环境侵权责任问题具有重要的借鉴意义。联合国国际法委员会在国际法不加禁止的行为所产生的损害性后果的国际责任专题之下，研究了危险活动所导致的越界损害（transboundary harm from hazardous activities），并就预防损害和损失分配先后通过了两个草案案文：2001 年通过的《关于预防危险活动的越境损害的条款草案案文》（Draft Articles on Prevention of Transboundary Harm from Hazardous Activities）及其评注，讨论了危险的起源国应当负担的义务和可能的受害国可以提出的主张；2006 年通过的《关于危险活动造成的跨界损害案件中损失分配的原则草案案文》（Draft Principles on the Allocation of Loss in the case of Transboundary Harm Arising out of Hazardous Activities）及其评注，讨论了损害实际发生之后的损失分担问题。《关于预防危险活动的越界损害的条款草案案文》第 1 条规定，其适用范围为国际法不加禁止的、其有形后果有造成重大越境损害的危险（Risk of causing significant transboundary harm）的活动。在该案文第 2 条评注中，国际法委员会认为国家的预防义务应当受到足够的限制，以便均衡各国因为国际法所不加禁止的活动所产生的利益关系。《关于危险活动造成的跨界损害案件中损失分配的原则草案案文》中的原则 2 规定，“损害”指对人员、财产或环境所造成的重大损害（significant harm）。原则 2 的评注认为，有资格获得赔偿的损害应达到一定的严重程度。国际法委员会的此项观点是基于此前长期的国际法实践，是对习惯国际法的编撰。比如，在特雷尔冶炼厂仲裁案中，仲裁庭认为损害必须达到“严重”（serious）的程度，才能够获得救济。拉努湖仲裁案的裁决也认为损害应当具有严重性（serious）。其后，若干公约和其他法律文件也提到“重大”（significant）、“严重”（serious）或“显著”（substantial）伤害或损害，认为这是引发法律求偿的临界线。美国等国

① 尤明青著：《中国转型时期的环境侵权救济问题研究》，北京大学出版社 2017 年版，第 53 页。

家的国内法也以“重大”作为标准。此处所说的“重大”与中国国内法中的“重大”不同，是指超过“可觉察的”（detectable）的程度，但不必达到“严重”（serious）或“巨大”（substantial）的程度。在评估风险的严重程度时，需要综合评估发生风险的概率以及风险一旦发生之后所造成的伤害程度两个方面。造成重大越境损害的危险，既包括造成重大越境损害的可能性较大的危险，也包括造成灾难性越境损害的可能性较小的危险。确定临界线，是为防止滥诉和缠讼。联合国国际法委员会有关损害程度要求的讨论，对于国内法具有一定的参考意义。①

就程度要求而言，《环境污染损害数额计算推荐方法（第Ⅰ版）》使用的是“可观察的或可测量的”标准，《环境损害鉴定评估推荐方法（第Ⅱ版）》也使用了相同的表述。对于“可观察的或可测量的”标准需要采取谨慎态度。当侵害没有达到一定的严重程度时，不构成损害，不引起损害赔偿责任。但是一旦达到严重程度，构成损害之后，损害赔偿的计算起点不是从重大开始，而是从可观察、可测量的不利改变开始。《环境污染损害数额计算推荐方法（第Ⅰ版）》和《环境损害鉴定评估推荐方法（第Ⅱ版）》所采用的“可观察的或可测量的”标准，是为构成侵权责任之后评估损害赔偿数额采用的标准，而不是认定作为责任构成要件的“损害”的标准。从试点期间的司法实践可以看出，在被提起诉讼的案件中，对于生态环境的侵害都已经明显达到了严重程度。

二、生态环境服务功能损失作为“损害”的类型

（一）非财产性损害

依据能否以金钱计算，可以将损害分为财产损害和非财产损害。财产上的损害，是指在受害人财产上的所发生的损害。财产损害包括两种形式，一种是积极形式，是财产的积极减少；另一种是消极形式，是财产消极地未增加。财产上的损害具有如下特征。首先，财产损害具有财产性。财产的范围包括有体财产和无体财产，财产损害一是表现为已经拥有的财产的减少；二是表现为可得经济利益之丧失。其次，财产损害具有真实性。财产损害应当是实际损害，能够以具体的金钱数额计算。反之，不具有财产性、真实性的损害，不构成财

① 尤明青著：《中国转型时期的环境侵权救济问题研究》，北京大学出版社 2017 年版，第 54—56 页。

产损害。非财产损害，是指受害人所遭受的财产以外的损害。与财产损害相反的是非财产损害。非财产损害不能用金钱衡量，但是也在一定程度上、一定范围内允许以支付财产的方式予以救济。非财产损害在内容上通常表现为精神上的痛苦，在证明其有无、大小方面存在一定的困难。

财产损害和非财产损害区分的意义有两个：一是可赔偿性；二是侵权责任的承担方式。法律对财产性损害的可赔偿性接受程度高，对于赔偿数额采取“差额说”，填平受害人在损害发生之前的财产状况与损害发生之后的财产状况之间的差额。法律对于非财产性损害的可赔偿性接受程度较低，仅仅接受部分非财产性损害的可赔偿性，因此非财产性损害的可赔偿性以法律规定为限。①《民法典》第 1183 条规定的严重精神损害，就是非财产性损害的例子。

生态环境服务功能损失，属于非财产性损害，所指向的法益为生态环境法益。但是也有案件似乎将生态环境服务功能损失认定为财产性损害。在某县人民检察院与某某县某水力发电总站水污染责任纠纷案②中，水力发电总站在未取得水务行政主管部门批准的情况下，采取极端爆破方式，导致水库底涵洞口被炸开，库底淤泥短时间内流向下游水库，造成水质急剧恶化，应承担环境修复和生态环境损害的责任。经评估认定，白沙河作为下游水库的主要水源，其主要生态环境服务功能为饮用水水源地功能区。在污染事件发生后，生态环境价值损失主要体现在水库水源地水质应急改善的投入成本上，从这个角度出发，对其生态价值损失费用进行评估。本次污染事件发生期间的生态环境损害费用，即某县供水公司应急处理增加的制水成本单价 0.3711 元/吨，制水成本总计 19.30 万元。按照上文讨论的生态系统服务功能和环境服务功能的区别，本案所主张的损害更符合环境服务功能损失的含义，而不是生态系统服务功能损失。本案被告的行为造成了生态环境损害，也损害了某县供水公司的权益。应急处理增加的制水成本是某县供水公司遭受的损失，属于经济损失，由某县供水公司主张更为合适。某县人民检察院在主张生态环境损害时，某县供水公司增加的制水成本只是生态环境损害的一部分，以其作为生态环境损害的数额，也只是为了评估方便而选取的一个替代。本案是某县人民检察院提起的公益诉讼，

---

① 程啸著：《侵权责任法（第二版）》，法律出版社 2015 年版，第 217 页。

② 参见安徽省宣城市中级人民法院（2019）皖 18 民终 132 号民事判决书，载中国裁判文书网。

认为本案的损害是经济损害，并不合适。

（二）直接损害

按照对权益损害的直接程度、损害与侵权行为的因果关系远近，可以将损害分为直接损害和间接损害。前者是对民事权益本身造成的损害，后者是对权益造成损害之后延伸出的损害。[①] 直接损害的可赔偿性程度高，间接损害的可赔偿性程度较低。我国民事立法对间接损害采取了限制的态度，避免要求侵权人承担过高的赔偿。只有法律规定予以赔偿的间接损失，才具有可赔偿性。

生态环境服务功能损失，是侵害生态环境社会公共利益的直接结果，属于直接损害。将生态环境服务功能损失归为直接损害，与上文所讨论的将生态环境服务功能解释为可以直接作为请求权基础的公共利益是一致的。

将生态环境服务功能损失作为直接损害，与生态环境服务功能损失作为消极损害的关系需要进一步讨论。理论上一般认为可得利益损失属于间接损失。[②] 对于受害人的人身权益、财产权益遭受侵害之后导致的可得利益损失，可以认定为间接损失，因为可得利益损失是人身权益、财产权益遭受侵害之后的后果，可得利益诉讼的受害人与人身权益、财产权益遭受侵害的受害人是同一个主体。但是，作为公共利益的生态环境服务损失与生态环境要素的所有权人在主体性上并不必然一致。在集体所有、国家所有的生态环境要素遭受侵害的情形下，生态环境服务功能损失仍然可以成立生态环境社会公共利益损害。由于主体缺乏同一性，因此应当将作为生态环境社会公共利益损害的生态环境服务功能损失认定为直接损害。

在中国某基金会诉新郑市某镇人民政府、新郑市某镇某村民委员会案[③]中，法院没有查明枣树的所有权，但是认定被告移栽枣树并导致枣树死亡的行为破坏了生态环境，并根据专家意见和相关调查报告，综合考虑林木破坏的范围，生态环境恢复的难易程度，受损森林资源在固碳增汇、保护生物多样性、保持水土等方面的生态环境服务功能，认为被告应当赔偿生态环境服务功能期间损

① 程啸著：《侵权责任法（第二版）》，法律出版社 2015 年版，第 217 页、第 218 页。在《民法典》将某些社会公共利益直接作为侵权责任请求权基础之后，可能不能继续认为直接损失和间接损失是财产性损害之下的进一步分类。在《民法典》之前，可以认为直接损失和间接损失是财产性损失之下的进一步细分。

② 田韶华：《论侵权责任法上可得利益损失之赔偿》，载《法商研究》2013 年第 1 期。

③ 参见最高人民法院（2019）最高法民申 5508 号民事裁定书，载中国裁判文书网。

失 360 万元。本案所涉枣树并非国有，枣树死亡所造成的生态环境服务功能损失也就不是损害国家所有的自然资源所导致进一步损失，所以法院认定的生态环境服务功能损失只能是直接损失。

另一个相似的案件是某市人民检察院与张某、邝某水污染责任纠纷案①。该案水塘为张某实际承包，由邝某经营，土地权属为集体土地。两被告在没有办理建筑废弃物处置证和其他相关证照的情况下，以收取一定费用为前提，允许他人大量倾倒建筑垃圾和其他废弃物，污染水体和空气。对于清理污染的费用，村集体可以作为土地所有权人提起诉讼。公益诉讼起诉人主张的“环境功能损失费”实际就是《民法典》第 1235 条规定的生态环境服务功能期间损失。在土地所有权人没有提起诉讼的情况下，将检察机关通过公益诉讼主张的生态环境服务功能损失在理论上定性为直接损失，更为合适。

但是，也有案件将生态环境服务功能损失认定为间接损害。在中国某基金会诉云南某钛业有限公司环境污染责任纠纷案②中，法院认为，被告某钛业公司将生产中含有硫酸亚铁废渣的废酸浓缩滤饼和污水处理厂站的红石膏渣泥饼倾倒于案涉渣库内，造成地表水、地下水和土壤等环境要素重金属严重污染，因此应承担环境污染修复费用和从被污染开始到修复完成期间的生态环境服务功能损失费（具体数额以鉴定评估结果为准）。法院认为，由于环境修复的周期性、漫长性，在将生态环境最大可能地恢复至遭受损害之前状态的过程中，生态环境提供的服务功能较从前可能存在一定“差值”，该“差值”属于环境污染行为对生态环境公共利益造成的间接损失，无法通过环境修复责任的方式获得弥补，而只能由损害人进行赔偿。

（三）消极损害

消极损害又称“所失利益”“逸失利益”，中国社会科学院法学研究所法学辞典编委会编写的《法律辞典》做如下定义：“所失利益又称消极损害，是指妨碍既存财产和生活利益的增加，即应取得可预期的利益。从损害发生的原因角度讲，是没有原因事实即能取得的利益。”③ 实际上就是指可得利益的丧失。

---

① 参见广东省高级人民法院（2018）粤民终 2466 号民事判决书，载中国裁判文书网。

② 参见云南省高级人民法院（2019）云民终 627 号民事判决书，载中国裁判文书网。

③ 中国社会科学院法学研究所法学辞典编委会编：《法律辞典》，法律出版社 2003 年版，第 372 页。

与之相对，积极损害是指已有财产的减少。积极损害和消极损害的区分意义主要体现在损害赔偿计算标准上。积极损害一般按照客观的方法计算，以市场价格为标准确定。[①] 生态环境服务功能损失，是可得生态环境社会公共利益的丧失，属于消极损害。最早体现在海洋污染法律体系之中，尤其是船舶油污损害，比如《最高人民法院关于审理船舶碰撞和触碰案件财产损害赔偿的规定》第1条中就明确使用了“预期可得利益的损失”和“船舶碰撞或者触碰所造成的财产损失”这两个概念；在《最高人民法院关于审理船舶油污损害赔偿纠纷案件若干问题的规定》第9条船舶油污损害赔偿范围列举中就隐含生态环境服务功能损失赔偿这一类型。生态环境服务功能损失就是典型的消极损害，而对于这种可得利益的丧失，也就决定了损失赔偿时要对丧失的可得利益也予以赔偿，在孙某某与中国水电建设集团某工程局有限公司水污染责任纠纷案[②]中，被告在某项目施工过程中，未能采取有效管控措施，致使其产生的部分污水排入下游原告的鱼塘。另外，被告对堆放在露天的大量岩土山丘也未能采取有效管控措施，雨水冲刷形成的污水汇入上游沟渠，部分流入原告的鱼塘，导致原告鱼塘内的鱼大量死亡。原告请求被告赔偿，而被告认为原告2018年度、2019年度、2020年度的损失估值，属于预期利益、可得利益，不应当纳入实际损失范围。而且侵权责任的赔偿为可得利益损失，必须符合明确、具体、可预见性的标准，即该可得利益损失应是原本可以期待得到的必然利益，具有确定性和可预见性，而养殖鱼苗涉及投放鱼苗量、折损概率等多种因素，不能仅凭推测确定。一审法院经审理认为，被告施工始于2016年，终于2020年10月，在施工期间、在不能确定鱼塘是否具备养殖条件的情况下，原告只能暂停经营，由此遭受的经济损失是客观存在的，故对被告的抗辩意见，一审法院不予采信，判令被告赔偿原告2017年至2020年的直接经济损失及2017年投入的成本。二审法院经审理认为，一审判决认定事实清楚，适用法律正确，应予维持。遂作出驳回上诉，维持原判的判决。

（四）社会公共利益损害

生态环境服务功能损失所具有的公共利益损害属性，将其与民事主体遭受

---

① 程啸著：《侵权责任法（第二版）》，法律出版社2015年版，第218页。

② 参见辽宁省沈阳市中级人民法院（2021）辽01民终17459号民事判决书，载中国裁判文书网。

的人身损害、财产损害区分开来。从理论上看，作为社会公共利益的生态环境具有整体性、非排他性、公共性特征。[①] 整体性，是指损害造成的是对环境要素、生物要素以及环境要素和生态要素结合形成的生态系统的整体影响，包括不利改变和功能退化。[②] 非排他性，是指生态环境服务功能是公共产品，生态环境具有公众公用物的属性。由于生态环境本身的特征以及现有的科学技术，无法或者难以对环境实施排他占有，不宜设定物权。享有主体不特定性与非排他性一体两面。由于不能排他，也就导致享受利益的主体不特定，从而具有公共性。由于生态环境的社会公共利益属性，生态环境服务功能损失也就是社会公共利益损害。

在某县人民检察院诉徐某某、方某某人文遗迹保护民事公益诉讼案[③]中，法院就明确表示被告盗取门楼牌匾并将其损坏的行为，严重损毁被盗门楼的生态价值和历史文化价值，损害了社会公共利益。人文生态资源损失的确定就是生态环境服务功能损失的确定，既包含了服务功能损失，也应包含永久性功能损失。这种损害严重影响了当地人民群众的人文情怀、历史情感，这种无形的损失难以用金钱来衡量。综合考虑某县地方经济发展水平、“甲第里”石匾所在地某村系“江西省传统村落”、两被告的主观过错及其家庭经济条件、对传统村落整体性的破坏程度以及专家依据专业知识出具的人文生态环境服务功能损失费用310617元的意见等情况，根据《最高人民法院关于审理环境民事公益诉讼案件适用法律若干问题的解释》第21条“原告请求被告赔偿生态环境受到损害至修复完成期间服务功能丧失导致的损失、生态环境功能永久性损害造成的损失的，人民法院可以依法予以支持”的规定，酌定两被告承担因破坏人文生态资源所造成的损失为30万元。鉴定和评估费用共计11200元。

（五）纯生态环境损失

借鉴“纯经济损失”（Pure Economic Losses）的概念，本书在此提出“纯生态环境损失”的概念，并主张生态环境服务功能损失属于纯生态环境损失

---

① 吕忠梅：《“生态环境损害赔偿”的法律辨析》，载《法学论坛》2017年第3期；窦海阳：《环境侵权类型的重构》，载《中国法学》2017年第4期。

② 竺效著：《生态损害综合预防和救济法律机制研究》，法律出版社2016年版，第63页。

③ 参见江西省金溪县人民法院（2021）赣1027刑初8号刑事附带民事判决书，载中国裁判文书网。

（Pure Ecological and Environmental Losses）。

纯经济损失，又被称为纯粹经济损失、纯经济利益损失或纯粹经济利益损失。在英文中的表达都是 pure economic loss，只是汉语翻译有所不同。对于纯经济损失，各国尚未形成统一、清晰的概念。比较有影响的学说是德国学者冯·巴尔教授通过比较欧洲各国关于纯经济损失的规定所提出的概念。冯·巴尔教授总结出两个主要流派。其一强调与财产、人身的关系，不依赖物的损害，不依赖健康、身体的损害，可以被称为纯粹经济损失。其二强调与法益的关系，侵害的不是法定权利，也不是法定的可以保护的利益，也可以被称为纯粹经济损失。[①] 第一种观点被我国学者广为接受，如王利明教授[②]。从根本上讲，纯粹经济损失是一种财产上的不利益，是一种利润损失。纯经济损失是被害人所遭受的直接的，与有形的人身、财产损害没有关联性而且可以用金钱衡量的纯粹经济上的不利益。该定义在内涵上包括以下几点：第一，纯经济损失不是有形的人身、财产损失，而是无形的损失；第二，纯经济损失不是因为有形的人身、财产遭受侵害而间接引起的损失，而是一种直接的损失；第三，纯经济损失是一种纯粹经济上的不利益，可用金钱加以衡量。

纯经济损失之所以“纯粹”，主要是从本质出发，其与人身、财产等具象化权益的损害之间并不存在任何关联，但是在生态环境侵权领域的纯经济损失却存在一定的特殊性，主要是其载体“生态系统服务功能”的属性存在经济利益与生态环境利益的争议。除了经济利益与生态环境利益的区别之外，纯生态环境损失的特点与纯经济损失的特点相当一致。纯经济损失逐渐成为生态环境损害赔偿中的活跃领域，比如，在农田污染侵权案件中，农作物绝收是直接的财产损失，而农田因污染而导致的包括购买种子、化肥、土壤改良等金钱损失属于纯经济损失；[③] 再如，海洋污染致使海滩周围游客减少，进而导致附近宾馆、饭店、游艇收入的损失等都属于纯经济损失。[④] 其实在环境法律法治体系中早就出现了“纯经济损失问题”，1997 年原农业部颁发的《水域污染事故渔

---

① ［德］克雷斯蒂安·冯·巴尔著：《欧洲比较侵权行为法（下卷）》，焦美华译，法律出版社 2001 年版，第 32 页。

② 王利明著：《侵权责任法研究（上）》，中国人民大学出版社 2011 年版，第 300—305 页。

③ 陈广华、赵诗娟：《环境侵权中纯粹经济损失赔偿标准探析》，载《四川环境》2020 年第 4 期。

④ 韩立新：《海洋环境侵权中纯经济损失的赔偿问题研究》，载《法学杂志》2008 年第 6 期。

业损失计算方法规定》（已失效）中就考虑到了纯经济损失的赔偿问题。时至今日，纯经济损失这个术语在生态环境侵权司法实践中也有出现，如在天津市某物流中心与某油脂科技有限公司环境污染责任纠纷案①中，法院就认为对于侵权行为导致的纯经济损失，为协调自由与安全的关系，确保法律适用的可预期性，一般只在法律、司法解释存在明确规定及因果关系距离较近等情形下可纳入保护范围。

当"纯经济损失"与"生态环境"相遇时，纯经济损失从一个没有权利支撑的纯粹损失转化为以生态环境服务功能为根基的纯经济损失，而且，将上述纯经济损失的特点中的"纯经济"予以替换，该词汇就演变成为一个更具有生态性、专业性的名称："纯生态环境损失"。"纯生态环境损失"的本质意义实则与纯经济损失一样，是以生态系统服务功能将人与人之间的关系予以连接，充分彰显人类命运共同体价值理念。以"纯生态环境"为前缀就可以对纯生态环境损失的特点予以全面阐述：第一，纯生态环境损失不是有形的人身、财产损失，而是无形的损失；第二，纯生态环境损失不是因为有形的人身、财产遭受侵害而间接引起的损失，而是一种直接的损失；第三，纯生态环境损失是一种纯粹生态环境上的不利益，可用生态环境的变化加以衡量。生态环境服务功能损失符合以上特点。

第三节　因果关系及其证明

生态环境服务功能损失作为无形的损失、直接的损失和纯环境损失，决定了因果关系以及因果关系的责任具有自身的特殊性。

一、决定赔偿范围的因果关系

因果关系之功能有两个：一是损害赔偿之构成要件，即行为与损害之间须具有因果关系，则损害赔偿责任成立；二是决定损害赔偿之范围，即须与行为具有因果关系之损害，方为赔偿范围之损害②。《民法典》第 1229 条和第 1230 条规定是以原《侵权责任法》第 65 条和第 66 条为基础，讨论环境损害中的因

---

① 参见最高人民法院（2020）最高法民申 18 号民事裁定书，载中国裁判文书网。

② 曾世雄著：《损害赔偿法原理》，中国政法大学出版社 2001 年版，第 95 页。

果关系问题。通说认为第1229条规定的是环境污染责任的无过错责任原则，第1230条规定因污染环境、破坏生态发生纠纷时，行为人应当就……其行为与损害之间不存在因果关系承担举证责任的内容，被认为是因果关系的举证责任倒置。所谓举证责任倒置，是指免除本来应当由原告方承担的举证责任，而由被告方从反面对待证事实进行证明。设置举证责任倒置规则主要是因为由污染者进行因果关系不存在的举证，更有利于保护受害者的合法权益。[①] 对于生态环境破坏与被告行为之间的因果关系，可以综合运用各种证据加以证明。根据生态环境的自然规律，生态环境损害则必然会导致生态环境服务功能损失，此为自然规律。

生态环境服务功能损失是以发生生态环境破坏为前提，这属于责任成立之后需要考虑的问题，所涉及的因果关系就隶属于赔偿范围的因果关系。因此，在对证明已经发生生态环境损害、生态环境损害与被告行为之间的因果关系已经予以证明的情形中，根据《民事诉讼法》第93条关于自然规律无须举证证明的规定，对于是否会发生生态环境服务功能损失无须再进行举证证明。概言之，对于生态环境服务功能损失，需要证明的并不是损失有没有的问题，而是损失有多大的问题。

通常认为损害赔偿范围是以损害义务人预见范围为限[②]，预见的范围具体包括所受损失和可得利益。生态环境服务功能损失属于所受损失还是属于可得利益，抑或两者兼有之？笔者认为，生态环境服务功能损失，是可得生态环境利益的丧失。可得生态环境利益的丧失，主要是由间接生态环境损害所致。与已经实际发生的生态环境损害相比，生态环境服务功能损失建立在假设事实之上，具有一定的预测性。这种丧失并不是实际存在、具象可见的丧失，而是一种抽象的利益丧失，也可能是未来可以得到的但尚未得到的利益。只有在一定因果关系范围内的损失才具有赔偿性。借鉴侵害人身、财产权益导致的可得利益丧失的赔偿条件，[③] 为了避免责任过于宽泛、过于不确定，生态环境服务功

---

① 全国人大常委会法制工作委员会民法室编：《中华人民共和国侵权责任法条文说明、立法理由及相关规定》，北京大学出版社2010年版，第276—280页。根据全国人大常委会法工委民法室的解读，该条规定的环境污染侵权的因果关系举证责任与普通的“谁主张谁举证”不同，实行因果关系的举证责任倒置。

② 曾世雄著：《损害赔偿法原理》，中国政法大学出版社2001年版，第99页。

③ 田韶华：《论侵权责任法上可得利益损失之赔偿》，载《法商研究》2013年第1期。

能损失也应当具有确定性，并且处于因果关系范围内，否则不具有可赔偿性。

传统民法上的侵害是单一侵权行为所引起的单一后果，但是生态环境服务功能损失则不同，生态环境是一个类概念，而且生态环境具有复杂性，因此生态环境服务功能损失可以说是对各种不同类型的行为所引起的不同后果的综合概括。[①] 生态环境服务功能损失赔偿范围的因果关系具有一定的复杂性。目前我国司法实践中关于该因果关系的认定，要不续用传统的裁判思维方式，要不就是进行自由裁量。传统的裁判方式恐难以为继，而裁判规范的抽象性加剧其判案难度以致产生法官机械裁判的消极后果。[②] 而自由裁量度较大更不利于司法公正的实现，也会导致同案不同判现象越发严重，并不利于生态文明理念的培养，影响生态文明建设的整体进程，对于生态环境的保护管理产生消极影响。因此，该因果关系的确定对生态环境服务功能损失赔偿结果尤为关键，对生态文明建设也尤为重要，这也是本书所讨论的重点之一，具体要以确定该因果关系的证明程度为起点，进而确定具体的证明方式和举证责任以此明确生态环境服务功能的因果关系证明问题，实现生态环境服务功能损失赔偿责任构成的健全与完善。

二、因果关系的证明程度问题

因果关系的作用在于排除与加害人无关的消极情况，适当截取因果关系链条，以便贯彻自己责任、保障行为自由。因果关系有事实因果关系和法律因果关系之别。事实因果关系，也被称为责任成立的因果关系，主要在于判断加害行为与损害之间是否存在客观上的联系，判断标准采用“条件说”。法律因果关系，也被称为责任范围的因果关系，主要在于判断加害人应当承担的责任范围，其判断标准包括相当因果关系说、可预见说等。[③] 法律因果关系，是以法律价值、法政策对事实因果关系进行处理的结果，其主要功能在于限制赔偿范围，将过于遥远的损失排除在赔偿范围之外，避免加害人承担过重的责任，保障行为自由。

---

① 吕忠梅：《“生态环境损害赔偿”的法律辨析》，载《法学论坛》2017 年第 3 期。

② 李树训：《回归裁判理性：明辨“生态环境服务功能的损失”》，载《重庆大学学报（社会科学版）》2020 年 4 月 17 日。

③ 程啸著：《侵权责任法（第二版）》，法律出版社 2015 年版，第 221 页。

（一）事实因果关系的证明程度

事实因果建立在自然科学之上，发迹于自然科学理论，应当纯粹、客观地去进行价值判断。建立因果关系的第一步要询问：被告人行为是否系特定危害结果的事实原因？这个问题需要通过“but-for”判断规则进行检验，如果答案是否定的，则事实因果关系建立。由此可见，事实因果关系解决的是侵权责任的成立问题。

生态环境服务功能损失，是侵害生态环境，造成需要修复或者无法修复的环境损害之后的损害。因此，在判断事实因果关系时，不是看是否有生态环境服务功能损失，而是看是否发生了环境污染或者生态破坏。在已经发生了需要修复或者无法修复的环境损害时，采用“but-for”判断规则，确定被告行为与生态环境损害之间的关系。如果没有被告的行为，该生态环境损害就不会发生，即可认定被告的行为与环境损害之间存在事实因果关系。但是鉴于生态环境损害的复杂性和生态环境服务功能的多样态，引入盖然性规则作为事实因果关系的判断标准不失为可行的方法。所谓盖然性就是指由于受到主观和客观上的条件限制，司法上要求法官就某一案件事实的认定，依据庭审活动对证据的调查、审查、判断之后形成相当程度上的内心确信。只要达到一定的盖然性就可以推断事实因果关系成立。

（二）法律因果关系的证明程度

法律因果关系是在事实因果关系成立后，探求被告是否应对原告损害负责，亦即基于法律政策或其他考虑，被告责任如何限制的问题。概言之，法律因果关系解决的是赔偿范围问题。由于生态环境服务功能损失是可得利益的丧失，属于消极损害，损害与侵害行为之间的法律因果关系与损失的证明问题相互关联，甚至可以说两者是一体两面的关系。对于可得生态环境利益的丧失，只有在一定因果关系范围内的损失才具有赔偿性。不像已经发生的损害那样大小已经固定，生态环境服务功能损失是预期损失，其大小只是一个预测，在预测时选定的损失范围就与法律因果关系密切相关。法院在委托鉴定机构时，对于生态环境服务功能损失评估范围的要求，即体现了法院对法律因果关系的态度。在法院没有对生态环境服务功能损失评估作出详细要求的情形下，鉴定机构对评估范围的选择事实上对法律因果关系的认定产生很大的影响。借鉴侵害人身、财产权益导致的可得利益丧失的因果关系要求，[①] 对于生态环境服务功能损失，法律因果关系的证明程度应当以相当因果关系说为主，以规范目的说、合理预见理论为辅。生态环境服务功能损失的因果关系问题与侵权责任法其他领域有相通之处，但是也有自己的一些特殊问题，以下进一步讨论。

1. 相当因果关系说

相当因果关系说，是有关法律因果关系、责任范围因果关系的一个学说。相当因果关系理论的关键在于，被考察的事件对于后果发生的影响。如果被告的行为增加了受害人既存状态的危险，或者使得受害人暴露于新的危险状态之中，即可以认为被告的行为与损害后果之间存在相当因果关系。[②] 相当因果关系不仅是基于自然科学的判断，更是体现了法律价值判断和法律政策，具有法律上归责和转移、分散损失的机能。[③] 相当因果关系说，也被环境法学界所接受。[④]

2. 规范目的说

规范目的说，或者法规目的说，旨在弥补相当因果关系说的不足。该学说在德国的判例及理论和其他国家的制度中均大致有所呈现。支持该学说的学者认为，此学说实际上是目的论解释这一法律解释的一般性原则的具体体现，其对于责任的承担而言具有重要的决定性意义。[⑤] 规范目的说在刑法学界的研究较多，而在刑法学界也是争论颇多，在 20 世纪 80 年代达到高潮，而我国对其相关研究始于 21 世纪初，至今虽然还未能一窥堂奥，但是相关研究也较为厚实，为其引入民事领域奠定了良好的基础。

学界多认为规范目的说属于客观归责的核心规则理论，其与客观归责的其他下位规则之间也具有千丝万缕的联系。[⑥] 而该学说的特点主要有两点：一是独立于相当因果关系说；二是在某些情况下基于规范目的将一些完全少见的、

---

① 田韶华：《论侵权责任法上可得利益损失之赔偿》，载《法商研究》2013 年第 1 期。

② 程啸著：《侵权责任法（第二版）》，法律出版社 2015 年版，第 236 页、第 237 页。

③ 王泽鉴著：《侵权行为》，北京大学出版社 2009 年版，第 187 页。

④ 吕忠梅：《环境侵权诉讼证明标准初探》，载《政法论坛》2003 年第 5 期；马栩生、吕忠梅：《环境侵权诉讼中的举证责任分配》，载《法律科学：西北政法学院学报》2005 年第 2 期。

⑤ [奥] 海尔穆特·库齐奥、张玉东：《合法替代行为：因果关系与规范保护目的》，载《甘肃政法学院学报》2017 年第 5 期。

⑥ 李波：《规范保护目的理论》，载《中国刑事法杂志》2015 年第 1 期。

非典型的风险事件视作相当因果关系的原因。[①] 生态环境服务功能损害赔偿，以侵害行为违反国家规定为前提，所违反的国家规定的规范目的，对于认定生态环境服务功能损失的范围具有重要意义。

3. 合理预见能力说

被告的预见能力，对于认定法律因果关系也有意义。综合英美法中的各种判例，合理预见标准主要要求如下：第一，危险范围。根据通常情况判断，被告行为所产生的危险，危险范围射程包含了原告遭受损害的权益。第二，合理区分。合理预见能力说区分了绝对权益和纯粹经济损失，分别适用不同的预见要求。对于人身权、财产权等绝对权遭受侵害所引起的损害，适用“种类”预见标准，只要能够合理预见可能发生的损害的“种类”即可；对于纯粹经济损失，适用“范围”预见标准，只要损害在被告的合理预见范围内，即可成立因果关系。第三，成本—效益比较。对于损害发生的可能高、预防措施成本低的损害，从社会总成本、被告预防成本、被告预防对社会的收益等因素分析，要求被告承担较大的预防义务，降低对被告的预见程度要求，即使是被告对损害的发生有较低限度的预见，也成立因果关系。第四，后续损害。对于后续损害适用“种类判断”，只要后续损害与最初的损害属于同一种类，即可认为后续损害是最初损害的合理延续，成立因果关系。第五，微小、遥远损害除外。在损害过于微小、过于遥远从而不应要求被告赔偿时，也认为此时不存在法律因果关系。[②]

预见的主体为污染环境或者破坏生态的污染者。但是对污染者的预见能力，还需要区别讨论。对于污染者的预见能力，理论上可以有两种解释，一是指具体污染者，二是指抽象污染者。按照具体污染者解释路径，在判断是否预见时，需要根据具体当事人的职业性质、教育背景、智力水平、经历经验、身体状况等具体情况分析。按照抽象污染者解释路径，在判断是否预见时，需要采用合理人判断标准，是以同等的合理人的预见能力为标准，判断是否能够预见。如果同等的合理人能够预见，即处于被告的预见能力范围之内。如果同等的合理人不能预见，则处于被告的预见能力范围之外。具体污染者解释路径和抽象污

---

① 程啸著：《侵权责任法（第二版）》，法律出版社 2015 年版，第 237 页。

② 程啸著：《侵权责任法（第二版）》，法律出版社 2015 年版，第 234 页。

染者解释路径，各有优劣。具体污染者解释路径考虑到污染者的实际预见能力，更加符合污染者的主观心理状态，更加符合实质正义。抽象污染者考虑处于同等地位的合理第三人的预见能力，将被告的预见能力客观化。在审理具体案件时，可以根据具体案件选择合适的解释路径。在某些案件中，也可以将两者结合使用。① 除此之外，考虑抽象污染者的预见能力时还可以凭借其他因素，比如法定资质。目前，我国很多行业设定了资质许可，有些行业协会等机构还发布了最佳操作规范等文件，在考虑抽象污染者的预见能力时，可以根据相关的资质许可证明予以判断，也可以按照相关操作规范对其应当预见的环境损害后果予以评估。

侵害具有特别生态环境价值的生态环境要素所导致的生态环境服务功能损失问题，也是需要讨论的问题。该情形属于特别情事。在有些法域对于特别情事仍然适用相当因果关系，不考虑加害人对于该特别情事是否有所预见，比如我国台湾地区；② 但是也有法域要求加害人对特别情事有所预见，比如日本。我国学界也有人主张，对于特别情事，应当要求侵害人有所预见，并以客观标准判断损害的可预见性。加害人对于特别损害无法预见的，不承担责任。③ 这些分析对于生态环境服务功能损失，也具有意义。

国家规定，具有将注意义务客观化的效果。知道或者应当知道国家规定并且违反国家规定，可以认为被告可以合理预见损害。已经公布的生态环境区划、加害人具备或者应当具备的预见能力，都是判断生态环境服务功能损失是否具有可预见性的判断因素。加害人知道或者应当知道某区域为特殊生态环境区域但是仍然侵害生态环境的，应当被认为对损害有合理预见。对于特殊保护区域之外的具有特殊生态环境价值的生态环境要素，比如保护区外没有悬挂保护标志的珍稀植物，在认定生态环境服务功能损失的可预见性时，需要综合考虑。如果被告没有相应的知识，不应认为被告对于损害有合理的预见。

三、证明方式问题

因果关系的证明方式主要包括内部证明和外部证明两种。内部证明也被称

---

① 李旭东、邹子杰：《论可预见性规则》，载《贵州民族学院学报（哲学社会科学版）》2004 年第 6 期；毛瑞兆：《论合同法中的可预见规则》，载《中国法学》2003 年第 4 期。

② 王泽鉴著：《民法学说与判例研究（第 6 册）》，中国政法大学出版社 1998 年版，第 31 页。

③ 田韶华：《论侵权责任法上可得利益损失之赔偿》，载《法商研究》2013 年第 1 期。

为演绎证明，主要是使用科学证据。外部证明也称为归纳证明，对经验证据使用较多。[①] 以科学证据进行内部证明具有较强的证明力，也是法院更希望采用的证明方式。这主要是由于生态环境诉讼中经常会遇到一些专业化、技术化的问题，尤其是生态环境服务功能是否受损、损害程度多大、损害赔偿数额等都有赖于科学技术，这就提升了科学证据的证明力。概言之，以科学证据进行内部证明在处理相关案件时具有举足轻重的作用。但是目前由于鉴定技术、鉴定机构资质、鉴定费用等原因，并非在每个生态环境服务功能损失赔偿案件中，都有充分的科学证据用于内部证明。在不能通过内部证明完成证明过程时，法院也会采用外部证明。外部证明和内部证明的结合，是实务中比较常见的情况。采用内部证明和外部证明的具体判断标准如下。

首先是科学证据的采纳。法院在审理生态环境损害赔偿案件时，高度依赖科学证据。运用专业技术技能科学判定行为与结果之间的因果关系，科学判断损害程度、范围等，从而为解决生态环境损害赔偿案件提供关键技术支持。鉴定意见、评估报告等都是科学证据的常见证据形式，容易得到法院的采信。从司法实践现状可见，这些科学证据并不限于由法院在诉讼过程中委托专业机构提供的“司法鉴定”意见，还包括以专家咨询意见、技术评估报告、事故调查报告或检验检测报告等各种形式提交到法庭的，内容包含生态环境损害鉴定评估的专业意见。[②] 鉴定评估，可以由当事人申请，也可以由法院依职权决定。在近年来由社会组织提起的案件中，社会组织为了减少诉讼成本、避免承担过重的鉴定评估费用等，在起诉时不明确诉讼标的金额，在诉讼请求中注明赔偿金额以鉴定评估意见为准。在这类案件中，当事人申请，法院指定的鉴定机构提供科学的鉴定意见的可能性较大。在检察机关提起的生态环境损害赔偿诉讼中，检察机关在起诉之前往往已经委托相关机构出具了鉴定意见、评估报告。除了社会鉴定评估机构出具的鉴定意见、评估报告之外，生态环境主管部门、林业部门、农业部门、渔业部门等负有生态环境保护职责的行政机关在其执法过程中制作的调查报告、监测报告，也属于科学证据。[③]

---

① 胡学军：《环境侵权中的因果关系及其证明问题评析》，载《中国法学》2013 年第 5 期。

② 金自宁：《作为科学证据的环境损害鉴定评估——基于环境司法案例的考察》，载《法学评论》2021 年第 5 期。

③ 张茂源：《环境潜伏性毒物侵权因果关系的证明》，西南政法大学 2018 年硕士论文。

其次是经验法则的运用。经验法则在不涉及高度科学问题的一般民事案件中适用较多，但是在具有高度科学性的生态环境损害赔偿案件中也有适用的余地。在多个案件中，法院认为既然发生了生态环境损害，肯定会导致生态环境服务功能损失。法院有权直接基于自然规律，承认生态环境服务功能损失发生的必然性，根据相关证据酌定生态环境服务功能损失大小。这种做法对于没有具有资质的机构出具的鉴定意见的情形，具有重要意义。在中国某基金会诉新郑市某镇人民政府、新郑市某镇某村民委员会案①中，一审法院在咨询有关专家之后，参照《第八次全国森林资源清查河南省森林资源清查成果》以及《河南林业生态省及提升工程建设绩效评估报告》，认定 2016 年河南省每亩林地森林生态价值的平均额，以该平均额为标准，酌定生态环境服务功能损失。一审法院的判决得到河南省高级人民法院的二审维持，也得到最高人民法院的再审裁定支持。法院对于生态环境服务功能损失的这种证明方式，就是运用经验法则的例子。但是需要注意，法院对经验证据的适用比较谨慎。即使是在以经验证据证明生态环境服务功能损失的案件中，对于环境污染、生态破坏也有其他证据证明，争议不大。

四、举证责任问题

生态环境侵权案件通常采取举证责任倒置的特殊规则，但是对于生态环境服务功能损失而言，却并不适用举证责任倒置，而是适用谁主张、谁举证的一般规则。主要原因在于以下两点。

第一，原告具有举证能力。“国家规定的机关或者法律规定的组织”具有足够的举证能力，因此不适用举证责任倒置。《民法典》第 1230 条规定的举证倒置，应当被解释为仅仅适用于为解决因环境污染、生态破坏导致的民事主体人身损害、财产损害纠纷的私益诉讼，而不适用于公益诉讼。此前主张举证责任倒置的理论观点，都是将原被告的经济力量、知识水平、社会地位等多种因素进行比较分析，从而认为相比于原告，作为被告的企业通常拥有雄厚的经济力量和丰富的科学知识，因此假定原告为处于弱势地位的受害人。采取举证责任倒置规则则更有利于缓解原告方的举证责任压力，发挥被告的举证责任能力，提升司法效率。我国相关法律包括司法解释也是将原告假定为处于弱势地位的

① 参见最高人民法院（2019）最高法民申 5508 号民事裁定书，载中国裁判文书网。

受害人。但是反观因生态环境服务功能受损而提起的公益诉讼，原告通常为“国家规定的机关或者法律规定的组织”，相比于被告，原告的社会地位、经济实力等都略胜一筹，因此自然不是处于弱势地位的受害人，也就无须采用举证责任倒置的特殊规则，采用谁主张、谁举证的一般规则即可。

第二，原告对于损害负有举证责任。由于生态环境服务功能损失是消极损害，对于损害的举证实际上就是对因果关系的举证。生态环境服务功能损失不同于侵权，所造成的损害结果更多属于消极损害，原告对损害结果进行举证说明的时候，实则与因果关系的举证证明存在密切联系，甚至可以说实际上就是对因果关系的举证。如若采取举证责任倒置的特殊规则，原被告双方的举证责任必然会存在重叠部分，这将影响司法效率的提升，也不利于生态文明建设进程的推进。

“如无必要，勿增实体”，根据奥卡姆剃刀原理，在不存在采取举证责任倒置这一特殊规则的必要性要件下，采取谁主张、谁举证的一般规则足以推进司法进程、解决纠纷争端、实现诉讼请求。

第四节 以公御私的抗辩事由

研究抗辩事由，在于从反面进一步研究生态环境服务功能损失赔偿请求权基础，对于审视现行立法、发展新的抗辩事由、保障被告人权利具有重要意义。

抗辩事由起源于古罗马的法定诉讼时期的“抗辩”（exceptio）一词，主要是英美法发展出的概念，我国民法在借鉴英美法有益成分的过程中逐渐接受了抗辩事由这一概念。① 主流观点认为，抗辩事由作为相反规范构成要件要素，特指实体法意义上的“抗辩”，是“抗辩”的基础。具体而言，“抗辩事由”是由“抗辩”发展而来，属于实体法意义层面的抗辩，本质为被告对抗原告诉讼请求的事实主张，从原告角度而言，该类抗辩的法律效力表现为原告的诉讼请求不成立或者不完全成立；而从被告角度而言，该类抗辩的法律效力表现为被告侵权责任不成立或者对被告的侵权责任承担范围予以减免。抗辩事由的效果主要有两种，一种是导致侵权责任不成立，另一种则是不否定侵权责任的成立

① 杨立新著：《侵权法论（第五版）》，人民法院出版社 2013 年版，第 347—349 页。

但是可以导致责任的减轻或者免除。前者实际上导致侵权责任构成要件的缺失，后者是基于法律政策、价值判断和利益衡量免除或者减轻侵权人的责任。[①]

抗辩事由与免责事由既有联系，也有区别。免责事由包括一般免责事由和特别免责事由。一般免责事由是指将被告行为正当化、合法化的事由，阻却被告行为的不法性，使被告的行为不产生侵权责任。正当防卫（《民法典》第181条）、紧急避险（《民法典》第182条）、职务授权行为、自助行为，都是一般免责事由的例子。特别免责事由，是指损害并不是被告的行为造成的，而是由于外在于其行为的原因独立造成的。意外事件、不可抗力（《民法典》第180条）、受害人过错、第三人原因，都是特别事由的例子。对于受害人过错，《民法典》第1173条和第1174条作出了规定。第1173条是有关与有过失及过失相抵的规定，是被侵权人过错制度的一般规则。第1174条规定了损害是由受害人故意造成时的行为人责任免除，但是该条并非普遍适用的免责事由，而是仅仅适用于无过错责任和过错推定两种情形。比较第1173条和第1174条，侵权人的行为满足侵权责任的构成要件，应当承担侵权责任，但是由于受害人对于损害的发生也有过失、也有原因力，因此双方当事人应当分担损失，从而形成过失相抵。第1174条规定的受害人过错是导致损害的全部原因，因此被告的责任应予免除，对于被告适用无过错责任或者过错推定的责任。[②] 关于“抗辩事由”和“免责事由”两个概念，我国理论界主要存在两种观点，第一种观点认为二者属于同一关系。在侵权责任中，免责事由是指被告针对原告的诉讼请求而提出的证明原告的诉讼请求不成立或不完全成立的事实。[③] 该事由的核心价值是维护权益，主要是着眼于民事侵权责任承担阶段，因此可以将其称为免责或减轻责任的事由，也可称为抗辩事由。第二种观点则认为二者并不属于同一关系，主要理由有四个：第一，抗辩事由的范围更为宽泛。抗辩事由属于大概念，而免责事由属于小概念。免责事由的法律效果在于免除责任，抗辩事由是指侵权诉讼中被告针对原告的请求而提出的有关侵权责任不成立或侵权责任虽成立但

---

① 张新宝著：《侵权责任法》，中国人民大学出版社2006年版，第25页；陈龙业：《论〈民法典〉侵权责任编关于免责事由的创新发展与司法适用》，载《法律适用》2020年第1期。

② 杨立新主编：《中华人民共和国民法典释义与案例评注：侵权责任编》，中国法制出版社2020年版，第113—120页。

③ 杨立新著：《侵权责任法（第二版）》，高等教育出版社2021年版，第115页。

应免除或减轻侵权责任的一切主张，[①] 其法律效果不仅包括免责，也包括减责，因此抗辩事由的范围比免责事由更大，抗辩事由包含免责事由。比如，《民法典》第 1173 条规定的事由可以被称为抗辩事由，但是不能被称为免责事由。第二，两种事由所提出的主体不同。抗辩事由的提出主体较为单一，其主要是由被告针对原告所提出的特定诉讼请求而提出。然而，免责事由的提出主体具有一定的双重性，既包括当事人，也包括法官，概言之，其既可以由当事人主张，也可以由法官依职权调查。[②] 第三，二者的法律效果不同。免责事由的法律效果只有免除责任一种，即便将其予以扩大解释涵盖减责之意，整体含义也是建立在责任成立的基础之上，而抗辩事由的法律效果有两种，一是导致责任不成立，二是在责任成立的基础上减轻或者免除责任。前者实际上导致侵权责任构成要件缺失，后者则是基于法律政策、价值判断和利益衡量免除或者减轻侵权者的责任。[③] 第四，法定性要求不同。免责事由是在侵权构成要件表面满足之后，免除行为人责任的法律事实。故其必须由法律明确规定，而抗辩事由的法定性要求不强，主要是根据具体的侵权责任要求而定，比如以严格责任为归责原则的侵权责任中所要求的抗辩事由法定性较强，要求严格法定。而本书选择“抗辩事由”这一术语予以表达，不仅仅是基于以上四种区别的考虑，主要是从语义层面考虑，“免责事由”更近似于一种对结果的表示，而“抗辩事由”才是对诉辩过程的真正考量。

以是否具有特殊性为选择标准，本书仅仅讨论第三人原因、政策承诺、国家规定变化等三个可能的抗辩事由。正当防卫、紧急避险、职务授权行为、自助行为、意外事件、不可抗力等抗辩事由不仅仅适用于生态环境损害，也适用于其他领域，对于生态环境损害来说不具有特殊性，因此不纳入本书的讨论范围。

我国经济社会处于转型期，法律制度变化比较快，特别是规章以下的规范性文件变化比较快。政府积极行政，在组织资源配置、推动经济社会发展上发挥了重要作用，但是也存在乱作为、慢作为、不作为的个别现象。在社会转型

---

① 程啸著：《侵权责任法（第二版）》，法律出版社 2015 年版，第 295 页。

② 王利明著：《侵权责任法研究（上）》，中国人民大学出版社 2011 年版，第 415 页、第 416 页。

③ 张新宝著：《侵权责任法》，中国人民大学出版社 2006 年版，第 25 页；陈龙业：《论〈民法典〉侵权责任编关于免责事由的创新发展与司法适用》，载《法律适用》2020 年第 1 期。

的背景下思考环境公益诉讼被告人的抗辩问题，不仅关系到行为人的个体公平、正义问题，而且也关系到整体的营商环境问题。本书重点从第三人原因、受害人过错、国家规定的变化三个方面讨论。第三人原因抗辩，是传统的私法问题。以政策变化和国家规定的变化作为抗辩事由，则是将公法问题引入私法责任抗辩事由的范围，具有以公御私的特点。

一、第三人原因之不适用

（一）第三人原因作为抗辩事由的一般规定

第三人原因主要包括两方面：一是指第三人的行为造成损害的发生。二是指第三人对损害的形成或扩大具有过错，其具有三点特点：第一，第三人是指行为人和受害人以外的第三人，与原被告双方也不存在用工关系、血缘关系、共同生活关系等法律上应负责任的关系；第二，因第三人的原因造成损害既可能是因第三人的故意，也可能是因第三人的过失造成，两种情况都可能称为第三人承担责任的事由；第三，第三人的原因是减轻或免除责任的依据。① 根据实际加害人和第三人行为之间的关系不同，第三人原因可以分为介入型第三人过错和借用型第三人过错。具体而言，介入型第三人过错是指在实际加害人的行为实施过程中，加入了第三人的行为，造成被侵权人损害的第三人过错。此种类型的第三人过错中实际加害人并不构成侵权，第三人行为构成侵权。借用型第三人过错是指第三人借用实际加害人的物件实施侵权行为，造成被侵权人权利损害的第三人过错。②

《民法典》第 1175 条承袭了原《侵权责任法》第 28 条，在侵权责任编一般规定的层次上规定了第三人责任，要求第三人对其造成的损害承担侵权责任，也就是确认了第三人行为作为免责事由的法律地位。

围绕《民法典》第 1175 条的争议主要包括规范意旨、责任效果、第三人范围等方面。对于该条的规范意旨，有的主张该条的规范意旨是在侵权责任法通则的层面建立抗辩事由，有的认为该条只是对一个不证自明常识的宣示。③ 在主张该条的规范意旨在于提供抗辩事由的观点中，有的主张“责任免除说”，

---

① 王利明著：《侵权责任法（第二版）》，中国人民大学出版社 2021 年版，第 85 页、第 86 页。

② 杨立新著：《侵权责任法（第二版）》，高等教育出版社 2021 年版，第 118 页。

③ 聂卫锋：《侵权法中的“第三人”：一般化还是情景化？——以〈侵权责任法〉第 28 条为中心》，载陈小君主编：《私法研究（第 16 卷）》，法律出版社 2014 年版，第 70—74 页。

认为该条的目的在于全部免除行为人的责任；[①] 有的主张“责任减免说”，认为该条既包括全部免除行为人的责任，也包括部分免除行为的责任。[②] 有关该条规范意旨、法律效果的争论，也体现了对“第三人”的理解。有的认为，该条的第三人包含了共同侵权人，有的认为该条不包括共同侵权人。认为第三人不包括共同侵权人的理由有两个。第一，从条文编排上看，第1175条远离第1168条至第1172条有关多数人侵权的规范群。[③] 第二，从用语上看，将第三人与共同侵权人理解为具有交叉重叠的术语不利于立法的清晰表达。依据“责任免除说”，第三人应当满足如下特征：第三人和行为人分别作出了不同的行为，第三人与行为人没有过错联系，第三人行为造成的损害和原告主张行为人造成的损害是同一个损害[④]，第三人的行为与损害之间具有因果关系。但是如果第三人行为与损害之间的因果关系代替了行为人与损害之间的因果关系，行为人也就与损害之间不存在因果关系，行为人的侵权责任也就不成立了。所以，“责任减免说”也是有道理的。

从以上分析可以看出，《民法典》第1175条将原《侵权责任法》第28条的争议延续下来，行为人是否能够成功将其作为抗辩事由获得完全的责任免除或者部分的责任减少，仍然需要结合其他规定。在第1175条一般规定之外，《民法典》对第三人原因作了多处具体规定，如第1250条（饲养动物损害责任）、第1252条第2款（建筑物和物件损害责任）等。

（二）环境污染和生态破坏责任中有关第三人原因的规定

我国生态环境法律制度中其实一直有着对“第三人”的考虑，如《水污染

---

① 张新宝著：《侵权责任法（第三版）》，中国人民大学出版社2013年版，第69页；最高人民法院侵权责任法研究小组编著：《〈中华人民共和国侵权责任法〉条文理解与适用》，人民法院出版社2010年版，第213—216页；程啸：《论侵权法上的第三人行为》，载《法学评论》2015年第3期；杨立新、赵晓舒：《我国〈侵权责任法〉中的第三人侵权行为》，载《中国人民大学学报》2013年第4期。

② 王胜明主编，全国人大法工委民法室著：《〈中华人民共和国侵权责任法〉条文解释与立法背景》，人民法院出版社2010年版，第116页、第117页；陈现杰主编：《中华人民共和国侵权责任法条文精义与案例解析》，中国法制出版社2010年版，第94页、第95页；王利明著：《侵权责任法研究（上）》，中国人民大学出版社2011年版，第406—412页。

③ 杨立新主编：《中华人民共和国民法典释义与案例评注：侵权责任编》，中国法制出版社2020年版，第129页；聂卫锋：《侵权法中的“第三人”：一般化还是情景化？——以〈侵权责任法〉第28条为中心》，载陈小君主编：《私法研究（第16卷）》，法律出版社2014年版，第72页、第73页。

④ 行为人的行为和原告主张的损害之间是否存在法律上的因果关系是存疑的，所以本书此处采用了“原告主张行为人造成的损害”的表达。

防治法》第96条第4款、《海洋环境保护法》第91条第3项等，尤其是《海洋环境保护法》规定了“负责灯塔或者其他助航设备的主管部门”的责任，而适用此免责事由的条件主要有三点：第一，造成污染损害的唯一原因是相关助航设备的主管部门执行职责中的过失行为，造成污染的有关责任人没有过错；第二，造成污染的有关责任人已尽到了必要的注意，采取了合理措施，仍然不能避免污染的发生；第三，责任应当由相关国家机关来承担。但对于该事由是否可以纳入第三人原因之内，尚存争议。而在我国环境污染和生态破坏责任中有关第三人原因的规定中最关键的还是《民法典》第1233条，该条对环境污染和生态破坏责任中的第三人原因问题作出了规定。该条基本沿袭了原《侵权责任法》第68条的规定，但是将适用范围扩大到生态破坏，将原《侵权责任法》第68条的“污染环境造成损害的”修改为“污染环境、破坏生态的”，并相应地将“污染者”修改为“侵权人”。

1. 《民法典》第1233条的规范意旨

《民法典》第1233条的规范意旨在于加强对被侵权人的保护，因此规定了被侵权人的选择权，可以选择的求偿对象包括侵权人和第三人。被侵权人作出选择之后，被请求的对象不得拒绝。如此规定的最大效果就在于充分地保护被侵权人的民事权益，使被侵权人可以获得及时的救济，推动各民事主体更好地保护生活环境、生态环境。[①] 原《侵权责任法》第68条之所以作出这样的选择，就是考虑到污染者一般比第三人的赔付能力更强，允许受害人选择向污染者索赔，可以更好地保障受害人获得赔偿。如果第三人赔付能力更强的话，被侵权人也可以向第三人索赔。[②]《民法典》第1233条沿用了这一思路。

原《侵权责任法》第68条在立法时借鉴了《荷兰民法典》第178条、《美国超级基金法》第7（b）条、《加拿大环境保护法》第205条第2款、《国际油污损害民事责任公约》第3条第2款、《危险废物越境转移及其处置所造成损害的责任和赔偿问题议定书》第4条第5款等立法例，但是比这些借鉴立法例更严格。这些借鉴立法例都是将第三人故意、第三人过失作为完全免责的事由，

---

① 杨立新主编：《中华人民共和国民法典释义与案例评注：侵权责任编》，中国法制出版社2020年版，第559页。

② 王胜明主编：《中华人民共和国侵权责任法解读》，中国法制出版社2010年版，第341页、第342页。

并没有给予受害者选择权。赋予受害者选择权，大大增加了污染者承担赔偿责任的风险，因为在大多数情形中第三人没有足够的赔偿能力或者不愿意承担赔偿责任。

2.《民法典》第1233条对于生态环境损害赔偿的适用性问题

《民法典》第1233条不应当适用于生态环境损害赔偿。理由如下。

第一，生态环境损害赔偿的被侵权人并非侵权责任法意义上的弱者。在被侵权人为民事主体的时候，这些民事主体难以承受环境污染、生态破坏导致的损失，因此法律规定了被侵权人的选择权，以便充分、及时地要求侵权人或者第三人承担赔偿责任。对于生态环境服务功能损失来说，具体到社会公众的每一个成员来说，遭受的不利益相当弱小，相反赔偿数额巨大，对于具体的侵权人来说是非常沉重的责任。

第二，生态环境服务功能损失赔偿是过错责任。对于《民法典》第1229条规定的无过错责任，配套适用《民法典》第1233条是合理的。根据《民法典》第1235条主张的赔偿责任是过错责任，因此没有适用《民法典》第1233条的前提。对于《民法典》第1235条的过错责任来说，如果也适用《民法典》第1233条，在第三人没有赔偿能力的情形，侵权人实际上承担了无过错责任，这与《民法典》第1235条的过错责任归责原则相矛盾。

第三，《民法典》第1233条相对于《民法典》中明确规定第三人责任的条款更加严格。在第三人有过错的情形，赋予被侵权人选择权，在很大程度上是要求侵权人就其所有、使用、占有的污染环境、破坏生态的物件承担侵权责任。因此，物件致人损害具有一定的可比性。《民法典》第1239条是关于占有高度危险物造成他人损害的责任，但是没有规定第三人损害的问题，因此被告可以根据《民法典》第1175条主张抗辩事由，被侵权人没有选择权。《民法典》第1250条是关于饲养动物致人损害的规定，规定了受害人的选择权。《民法典》第1252条是关于建筑物和物件损害责任的规定，也规定了第三人的问题，但是不太明确。在高度危险物质致人损害的情形，《民法典》都没有规定被侵权人的选择权，在生态环境服务功能损失赔偿中要求给予原告选择权，不符合比例原则。

（三）第三人原因与违反国家规定的叠加问题

侵权人根据《民法典》第1175条主张抗辩，应当以没有违反国家规定为前提。侵权人没有违反国家规定的，即使由于第三人的原因造成了生态环境损害，侵权人也不需要承担生态环境服务功能赔偿责任。比如，在第三人以非法占有为目的损坏石油输送管道，偷盗石油输送管道中的石油，使管道中的石油泄漏，造成生态环境污染的情形中，如果石油输送管道的所有权人、运营人没有违反国家规定的情形，[①] 就不应承担生态环境服务功能损失赔偿责任。

在侵权人违反国家规定的情形，由于《民法典》第1235条适用的是过错责任，在污染者的行为不足以造成全部损害的情形（非《民法典》第1171条的情形），侵权人应当按照自己违反国家规定的行为对损害的原因力，承担赔偿责任。环境公益诉讼起诉人没有向第三人提起诉讼的，法院也不应要求侵权人承担全部责任。

二、地方政府承诺之可能适用

地方政府承诺，是指地方政府对行政相对人就法律法规的实施、产业政策的制定和执行、生产要素的使用等问题作出的承诺。地方政府承诺在招商引资、项目建设等与地方经济发展密切相关的领域大量存在，并且经常以“土政策”的形式出现，因此也被称为政策承诺。地方政府的承诺，对于资金投入大、项目周期长的建设项目的引入、落地和生死存亡非常关键。[②] 地方政府如果在不正确的政绩观的影响下，为了实现本地短期利益的最大化，容易发生角色错位。[③] 侵权人根据当地政府的承诺开工建设之后，如果产生了环境污染、生态破坏，就可能存在侵权人能否以政策承诺主张抗辩的问题，涉及信赖利益保护、政府公信力、营商环境和生态环境保护等问题。

政府承诺与行政法上的信赖利益密切相关。行政法上的信赖利益，是指私人因信赖行政主体的收益性行为、承诺或规则而产生或可产生的利益。[④] 政策

---

① 该案例是杨立新教授用于讨论《民法典》第1233条的案例。参见杨立新主编：《中华人民共和国民法典释义与案例评注：侵权责任编》，中国法制出版社2020年版，第554页、第555页。

② 陈富良、刘红艳：《基础设施特许经营中承诺与再谈判研究综述》，载《经济与管理研究》2015年第1期。

③ 孙佑海、王倩：《民法典侵权责任编的绿色规制限度研究——“公私划分”视野下对生态环境损害责任纳入民法典的异见》，载《甘肃政法学院学报》2019年第5期。

④ 王贵松：《依法行政原则对信赖利益的保护——益民公司诉河南省周口市政府等行政行为违法案分析》，载《交大法学》2015年第1期；石佑启、王贵松：《行政信赖保护之立法思考》，载《当代法学》2004年第3期。

承诺的违反，可能基于行政主体的违法给付行为，也可能来自合法授益性行为。两种不同行为，作为抗辩事由的效果不同。

政府公信力，在理论上有多种定义，[①] 其核心在于不特定多数的民众（公）对政府的信任（信）以及由此产生的影响力（力）。地方政府承诺的内容以及实现程度，对于公众感知的政府公信力有重要影响。[②] 地方政府的承诺有可能欠缺法律依据，不被法院接受。[③] 但是地方政府因为维护政府公信力等可能有意愿以某种方式承认、履行政府承诺。[④]

从优化营商环境的角度看，不宜“一刀切”地予以否定、无视行政相对人的信赖利益。《优化营商环境条例》第 31 条就考虑到这个问题，严格限制地方人民政府违约毁约，将职能调整、政府换届、人事变动都排除在违约毁约的理由之外。该条根据《行政许可法》的精神，对于因为社会公共利益、国家利益需要改变政策承诺的情形，规定了与《行政许可法》撤回行政许可相同程序要求、权限要求和补偿要求。虽然按照合同的相对性，投资者应当向作出承诺的地方政府主张赔偿，但是法院在审判时，也应当考虑地方人民政府所做的政策承诺以及该政策承诺对于环境污染、生态破坏的原因力。与生态环境一样，经济社会发展也是社会公共利益，地方人民政府在招商引资过程中作出政策承诺也是为了促进社会公共利益。考虑到公共利益的总体性，允许侵权人将政策承诺作为抗辩事由，更加符合我国转型社会的社会现实和朴素的公平意识。

某水生动物繁殖有限公司与四川省某建设集团有限公司等环境污染责任纠纷案[⑤]就涉及地方政府的政策承诺问题。该案的原、被告均属于地方政府政策承诺的享有者。原告某水生动物繁殖有限公司于 2012 年 5 月 10 日与某县发展

① 吕维霞、王永贵：《基于公众感知的政府公信力影响因素分析》，载《华中师范大学学报（人文社会科学版）》2010 年第 4 期；吴威威：《良好的公信力：责任政府的必然追求》，载《兰州学刊》2003 年第 6 期。

② 吕维霞、王永贵：《基于公众感知的政府公信力影响因素分析》，载《华中师范大学学报（人文社会科学版）》2010 年第 4 期。

③ 参见深圳发展银行股份有限公司某某行与某市人民政府、浙江某交通集团有限公司、某市公路建设有限公司、浙江某公路建设有限公司合同纠纷案，浙江省高级人民法院（2011）浙商终字第 48 号民事判决书，载中国裁判文书网。该案争议的《安慰函》被法院认定为不构成有效的担保。

④ 唐庆鹏、康丽丽：《价值、困境及发展：社会治理中的政府承诺机制析论》，载《广东行政学院学报》2013 年第 3 期。

⑤ 参见最高人民法院（2017）最高法民申 2038 号民事裁定书，载中国裁判文书网。

和改革局签订《招商引资协议》，2012 年 7 月 4 日成立，而被告四川省某客运公司与被告四川省某建设集团，于 2013 年 3 月 22 日就新建铁路西安至成都客运专线西安至江油段（四川省境内）站前工程 XCZQ-3 标所签订的《施工总价承包合同》，则是以国家发展和改革委员会《关于西安至江油铁路项目建议书的批复》（发改基础〔2009〕2669 号）和《关于新建西安至成都铁路西安至江油段可行性研究报告的批复》（发改基础〔2010〕2521 号）为地方政策承诺依据。而且，被告认为从立项到建设所有手续都是合法的，并且得到了原环境保护部的批复，整个建设项目是依法合规的，而且施工产生的噪声和震动是完全合规的，原告也没有证据证明噪声和震动对其环境产生了损害。一审和二审法院认为西成铁路项目于 2010 年获国家发改委批复同意建设。四川省某客运公司与四川省某建设集团 2013 年 3 月 22 日签订的《施工总价承包合同》的主体合法。作为承包人，四川省某建设集团在合同约定范围内进行施工，其行为并无不当，且与铁路沿线的某市天然气公司、中国石油天然气公司西南管道某输油分公司分别签订了《管道安全保护协议》，制定出《施工防护方案》《控制爆破方案设计》以及聘请第三方机构进行控制性爆破技术指导，并就爆破震动数据进行效应监测，安全防护措施得当，爆破震动没有影响到附近管线。而且根据被告所申请的专家就施工中产生的爆破震动、噪声及传播规律等专业性问题作出了解释说明，也足以表明，被告的爆破施工作业行为采取了科学合理的方式，对某水生动物公司的养殖点没有产生超过正常值的噪声污染，没有违反环境保护法的限制性规定。

北京市某环境研究所、福建省某环境友好中心诉谢某某、倪某某等侵权责任纠纷案①也涉及地方人民政府的政策承诺问题。该案被告在最初投资时，曾经得到当地的政策承诺。1995 年 4 月，福建省南平市某区为了吸引投资者开发本地矿产资源，组织了山海协作招商团，制定了《南平市某区关于鼓励开采和加工石材的优惠条件》。该文件允许被告边开发边审批，承诺地方政府负责协调办理各种证件。按照规定，被告应当办理采矿许可证、林地占用许可等审批手续。被告办理了采矿许可证，但是没有办理到林地占用许可，其中一个重要原因就是，按照《林业法》等法律法规，被告所占用的林地超出了当地林业部门

---

① 参见最高人民法院（2016）最高法民申 1919 号民事裁定书，载中国裁判文书网。

的审批。但是当地林业部门并没有制止，也没有将这一情况向被告说明，而是默许被告违法占用林地。被告在林业行政部门协调下，就其占用的19.44亩林地向当地村民支付了青苗损失费，表明当地林业部门对于被告占用林地是知情的。被告提供的南平市国土资源某分局《关于缴纳矿山生态环境恢复治理保证金的通知》（通知落款时间为2014年11月13日，被告签收时间为2015年1月21日）等文件证明，被告没有侵权的故意。一审法院于2015年1月受理本案并于当年作出判决。一审法院适用无过错责任，判决被告赔偿修复期间生态环境服务功能损失127万元以及其他赔偿责任。如果将当地政府的政策承诺考虑在内，本案仍然有反思的必要。①

因为在先的政策承诺而导致事后污染者违反国家规定的案例在某污水处理厂超标排放案件中也很典型。被告某污水处理厂系某地政府的BOT项目，被告与当地政府的BOT协议约定的出水标准为《城镇污水处理厂污染物排放标准》（GB 18918—2002）一级B标准。但是后来国家政策发生变化，要求该地的所有城镇污水处理厂都应当达到一级A标准。被告提高出水标准需要变更BOT协议，也需要当地政府更多的资金支持，但是当地政府的资金迟迟不能到位，导致被告的出水无法达到一级A标准。②

在中国某基金会诉某矿业有限公司生态破坏民事公益诉讼案③中，原告提起环境民事诉讼，主张被告某矿业有限公司在某水库入口处修建的大桥缺乏法定审批，该桥的修建和拆除均对生态环境有重大风险，请求法院判令被告承担违法建桥和拆桥所造成的生态环境服务功能损失费用。但被告以其通过招商引资方式进入某县某工业集聚区为由进行抗辩。还有中国某基金会、某置业有限公司环境污染责任纠纷案④，本案也为研究是否可以将政府承诺作为生态环境服务功能损害赔偿诉讼的抗辩事由提供了一个例子。

---

① 侵权人减轻其责任的一种方式是，主张地方人民政府与自己存在共同过错，应当承担连带责任。参见中国基金会诉新郑市某镇人民政府、新郑市某镇某村民委员会案，该案提供了这个思路。在该案中，新郑市某镇人民政府参与了移栽案涉枣树的决策过程，被列为共同被告。在法学理论上，主张另有共同侵权人是否构成抗辩事由，存在理论争议。因此本书将此放在脚注中讨论。

② 该案以原告撤诉结案。本案起诉之后，在法院的协调下，当地政府追加了资金，购买了新的污水处理设备，使出水达到了一级A标准。

③ 参见甘肃省高级人民法院（2021）甘民终709号民事判决书，载中国裁判文书网。

④ 参见最高人民法院（2021）最高法民申5796号民事裁定书，载中国裁判文书网。

三、国家规定变化之可能适用

“国家规定”是判断“违反国家规定”的前提，“国家规定”的变化相应地会影响《民法典》第1235条规定的生态环境损害赔偿责任的构成。因此，有必要讨论侵权人能否以国家规定变化作为抗辩事由。

国家规定，给予行政相对人信赖利益。我国《行政许可法》等法律明确规定了行政相对人的信赖利益保护。《优化营商环境条例》第31条也是保护信赖利益的条款。以国家规定为由进行抗辩的生态环境损害赔偿案件数量较多，如张某某与某市某铁路客运专线有限公司噪声污染责任纠纷案①中被告就以噪声污染排放标准进行抗辩，曾某某、某省某养殖有限公司水污染责任纠纷案②则主要涉及环境质量标准，等等。在国家规定发生变化的时候，应当给予行政相对人合理的时间调整其生产活动，不宜对因为国家规定发生变化而产生的违反国家规定的行为提起生态环境损害赔偿诉讼，要求被告承担生态环境服务功能损害赔偿责任。

某电厂的某灰场就是一个例子。某电厂实业有限公司是位于某市某区的火电厂，于1993年建成投产，并多次扩大产能。该电厂主要使用煤炭发电，发电过程产生了一定数量的固体废物，需要固体废物储存场所。经过批准，当地政府对某地5700亩耕地及湖泊荒滩实施征收，并将土地划拨给某电厂使用，某电厂于1999年取得某灰场的国有土地使用权，土地性质为划拨工业用地。2015年，某市人大审议通过某市湖泊保护岸线范围，将某灰场全部纳入湖泊蓝线范围。按照《某市湖泊保护条例》的规定，某电厂不得将工业固体废物倾倒在湖泊蓝线保护范围内。如果某电厂将工业固体废物继续倾倒在湖泊蓝线范围内，有可能需要根据《民法典》第1235条承担生态环境损害赔偿责任，包括赔偿生态环境服务功能损失。③

污染物排放标准、环境质量标准等环境标准也是生态环境服务功能损失赔偿案件中常见的抗辩事由，这也得到部分环境法学者的支持，正如有学者所言：“让一个遵纪守法的公民或企业，为其在实在法上并不具备可指责性的活动所造

① 参见北京市高级人民法院（2021）京民申5816号民事裁定书，载中国裁判文书网。
② 参见湖北省荆门市中级人民法院（2021）鄂08民终477号民事判决书，载中国裁判文书网。
③ 资料来源：笔者对某电厂实业有限公司的实地调研。

成的、某种很可能完全出乎意料的损害后果承担赔偿责任，是否有失公正。"①具体司法实践中，主要是生态环境服务功能的损害者以其行为本身符合环境标准为由提起抗辩，而法官在噪声、光照、放射物等能量型案件中也会考虑"环境标准"的侵权法效力，在物质型案件中以有意无意地会运用环境标准来作为证明因果关系成立的证明前提。其所依据的环境标准主要是强制性环境标准。总之，强制性环境标准在司法实践中高频出现，既有以污染物排放标准为依据提起"合规抗辩"的，也有以环境质量标准为依据的，有时还存在两种标准并存的情形，法官对环境标准法律效力的承认也呈现上述三种情形。在立法层面，其实有对该类抗辩事由予以承认的法律条款，如在《噪声污染防治法》中明确表示了"超过国家规定的环境噪声排放标准"是环境噪声污染的构成要件之一，在《电器电子产品有害物质限制使用管理办法》中也明确表示"电器电子产品中含有的有害物质超过国家标准或行业标准"是电器电子产品污染的前提要件，这也为被告以环境标准为由提起抗辩提供了法律依据。

各种环境标准的提高，也会导致本来不违反国家规定的排污者违反国家规定。以最为常见的污染物排放标准为例，予以阐述。《环境保护法》第 16 条规定了制定污染物排放标准的权限由国务院生态环境主管部门、省级人民政府行使，并规定了制定污染物排放标准的考量要素。"制定"应当被扩张解释为"制定和修改"。生态环境部及其前身根据该权力提高了很多污染物排放标准的严格程度，同时地方也以国家标准为尺度，出台相关地方标准。根据《2020 年中国环境年鉴》，截至 2019 年底，累计发布的各类国家环保标准共 2432 项（含现行有效标准 2076 项，已废止标准 356 项），累计备案的地方标准共 266 项。生态环境部统计分析，在"十三五"期间我国一共制定修订发布了国家生态环境标准 673 项，增长幅度为历次五年规划期间最高。截至 2021 年，现行国家生态环境标准总数已达 2202 项，其中，强制性标准 201 项。地方生态环境标准迅猛发展，截至 2020 年底，依法备案的地方标准总数就达到 298 项，② 虽然新标准都会给原有设施一定的过渡期（一般为 3 年），但是原有设施仍然有可能无法

---

① 金自宁：《作为科学证据的环境损害鉴定评估——基于环境司法案例的考察》，载《法学评论》2021 年第 5 期。

② 参见《"十三五"以来我国生态环境法律法规体系建设取得丰硕成果》，载人民网，http：//finance. people. com. cn/n1/2021/1125/c1004-32292046. html，最后访问日期：2023 年 3 月 7 日。

达到新标准，从而在过渡期结束的时候发生违反国家规定的情形。在此情形之中，是否要求污染者承担《民法典》第1235条规定的生态环境损害赔偿责任，本书认为仍然需要秉持谨慎思维，对其需要予以慎重。

本章小结

生态环境服务功能损失赔偿的责任构成体现了公私交融的特征。“国家规定”是指有关生态环境保护的行政管理规定，特别是其中的事前管理规定和事中管理规定。“独立要件说”对于解释“违反国家规定”在侵权责任构成要件上的意义具有较强的解释力，但是“过错吸收说”也有一定道理。“国家规定”并非《立法法》明定的一个法律位阶，其含义尚待讨论。比较《民法典》其他包含“国家规定”“国家有关规定”的条款、《民法典》之前生态环境损害赔偿责任中的“国家规定”、刑法中的“国家规定”，本书认为在生态环境服务功能损失赔偿责任案件中适用“国家规定”时，在效力位阶、适用范围方面需要作扩张解释，但是在效力强度、规范目的方面需要作限缩解释。作为损害要件，生态环境服务功能损失应当达到严重的程度，在性质上属于非财产性损害、直接损害、消极损害、社会公共利益损害、纯生态环境损失。对于因果关系，不应适用举证责任倒置。第三人原因不得作为生态环境服务功能损失赔偿责任的抗辩事由。地方人民政府在招商引资等情形下作出的政策承诺、国家规定的变化，有可能影响生态环境服务功能损失赔偿责任的构成。

第三章　裁量酌定：生态环境服务功能损失赔偿的责任承担

法院在回应原告主张的生态环境服务功能赔偿金额时，能否行使裁量权？在裁量时应当考虑哪些因素？如何保证裁量的公正性、合理性？如何约束法院的裁量，提高裁量的可预测性？鉴定意见如何影响裁量？

第一节　生态环境服务功能损失赔偿的裁量依据

一、《民法典》的核心规定

损害赔偿的裁量性，已经被我国民事立法接受。《民法典》第1182条对人身权益造成损害的赔偿数额，规定了具有先后次序的标准和方法：首选标准为被侵权人遭受的损失，次选标准为侵权人获得的利益。作为补充，第1182条规定了由双方协商和法院根据实际情况确定两种方法确定赔偿数额。在这些方法中，法院根据实际情况确定体现了损失赔偿金额的裁量性，根据其他方法确定赔偿金额也在事实认定和规范适用两方面体现了裁量性。同样，《民法典》第1184条对于财产损害赔偿的规定也体现了损害赔偿的裁量性。对于侵害他人财产，该条规定了市场价格和其他合理方式两种计算方式。即使采用按照市场价格计算的方法，对于市场价格的采信也是一个裁量过程。采取其他合理方法计算，更是具有裁量性。这两条规定可以追溯到原《侵权责任法》第19条、第20条。与原《侵权责任法》第19条、第20条相比，除了表述顺序的变化和增加“合理”两个字以外，交由法院自由裁量决定赔偿数额的精神内涵没有改变。这一精神内涵，对于《民法典》的适用，具有指引作用。

《民法典》对于生态环境侵权责任赔偿裁量性的规定，主要体现在《民法典》第1231条。该条主要是对于数人侵权责任划分予以规定。在数人生态环境侵权的情况中，法院对是否可以赔偿总额等作出裁量，《民法典》对此并没有予以规定。对这数人侵权赔偿总额的回答，也是对一人侵权时赔偿数额是否可以裁量的回答。在此可以将《民法典》第1182条和第1184条理解为侵权责任损害赔偿裁量性的一般性规定，将其立法精神适用于生态环境损害赔偿之中。

二、民事司法解释的具体细则

从历史沿革来看，最早规定裁量性赔偿制度的司法解释是1988年《最高人民法院关于贯彻执行〈中华人民共和国民法通则〉若干问题的意见》第150条。其后，1993年《最高人民法院关于审理名誉权案件若干问题的解答》第10条明确规定了名誉权赔偿数额时的考量因素。该条规定虽然没有直接使用“裁量性赔偿”或“自由裁量”的字眼，但其使用的“酌定”一词充分体现了裁量性赔偿的核心精神。随后，2001年《最高人民法院关于确定民事侵权精神损害赔偿责任若干问题的解释》第10条规定了6个考量因素用以确定精神损害的赔偿数额，体现裁量性赔偿要求。

《最高人民法院关于审理环境民事公益诉讼案件适用法律若干问题的解释》第23条肯定了鉴定意见作为生态环境损害赔偿数额的关键证据的法律意义，但是也规定在数额难以确定、鉴定费用过高的情况下，法院应当综合考虑各种相关因素，参考行政机关和专家的意见，酌定损害赔偿数额。根据该条规定，法院有权在确定生态环境赔偿数额时行使裁量权。

经济发展水平、环境保护与经济发展之间的平衡，不是《最高人民法院关于审理环境民事公益诉讼案件适用法律若干问题的解释》第23条规定的裁量因素。但是，在2018年6月4日发布的《最高人民法院关于深入学习贯彻习近平生态文明思想为新时代生态环境保护提供司法服务和保障的意见》第2条中有所体现。中华环保联合会诉江西某有色金属有限公司等环境污染责任纠纷案①，明确援引了该司法政策文件。

三、典型案例的裁判意见

最高人民法院在裁判文书中反复表明，法院有权在确定生态环境赔偿数额时行使裁量权。在中国某基金会诉新郑市某镇人民政府、新郑市某镇某村民委

---

① 参见陕西稼轩律师事务所能源中心编：《能源化工企业环保合规法律实务指引》，法律出版社2022年版。

员会案[①]中，被告主张《最高人民法院关于审理环境民事公益诉讼案件适用法律若干问题的解释》没有赋予法院在认定生态环境服务功能损失数额时行使自由裁量的权力。最高人民法院没有接受被告的主张，肯定了一审法院的自由裁量权。

在司法实践中，法院对行使自由裁量权时可以考虑的因素进行了探索。在某省某市人民检察院支持某市环保联合会诉某省某农化有限公司等企业环境污染公益诉讼案[②]中，江苏省高级人民法院在该案件中创造性提出允许企业在自行实施技术改造、降低环境风险、无环境违法行为的基础上，向法院申请在延期支付的40%额度内以技术改造费用抵扣赔付金额。这一做法也得到最高人民法院的肯定。但是技术改造是企业提高自己的污染防治能力和环境合规能力，针对的是将来对环境的潜在影响，并非针对已经造成的生态环境服务功能损失；无违法行为本身就是企业的一项义务，赔偿义务人不得以不违反行政管理规定主张减免民事赔偿责任。法院在承认生态环境损害赔偿与排污费之间区别的情况下，参照《排污费征收使用条例》，以技术改造费用抵扣部分生态环境损害赔偿金的做法是否可以成为一项普遍规则，在适用时需要什么条件，抵扣幅度多大，都还需要进一步思考。在福建省某环境友好中心与某市某区某生猪养殖家庭农场、某市某农牧食品有限公司通海水域污染损害责任纠纷环境民事公益诉讼案[③]中也是适用了技术抵扣，该案最终以调解方式结案，在调解协议中以生猪养殖污染环保治理技术升级费用部分替代赔偿生态环境服务功能损失费的条款，创新了畜禽养殖污染公益诉讼案件赔偿的方式，鼓励畜禽养殖户加大污染治理技术改造力度。然而对于技术抵扣，实践中对此认识不一，不同法院也有不同的态度和做法。例如，在海南省人民检察院某分院诉某橡胶加工厂有限公司环境污染民事公益诉讼案[④]中，法院认为，被告作为生产经营者具有防止、

---

① 参见最高人民法院（2019）最高法民申5508号民事裁定书，载中国裁判文书网。

② 参见最高人民法院（2015）民申字第1366号民事裁定书，载中国裁判文书网。

③ 参见《武汉海事法院服务和保障长江经济带发展典型案例（第三批）》（2019年9月12日发布），着力修复生态环境共抓长江水域保护（案例二）——福建省某环境友好中心与某市某区某生猪养殖家庭农场、某市某农牧食品有限公司通海水域污染损害责任纠纷环境民事公益诉讼案，载武汉海事法院网，http：//whhsfy. hbfy. gov. cn/DocManage/ViewDoc？docId=318eb546-5f36-4fbe-b1df-0c1495453e1a，最后访问日期：2023年3月7日。

④ 参见海南省海口市中级人民法院（2018）琼01民初737号民事判决书，载中国裁判文书网。

减少污染和保护生态的法定义务，有责任建设、运行、改进污染防治设施，不得以其本身的法律义务主张环境损害赔偿责任的减免。

在北京市某环境研究所诉江苏某发电有限公司大气污染责任纠纷民事公益诉讼案[①]中，一审法院认为，被告以技术改造资金抵扣生态环境损害赔偿的主张不能成立。法院给出的理由主要有四个：第一，本案技术改造是被告为了履行达标排放的法定义务和社会责任应当采取的行为；第二，本案技术改造是被告履行停止侵害、消除危险的义务所采取的具体措施；第三，被告的技术改造相对于其本身负有的义务之外没有产生额外的生态环境保护效益，因为其技术改造不构成“促进污染防治、节能减排、循环利用的新技术、新工艺”；第四，本案生态环境损害评估已经达标排放部分排除在鉴定评估范围之外，经过鉴定评估认定的生态环境损害赔偿金额不包含被告达标排放的部分。被告上诉后，二审法院维持了一审法院判决。

四、法学理论的学理支撑

对于裁量性赔偿，学界已经在多个领域开展了研究，产生了相当丰富的研究成果。[②] 有的学者强调公共政策在赔偿额计算时候的重要地位；[③] 有的学者强调公平价值，认为公平主要是体现在赔偿额确定方面，应当以衡平作为最终确定赔偿额的手段；[④] 有的学者对《奥地利民事诉讼法》第 273 条、《德国民事诉讼法》第 287 条等域外程序法条款展开研究，揭示了裁量性赔偿制度在这些国家对于提高司法裁判灵活性的意义；[⑤] 有的学者则重点关注海洋环境损害赔偿问题，运用经济学方法，梳理赔偿金计算所需考虑的各种考量因素。[⑥] 域外也有学者对自然资源领域的裁量性赔偿作了有益的探讨。

---

① 参见江苏省高级人民法院（2020）苏民终 158 号民事判决书，载中国裁判文书网。

② 吴汉东：《知识产权损害赔偿的市场价值基础与司法裁判规则》，载《中外法学》2016 年第 6 期；唐力、谷佳杰：《论知识产权诉讼中的损害赔偿数额的确定》，载《法学评论》2014 年第 2 期；黄毅：《损害赔偿额之酌定：基于诉讼公平的考量》，载《法学论坛》2012 年第 4 期；崔逢铭：《著作权侵权损害裁量性赔偿研究》，中南财经政法大学 2018 年博士论文。

③ 孟雁北：《环境侵权责任中的公共政策问题研究》，载《首都师范大学学报（社会科学版）》2006 年第 4 期。

④ 张保红：《公平责任新论》，载《现代法学》2009 年第 4 期。

⑤ 崔逢铭：《著作权侵权损害裁量性赔偿研究》，中南财经政法大学 2018 年博士论文。

⑥ 李强：《海洋侵权损害赔偿额的计算原则》，载《生态经济》2014 年第 3 期。

第二节　生态环境服务功能损失赔偿的裁量实践

一、相关裁判文书中的“酌定”

“酌定”，即“斟酌情况而后决定”，是法院行使裁量权，作出裁量性赔偿的标志性词语。损害赔偿额酌定，是指在损害赔偿请求诉讼中，若已然证明损害事实的发生，但原告难以证明或无法证明具体损失数额之时，法官应当考量案件的全貌，对该损害赔偿额作出裁量，此属于一种避免证明责任法则适用的裁判方法。① 在我国的裁判文书中，生态环境服务功能裁量性赔偿的表述大致分为以下三种。

第一，明确列出裁判依据是《最高人民法院关于审理民事公益诉讼案件适用法律若干问题的解释》第 23 条。该条主要是对各种考量因素予以列举，如污染环境、破坏生态的范围和程度，生态环境的稀缺性，生态环境恢复的难易程度，防治污染设备的运行成本，被告因侵害行为所获得的利益以及过错程度，也应当包括污染物的种类、浓度等。比如，在徐州市人民检察院诉某造纸有限公司环境污染责任纠纷案②中，法院认为“鉴于本案受污染环境的复杂性、功能的多样性，按照《环境损害鉴定评估推荐办法（第Ⅱ版）》，服务功能损失在本案中也是难以准确计算的。鉴于此项损失客观存在，在确定被告所应承担的赔偿费用时，应予以酌情考虑”。

第二，虽然没有明确列明依据的法条，但是表明赔偿金额计算的方法，与《最高人民法院关于审理民事公益诉讼案件适用法律若干问题的解释》第 23 条综合考量因素重叠的。比如，重庆市人民检察院某分院与张某环境损害赔偿公益诉讼案③中，法院“综合考量已查明的环境受损现状、被告张某的主观过错程度、被告张某因侵权行为所获得的利益、生态环境恢复的难易程度、生态环境的服务功能等因素，以及张某已受刑事处罚并被判处罚金等情况，酌情确定张某应当承担的生态环境受到损害至恢复原状期间服务功能损失为 10 万元”。

---

① 黄毅：《损害赔偿额之酌定：基于诉讼公平的考量》，载《法学论坛》2012 年第 4 期。

② 参见江苏省高级人民法院（2016）苏民终 1357 号民事判决书，载中国裁判文书网。

③ 参见重庆市第三中级人民法院（2018）渝 03 民初 433 号民事判决书，载中国裁判文书网。

第三，充分论述不能计算生态环境服务功能损失金额的原因，才对赔偿金额酌定赔偿的。比如，在中国某基金会诉云南某钛业有限公司环境污染责任纠纷案[①]中，对于具体赔偿数额某基金会主张进行鉴定评估，一审法院认为并无必要。其理由是：《补充司法鉴定意见书》中已认定了某钛业公司对案涉渣库下游水生态环境造成的生态环境损害数额，该生态环境损害数额是按照《环境损害鉴定评估推荐办法（第Ⅱ版）》中规定的情形，按虚拟治理成本乘以环境功能敏感程度的4.5倍计算而来。《环境损害鉴定评估推荐办法（第Ⅱ版）》亦同时规定，按此方式计算出的生态环境损害，在性质上不属于直接经济损失，但是可作为生态环境损害赔偿的依据。故《补充司法鉴定意见书》认定的生态环境损害数额，实质上等同于某钛业公司环境污染行为对生态环境公共利益造成的间接损失，可作为确定本案服务功能损失的重要参考。因此，一审法院认为“综合考虑了本案环境污染情节、违法程度、某钛业公司生产经营情况、污染发生后的整改行为、污染环境的范围和程度以及某钛业公司还需支付的替代修复费用等因素，在此基础上，酌情确定某钛业公司应赔偿的服务功能损失为20万元”。

二、裁量性赔偿的启动模式

在实践中裁量性赔偿的启动，有当事人申请启动和法院主动适用启动两种模式。

（一）当事人申请启动

当事人申请启动，又可以根据审判过程是否启动鉴定评估程序分为两种具体情形。

第一种情形是原告诉讼请求未明确提出赔偿金额，法官也没有启动鉴定评估，直接对赔偿金额进行裁量性赔偿。比如在中国某基金会诉云南某钛业有限公司环境污染责任纠纷案[②]中，法院就直接对赔偿金额进行了裁量性赔偿。

第二种情形是原告诉讼请求未明确提出赔偿金额，法官依职权启动鉴定评估，参考鉴定结论或专家意见进行裁量性赔偿。比如中华环保联合会诉江西某

---

① 参见云南省高级人民法院（2019）云民终627号民事判决书，载中国裁判文书网。

② 参见云南省高级人民法院（2019）云民终627号民事判决书，载中国裁判文书网。

有色金属有限公司等环境污染责任纠纷案①，该案由江西省某市人民检察院以支持起诉人身份出现。

（二）法院主动适用启动

在原告诉讼请求已明确具体的赔偿金额后，法院进行裁量性赔偿。比如在北京市某环境研究所、福建省某环境友好中心诉谢某某、倪某某等侵权责任纠纷案②中，原告请求判令被告赔偿生态环境受到损害至恢复原状期间服务功能损失 134 万元，法院在此基础上主动启动裁量性赔偿，认为原告主张的损害价值 134 万元中的损毁林木价值 5 万元和推迟林木正常成熟的损失价值 2 万元属于林木所有者的权利，不属于对植被生态公共服务功能的损失，故原告无权主张，法院不予支持；其余植被破坏导致碳释放的生态损失价值、森林植被破坏期生态服务价值、森林恢复期生态服务价值合计 127 万元属于生态公共服务功能的损失价值，法院予以支持。并且表示该款用于本案的生态环境修复或异地公共生态环境修复。

类似的司法案件还有福建省某环境友好中心诉某建材有限公司侵权责任纠纷案③，原告在诉讼请求中明确表示请求判令被告赔偿采矿、采伐导致的生态环境受到损害至恢复原状期间服务功能损失 1757600 元，一审法院认为考虑本案某市某建材有限公司的超量、超范围采矿、采伐确实导致生态环境受损，原告要求被告承担生态环境受到损害至恢复原状期间服务功能损失应予以支持。但是原告依据的由北京中林资产评估有限公司出具的《生态功能损失评估报告》科学性和准确性不足，主要的计算参数及计算公式未明确，所得出的结论依据不充分，不宜作为本案的定案依据，最终参照福建省 2020 年每亩森林生态服务价值 10082. 64 元予以计算，同时结合涉案林地原始地貌情况及破坏程度等因素，酌定生态环境服务功能损失为 976400 元。但原告上诉认为原审有关某市某建材有限公司承担生态环境服务功能损失赔偿金的判决有误，表示原审判决酌定生态环境服务功能损失赔偿金为 976400 元的理由是结合涉案林地原始地貌情况及被破坏程度等因素，只考虑对某市某建材有限公司有利的因素，却未关

① 参见陕西稼轩律师事务所能源中心编：《能源化工企业环保合规法律实务指引》，法律出版社 2022 年版。

② 参见最高人民法院（2016）最高法民申 1919 号民事裁定书，载中国裁判文书网。

③ 参见福建省漳州市中级人民法院（2021）闽 06 民终 3933 号民事判决书，载中国裁判文书网。

注对社会公共利益有害的因素，如某市某建材有限公司非法占用的数百亩非林地，大部分土地上有丰厚的植被（草皮、灌木等），亦具有一定的生态服务价值。原审以酌定的方式处理，明显减轻了可预见的某市某建材有限公司拒不履行生效判决时所应承担的义务。被告则认为一审判决参照福建省2020年每亩森林生态服务价值计算本案生态环境服务功能损失，没有事实与法律依据。最终，二审法院认为原审针对生态环境服务功能损失的裁量并无不当。

三、裁量性赔偿的实践样态

（一）以鉴定意见为证据认定损害

鉴定意见，是法院认定生态环境服务功能损失时最常用的证据。在有些案件中，原告在起诉时并不明确请求的生态环境服务功能赔偿数额，仅仅提出此项请求，并表明具体数额以鉴定为准。比如，在中国某基金会诉山西某化工有限公司大气污染责任纠纷案①中，原告的一项诉讼请求就是请求法院判令被告赔偿生态环境服务功能期间损失，但是没有明确损失数额，而是以括号注明具体损失数额需要“经鉴定机构评估后确定”。

同时也需要注意到，法院也认为，申请司法鉴定的权利并非毫无限制。法院在决定是否启动鉴定程序时，不仅需要考虑鉴定事项是否属于专门性问题，而且也需要兼顾诉讼效率和诉讼正当性，避免浪费司法资源、社会资源，提高诉讼效率。在中国某基金会诉云南某钛业有限公司环境污染责任纠纷案②中，法院就认为原告申请的鉴定极有可能与鉴定成本不成正比，驳回了原告的鉴定申请。

（二）行使释明权

法院行使裁量权的一种方式是行使释明权，由当事人变更诉讼请求。在某省人民政府诉安徽某化工科技有限公司生态环境损害赔偿案③中，原告最初对于新通扬运河的生态环境修复费用主张了769.92万元的赔偿金、对于长江靖江段和新通扬运河的生态环境服务功能损失也仅仅主张了1265.09万元的赔偿金。一审法院向原告释明，相对于长江靖江段，新通扬运河的流速缓、环境容量低，

---

① 参见山西省长治市中级人民法院（2016）晋04民初35号民事判决书，载中国裁判文书网。

② 参见云南省高级人民法院（2019）云民终627号民事判决书，载中国裁判文书网。

③ 参见江苏省高级人民法院（2018）苏民终1316号民事判决书，载中国裁判文书网。

每吨污染物在新通扬运河的生态环境修复费用理应大于在长江靖江段的生态环境修复费用。经法院释明之后，原告按照平均每吨污染物在长江靖江段的生态环境修复费用，调增了新通扬运河的生态环境修复费用，同时也将生态环境服务功能损失调增为生态环境修复费用的50%，即两项费用分别从769.92万元、1265.09万元调增到1877.64万元、1818.95万元，赔偿总额从3845.27万元增加到5532.85万元，增加幅度为43.89%。

（三）以类比的方式确定赔偿金额

在污染物相同、排放时间处于同一时期、受损环境处于相同等级的情况下，可以适用类比的方式确定损害赔偿金额。在某省人民政府诉安徽某化工科技有限公司生态环境损害赔偿案①中，法院采取类比的方式认定被告应予赔偿的金额。本案被告将其生产过程产生的废碱液委托给不具有危险废物处置资质的人处理，违反国家规定，应当与受托人一起对生态环境损害承担连带责任。本案被告的受托人于2014年5月1日至6月17日将被告的废碱液49.1吨非法排入长江江苏靖江段，于2014年5月14日至16日将被告的废碱液53.34吨非法排入江苏省泰州市境内的新通扬运河。对于靖江段的生态环境损失，靖江市环境保护局和靖江市人民检察院联合委托江苏省环境科学学会开展污染损害评估。江苏省环境科学学会于2015年6月作出《靖江市饮用水源地污染事件环境污染损害评估报告》，认定被告在长江江苏靖江段造成的环境损害金额为1731.26万元。对于新通扬运河的生态环境损失，无鉴定意见。在庭审中，鉴定人出庭接受询问；原告的专家辅助人出庭发表了意见，认为新通扬运河的稀释速度比长江缓慢，损害更大。本案的一个争议焦点是，能否采用类比的方法评估环境损害。原告主张可以采用类比的方法认定损失数额，被告反对，法院认为可以采用类比的方法认定损失数额。法院在适用类比方法时，考虑了污染物具有同一性、污染排放时间处于同一时期、被污染水体均为Ⅲ类水体等因素，认为可以适用类比方法认定损害数额，不需要再次评估。法院认为，新通扬运河的稀释速度比长江缓慢，适用类比方法认定损失数额对被告更为有利，也避免了被告承担再次鉴定的费用，同时也提高了审判效率。法院在进行类比计算时，先根据长江靖江段的损害总额除以排放的污染物数量，计算出每吨污染物导致的环

① 参见江苏省高级人民法院（2018）苏民终1316号民事判决书，载中国裁判文书网。

境损害的平均值，然后乘以排向新通扬运河的污染物数量，计算出被告在新通扬运河造成的生态环境损害数额。最终，法院判令被告赔偿环境修复费用3637.90万元、生态环境服务功能损失1818.95万元、评估费26万元。

（四）以统计数据计算平均值

在有些案件中，在原告没有提供鉴定意见，法院也没有委托鉴定机构的情况下，法院根据政府在生态环境保护工作中制作的较为宏观的报告计算出所涉环境要素的生态环境服务功能平均值，进而认定该案被告应当赔偿的生态环境服务功能损失。

比如，在中国某基金会诉新郑市某镇人民政府、新郑市某镇某村民委员会案①中，一审法院在咨询相关专家之后，参照《第八次全国森林资源清查河南省森林资源清查成果》和《河南林业生态省及提升工程建设绩效评估报告》，确定了每亩林地森林生态价值3644.15元的标准，并以该标准计算出198.5亩枣林地的5年生态环境服务功能价值3616818.9元，将这一数额认定为该案的生态环境服务功能修复期间损失。这一做法得到河南省高级人民法院和最高人民法院的鼎力支持。

（五）直接酌定赔偿金额

在有些案件中，由于被告拒不提供基础资料、拒绝参与协商选定鉴定机构等原因，没有开展生态环境损害鉴定，法院直接酌定赔偿金额。比如，在中国某基金会诉山西某化工有限公司大气污染责任纠纷案②中，虽然原告在诉讼请求中明确说明所请求的生态环境服务功能期间损失的具体数额以鉴定机构评估的数额为准，但是被告拒不提供相关技术资料和数据，拒绝参加鉴定机构选定程序，法院综合考虑被告的污染行为、缴纳行政罚款的情况、污染治理设施建设情况等因素，将生态环境服务功能期间损失“酌情认定”为50万元。

四、裁量性赔偿的实证数据

诉请支持比例，即诉请金额与判决金额之间的比例，在一定程度上反映了法院的裁量程度。为了发现司法实践中生态环境服务功能诉请金额与判决金额之间的比例，检索了“中国裁判文书网”，在剔除不直接针对生态环境服务功

① 参见最高人民法院（2019）最高法民申5508号民事裁定书，载中国裁判文书网。

② 参见山西省长治市中级人民法院（2016）晋04民初35号民事判决书，载中国裁判文书网。

能的生态环境案件等无关案例之后，获得 27 个比较典型的司法裁判案件。虽然这些案例均为《民法典》施行之前的案件，但是对于理解、适用《民法典》中的生态环境服务功能损失赔偿案件具有重要意义。现将 27 个典型案件中的生态环境服务功能诉请金额与判决金额之间的诉请支持比例列入表 3-1。从列表可以看出如下情况。

第一，有的案件对修复费用和生态环境服务功能期间损失合并计算并提出诉请金额。在这种情况，如果法院判决全额支持原告诉请金额，也就完全支持了对于生态环境服务功能损失提出的诉请，因此按照 100%的诉请支持比例列入表 3-1。比如，案例 3、13 属于这种情况。即使法院没有全额支持诉请金额，但是如果没有被支持的部分与生态环境服务功能无关，并且针对生态环境服务功能损失的诉请金额得到全额支持，仍然按照 100%的诉请支持比例列入表 3-1。比如，案例 1 属于这种情况。

第二，有的案件在起诉时没有提出生态环境服务功能损失赔偿的具体诉请金额，而是在诉讼请求中表明诉请金额以鉴定评估意见为准，法院也实际组织了鉴定评估，获得鉴定评估意见。比如，案例 4、9、10、15、20、22。对于此类案件，将评估报告、鉴定意见中列出的生态环境服务功能损失视为诉请金额，计算诉请支持比例列入表 3-1。对于判决金额大于鉴定评估金额的案件，以 100%的诉请支持比例列入表 3-1。比如，案例 10。

第三，有的没有提出具体金额，也没有进行鉴定评估，法院酌定损失金额，比如案例 16、21、26。案例 26 虽然有鉴定评估报告，但是鉴定评估报告中没有关于生态环境服务功能损失数额的内容。

表 3-1　生态环境损害赔偿案件判决/请求比①

序号	案件名称	生态环境要素类型	判决金额	诉请支持比例（%）
1	某市海洋与渔业局与某有限公司侵权责任纠纷案 （2014）鲁民四终字第 193 号	海洋污染	生态环境服务功能损害 397.03 万元	100

① 表中案例均来自中国裁判文书网。

续表

序号	案件名称	生态环境要素类型	判决金额	诉请支持比例（%）
2	某市海洋与渔业局与某海运有限公司、某汽船保险协会海上、通海水域污染损害责任纠纷案 （2015）民申字第1637号	海洋污染	未支持海洋生态环境服务功能损失	0
3	湖北省人民检察院某分院诉某市某牧业有限责任公司水污染责任纠纷案 （2016）鄂96民初18号	水污染	生态环境受损期间的服务功能损失2203649.46元	100
4	徐州市人民检察院诉某造纸有限公司环境污染责任纠纷案 （2016）苏民终1357号	水污染	生态环境受到损害至恢复原状期间的服务功能损失105.82万元	
5	某市人民检察院与张某、邝某水污染责任纠纷案 （2018）粤民终2466号	水污染	水塘受污染期间环境功能损失费用1050万元	100
6	荆州市某区人民检察院诉刘某某水污染责任纠纷环境公益诉讼案 （2016）鄂1002民初1947号	水污染	生态环境损害费用202050元	100
7	某市人民检察院与陈某某、某市某塑料有限公司环境污染责任纠纷案 （2017）闽05民初1号	水污染	生态环境损害费用2641161.40元	100
8	某省企业社会责任促进中心与铜仁市某汞业有限公司等环境污染责任纠纷公益诉讼案 （2017）豫民终232号	危险废物污染	原告未请求	0
9	中国某基金会诉某市某机械化工有限责任公司环境污染责任纠纷案 （2017）皖民终679号			0
10	某市人民检察院诉贵州省某化工有限公司、广东省某贸易有限公司土壤污染责任纠纷案 （2016）黔03民初520号	土壤污染	期间生态环境服务功能损失127.19万元	100
11	浙江省某县人民检察院与衢州市某化工有限公司环境污染责任公益诉讼案 （2017）浙0824民初3843号	固体废物污染	期间生态功能损失费181700元	100

续表

序号	案件名称	生态环境要素类型	判决金额	诉请支持比例（%）
12	某市人民检察院诉武汉某环保科技有限公司、黄某、曹某有、曹某威、王某新、王某福环境污染责任纠纷案 （2018）湘10民初3号	危险废物污染	生态环境损害38.4万元	100
13	湖北省某市人民检察院与某县某养猪专业合作社水污染责任环境公益诉讼案 （2018）鄂03民初6号	水污染	生态环境服务功能损失424198.88元	100
14	北京市人民检察院某分院与北京某钢结构工程有限公司大气污染责任纠纷案 （2018）京民终453号	大气污染	生态环境损害894880元	100
15	中华环保联合会诉江西省某有色金属有限公司等环境污染责任纠纷案 （2018）赣民终189号	危险废物污染	生态环境损害量化数额为2260.125万元/8610万元	26.25
16	中国某基金会与山西某化工有限公司大气污染责任纠纷案 （2016）晋04民初35号	大气污染	50万元	
17	某省人民政府诉安徽某化工科技有限公司生态环境损害赔偿案 （2018）苏民终1316号	水污染	生态环境服务功能损失费用1818.95万元	100
18	吉林省人民检察院某分院诉徐某财产损害赔偿纠纷案 （2018）吉76民初2号	林地破坏	期间服务功能损失149583.12元	100
19	北京市某环境研究所与北京某物业管理有限公司等固体废物污染责任纠纷案 （2015）四中民初字第233号	固体废物污染		0
20	中国某基金会诉某市某包装玻璃有限公司环境污染责任纠纷案 （2018）冀民终758号	大气污染	生态损害数额154.96万元	100
21	中国某基金会诉云南某钛业有限公司环境污染责任纠纷案 （2019）云民终627号	危险废物污染	期间生态功能损失费用20万元	

续表

序号	案件名称	生态环境要素类型	判决金额	诉请支持比例（%）
22	重庆市人民检察院某分院与张某环境损害赔偿公益诉讼案 （2018）渝03民初433号	林地破坏	期间服务功能损失10万元	100
23	某市人民检察院与连某侵权责任纠纷案 （2018）闽07民初185号	林地破坏	期间服务功能损失136.4万元	100
24	某市人民检察院与王某某环境污染责任纠纷案 （2019）吉08民初12号	环境污染责任纠纷		
25	某县人民检察院诉某某县某水力发电总站水污染责任纠纷案 （2019）皖18民终132号	水污染	生态环境损失费19.3万元	100
26	中国某基金会、浙江某集团有限公司等环境污染责任纠纷案 （2018）浙民终1015号	土壤污染	服务功能损失594270元	
27	北京市某环境研究所、福建省某环境友好中心诉谢某某、倪某某等侵权责任纠纷案 （2016）最高法民申1919号	林地破坏	期间服务功能损失127万元/134万元	94.78

五、裁量性赔偿的实践问题

（一）不合理地免除当事人举证责任的问题

学界有学者认为“酌定”就是为减轻举证责任而设立的一项制度，但是在司法实践中却存在免除当事人举证责任的情形。在司法实践中，有些社会组织在起诉时出于避免在起诉之前支付生态环境损害鉴定评估费用等多种考虑，没有在起诉状的诉讼请求部分明确诉请的包括生态环境服务功能损失在内的生态环境损害赔偿金额，仅仅在诉讼请求中主张赔偿生态环境损害，注明具体金额在鉴定评估之后确定、以鉴定评估报告中的数额为准等表述。由于原告没有具体的诉讼请求金额，被告常常会提出反驳，认为损害事实不存在，或者损害后果轻微且环境已经得到自然恢复的抗辩或反驳。而且，这种做法也可能会进一步增加法院恣意裁量风险。

在检索到的大多数此类案件中，法院在诉中组织鉴定评估，鉴定评估机构提交了鉴定意见或者评估报告，量化了生态环境服务功能损失。法院在鉴定意见或者评估报告的基础上作出判决，全额或者部分支持了生态环境服务功能损失赔偿。

在少部分案件中，法院没有组织鉴定评估，或者鉴定意见、评估报告中没有关于生态环境服务功能损失的部分，没有鉴定意见或者评估报告对生态环境服务功能损失予以量化。在中国某基金会诉山西某化工有限公司大气污染责任纠纷案①中，法院虽然认为生态环境服务功能损失是专门性问题，应当有鉴定意见的支持，在原告没有提交鉴定意见的情况下，应当由原告承担举证不能的不利后果，但是法院认为环境破坏必然导致自净能力下降，因此被告不能获得免责。从证据法的角度分析，法院将生态环境服务功能损失作为已知的事实推定出的另一事实，免除了当事人的作证义务，降低了原告的举证责任。这一做法是否妥当，尚需反思。

（二）酌定金额适用中说理不足的问题

酌定金额确定的过程本质就是法官依自由心证原则的判断过程，但是这种自由心证也并非毫无限制，而是要求有理有据，正如我国台湾地区“民事诉讼法”第 222 条第 3 项规定：“法院依自由心证判断事实之真伪，不得违背伦理及经验法则。”以及第 4 项规定：“得心证之理由，应记明于判决。”大多数判决书阐述生态环境服务功能损害金额计算方法部分仅仅简单罗列法条，无具体说理内容。造成这一问题的原因是多方面的，包括法官持有的“少说少错”心态、减少职业风险的考虑。② 但是，这种做法极易导致被告难以接受裁判结果而上诉，比如在某省人民政府诉安徽某化工科技有限公司环境污染责任纠纷案③中，上诉人（被告人）认为一审判决对生态环境服务功能损失的认定缺乏事实和法律依据。案件污染发生到污染区域生态环境恢复到基线状态期间不足 1 年，没有必要进行补偿性修复和补充性修复，没有证据证明存在服务功能损失，对服务功能损失的计算没有依据。类似案件还有福建省某环境友好中心诉某建材有限公司侵权责任纠纷案④，该案的原被告均对生态环境服务功能损害

① 参见山西省长治市中级人民法院（2016）晋 04 民初 35 号民事判决书，载中国裁判文书网。
② 龙宗智：《庭审实质化的路径和方法》，载《法学研究》2015 年第 5 期。
③ 参见江苏省高级人民法院（2018）苏民终 1316 号民事判决书，载中国裁判文书网。
④ 参见福建省漳州市中级人民法院（2021）闽 06 民终 3933 号民事判决书，载中国裁判文书网。

赔偿金额的判决不予认可，认为该判决有误。原告是认为法院酌定时只是考虑了有利于被告的因素，却未关注对社会公共利益有害的因素，酌定的赔偿金明显减轻了可预见的被告拒不履行生效判决时所应承担的义务。被告则认为原审酌定时所参照福建省2020年每亩森林生态服务价值计算本案生态环境服务功能损失，没有事实与法律依据。由此可见，对于酌定金额说理不足的问题，可能会导致恣意裁量的更严重后果。

总之，裁量性赔偿制度确实能够应对生态环境修复费用或生态环境服务功能损失难以确定的问题、鉴定费用明显过高的问题，但是在缺乏适当约束的情况下也会导致恣意裁量风险。

第三节　生态环境服务功能损失赔偿中对鉴定意见的裁量性使用

一、鉴定意见对于司法裁量的意义

生态环境服务功能损失的计算存在相当困难，具有高度的科学性、技术性，是当事人争议的焦点。无论是为了规避职业风险，还是为了补充知识不足、增强判决的权威性，不管是对于因果关系的认定，还是对于赔偿金额的计算，法院都希望有专业机构出具权威的鉴定意见。通过梳理生态环境诉讼裁判文书可以看出，生态环境损害评估鉴定意见对于法官裁判有着举足轻重的影响。①

鉴定意见属于科学证据，其科学性在长期的司法实践中已经得到充分证明，在证据体系中亦处于较高的证明力地位，是司法实践中的一种重要证据，在国内外的诉讼法律制度中都有规定。然而由于对鉴定意见的质证规则尚不够充分，② 并且在司法实践中律师对于鉴定意见的质证能力也比较有限，再加上法官环境科学知识的局限性和其对职业风险等因素的综合考虑，这就导致在司法实践中对生态环境损害鉴定评估意见的质证不足，并最终在裁判中对于环境鉴定评估意见呈现出了“全有”或者“全无”的两种极端态度。第一种态度为

---

① 吕忠梅、张忠民、熊晓青：《中国环境司法现状调查——以千份环境裁判文书为样本》，载《法学》2011年第4期。

② 王旭光：《环境损害司法鉴定中的问题与司法对策》，载《中国司法鉴定》2016年第1期。

“全有”，即全盘接受，对环境损害鉴定评估意见不做实质性审查，被技术事实迷惑，过分依赖鉴定意见，唯鉴定意见是从。[①] 这种全盘接受，往往是形式审查后的结果。只要鉴定机关具有资质，往往就能够通过形式审查。然而，如果鉴定机关并不具有资质，无法通过形式审查，当事人以及法院就会以鉴定评估不符合规定为由，拒绝接受鉴定意见，即呈现出了“全无”的态度。最关键的是，当事人通常会要求对鉴定对象进行重复鉴定，这种多次鉴定、重复鉴定的行为实则是在浪费鉴定资源。除此之外，对于生态环境损害鉴定评估意见的实质性审查不足也严重影响了生态环境损害鉴定评估意见实现公正赔偿的目的，并不利于发挥鉴定意见的功能。虽然在当前生态环境损害诉讼中运用生态环境损害鉴定评估意见确认生态环境损害责任和规模已成为通常做法，但是仍然存在很多问题，影响法院认定事实、确定赔偿金额。

二、鉴定评估资质管理对法院行使裁量权的影响

根据我国对司法鉴定实施资质管理的相关规定可知，未取得司法鉴定资质的人员和机构，不得从事司法鉴定工作。虽然司法鉴定意见仍然属于鉴定意见，与不具有司法鉴定资质的机构出具的意见属于同一证据类型，但是在实践中被法院、当事人认可程度更高。我国生态环境保护相关部门也出台了《环境损害鉴定评估推荐机构名录》。目前在生态环境损害赔偿诉讼中，所出现的司法鉴定机构多种多样，既有资产评估公司、鉴定评估研究中心，也有环境科学研究所、环境科学学会，还有环境保护局等行政部门、高等院校，等等，也有的直接委托环境方面的专家进行鉴定。司法鉴定机构或人员是否具有鉴定资质也是许多案件的争议焦点之一。

司法鉴定机构多样化的背后却也存在生态环境损害鉴定评估机构和鉴定人员数量不足、分布不均等问题，并且有限的鉴定人员也受到执业范围的限制，仅仅从事某些领域的生态环境损害鉴定。对于某些特殊的生态环境领域以及涉及多领域的生态环境损害，鉴定评估机构和鉴定评估人员更加不足。整体而言，高门槛的司法鉴定资质要求，导致满足鉴定资质要求的人员和机构数量严重不足，地域分布上也存在不均衡现象，无法满足全国范围内对于生态环境损害进

---

① 李路阳、陈醒：《尽早制定环境损害司法鉴定意见质证认证规则》，载《国际融资》2017 年第 4 期。

行司法鉴定的需求。而且，由于缺乏全国性的环境损害司法鉴定评估管理机制，在不同鉴定机构的主业范围不同的情况下，容易出现不同的鉴定范围，不同的鉴定机构之间缺乏互动性，不能娴熟地开展鉴定评估工作，导致鉴定进度不一，可能会出现重复鉴定、多次鉴定等现象，也会导致生态环境损害的损害定损难、责任认定难等一系列问题。[①] 比如在某市人民检察院诉贵州省某化工有限公司、广东省某贸易有限公司土壤污染责任纠纷案[②]中，由公益诉讼人申请，经法院委托，贵州省环境科学研究设计院联合中国环境科学研究院对涉案土壤污染成因、面积、农作物污染情况、生态修复方案及费用、服务功能期间损失、清理废渣堆等消除危险费用进行鉴定。2017 年 12 月，贵州省环境科学研究设计院作出《某公司违法排污环境污染损害评估报告》（以下简称《损害评估报告》），该《损害评估报告》的合法性属于争议焦点之一，但法院表示作出该《损害评估报告》的鉴定机构，属于《环境损害鉴定评估推荐机构名录》的推荐机构，而且鉴定评估申请、具体鉴定评估程序等均符合相关法律规定，故认定《损害评估报告》具备合法性。

三、鉴定技术对法院行使裁量权的影响

生态环境损害鉴定评估涉及诸多复杂科学技术问题，并且很多科学技术尚无定论、计算方法也不存在统一，导致采用不同的计算方法量化评估得出的损害数额差距较大，这就可能会对裁判尺度的统一性、可比性等产生消极影响。

生态环境损害鉴定评估技术规范存在制定主体多元、适用对象分散、效力位阶不一的问题。目前总体而言，我国已经形成了“3+N”的生态环境损害鉴定评估技术体系。所谓“3”，是指适用于不同情境的、处于统领地位的技术标准，包括《海洋生态损害评估技术指南（试行）》《生态环境损害鉴定评估技术指南-总纲和损害调查》《突发环境事件应急处置阶段环境损害评估推荐方法》，这三项分别适用于海洋生态环境损害、陆地污染环境或破坏生态所致生态环境损害（但是不适用于因核与辐射所致环境损害）、突发环境事件所引起的陆地生态环境损害。所谓“N”，是指不同行政机关针对不同的环境因子、污染

① 李清、文国云：《检视与破局：生态环境损害司法鉴定评估制度研究——基于全国 19 个环境民事公益诉讼典型案件的实证分析》，载《中国司法鉴定》2019 年第 6 期。

② 参见贵州省遵义市中级人民法院（2016）黔 03 民初 520 号民事判决书，载中国裁判文书网。

类型制定的更细的技术标准。《农业环境污染事故司法鉴定经济损失估算实施规范》（SF/Z JD0601001—2014）由司法部司法鉴定管理局发布。该标准引用了《渔业污染事故经济损失计算方法》（GB/T 21678）、《农、畜、水产品污染监测技术规范》（NY/T 398）。该标准也是目前明确列为司法鉴定技术规范的生态环境鉴定评估技术规范。《渔业污染事故经济损失计算方法》（GB/T 21678—2018）是国家市场监督管理总局中国国家标准化管理委员会于2018年6月发布、2019年1月1日起实施的技术标准。《农业环境污染事故损失评价技术准则》（NY/T 1263—2007）是由原农业部于2007年4月发布的行业推荐标准，适用于计算种植业、畜禽养殖业损失。《农业野生植物调查技术规范》（NY/T 1669—2008）是原农业部于2008年8月发布的行业推荐技术标准。该标准不直接用于生态环境评估，但是对于调查野生农业植物资源状况、确定生态环境本底值有重要意义。《海洋溢油生态损害评估技术导则》（HY/T 095—2007）是由原国家海洋局于2007年4月发布的行业推荐标准。此外，部分省市也制定了相应的生态环境损害评估导则。从广义上说，这些都是有关生态环境损害评估的技术规范。

我国采用"3+N"技术规范体系的重要原因，就是我国长期将生态环境损害鉴定评估作为生态环境损害行政调查的一个相关部分，由行政机关作为一项职责完成。[①] 行政机关开展生态环境损害行政调查，首先是为行政执法提供证据，其次也为损害赔偿提供证据。并且，在生态环境损害民事诉讼大力发展之前，相关行政机关负担了大量的行政调解职责。[②] 从专业能力的角度来说，相关行政机关在行政执法中积累了相关知识和技术，有相应的专业人才储备，为制定鉴定评估技术规范提供了专业知识和人才技术。目前，受海陆二分立法的影响，生态环境损害鉴定评估规范的统一也不具有充分的立法基础。事实上，我们目前的鉴定评估技术规范制定工作也没有将统一鉴定技术规范作为重点工作目标。[③] "3+N"的鉴定评估技术规范体系有利有弊。利在发挥各部门的专业

① 程玉：《论生态环境损害的可保性问题——兼评〈环境污染强制责任保险管理办法（征求意见稿）〉》，载《保险研究》2018年第5期。

② 王树义、郑则文：《论绿色发展理念下环境执法垂直管理体制的改革与构建》，载《环境保护》2015年第23期。

③ 王元凤、王旭、王灿发等：《我国环境损害司法鉴定的现状与展望》，载《中国司法鉴定》2017年第4期。

优势，弊在缺乏统一性，可能导致各自为政、矛盾冲突，加剧当事人对鉴定意见的不信任，增加裁判的难度。①

四、鉴定意见计算生态环境服务功能期间损失的方式

生态环境服务功能期间损失的计算方式，不仅影响当事人的权益，而且也影响法官行使裁量权。根据《生态环境损害鉴定评估技术指南总纲和关键环节 第 1 部分：总纲》（GB/T 39791. 1—2020）的规定，当受损区域生态环境及其服务功能可恢复或部分恢复时，应选择等值分析方法量化可恢复部分的生态环境损害价值；当受损区域生态环境及其服务功能不可恢复或只能部分恢复时，应选择适合的环境价值评估方法量化不可恢复部分的生态环境损害价值。通过实践考察发现，如果受损的环境以提供资源为主，则采用资源等值分析方法，选择资源数量、密度等指标量化计算；如果受损的环境以提供生态系统服务为主，或兼具提供资源与生态系统服务功能，则采用服务等值分析方法，选择森林面积等指标量化计算。对于生态环境服务功能的损害，应明确受损生态环境服务功能类型，并根据功能或服务类型选择适合的量化指标。② 生态环境服务功能损失的期间，应当按照其与生态环境修复之间的关系确定。对生态环境服务功能期间损失进行计算的常见计算类型主要包括单独计算、类比取值、虚拟计算三种。

（一）单独计算

生态环境不需要进行人工修复时，不需要鉴定评估其他项目，仅仅单独计算生态环境服务功能期间损失。比如，在吉林省人民检察院某分院与徐某财产损害赔偿纠纷案③中，公益诉讼起诉人在起诉的时候，同时提出了生态环境修复和服务功能损失赔偿的诉讼请求。对于生态环境修复，公益诉讼起诉人要求被告徐某对侵害的林地进行恢复，不能自行恢复的，则应承担 175542 元被破坏的林地恢复费用。对于生态环境服务功能期间损失，公益诉讼起诉人提出了 149583. 12 元的诉讼请求。

在案件审理中，法院认为被告已经自行组织修复，并且向当地林业部门缴

---

① 王旭光：《环境损害司法鉴定中的问题与司法对策》，载《中国司法鉴定》2016 年第 1 期。

② 郭超、王伟、古清月等：《非法采矿类公益诉讼案生态环境损害鉴定评估的审查要点探析》，载《环境保护》2022 年第 18 期。

③ 参见吉林省长春林区中级法院（2018）吉 76 民初 2 号民事判决书，载中国裁判文书网。

纳168400元，当地林业部门也认可该费用将用于恢复植被和植树造林。这表明，被告已经部分履行了恢复生态环境的义务，公益诉讼起诉人的此项诉讼目的实际上已经实现，因此法院没有支持此项诉讼请求。虽然法院没有判决其他费用，但是认为被告仍然应当赔偿生态环境服务功能期间损失。本案鉴定意见也认为被告组织补种的林木需要6年的时间才能成林晋级，将生态功能恢复到被毁之前的状态。因此法院判决被告赔偿6年的生态环境服务功能期间损失。

无独有偶，类似案例还有某市人民检察院与连某侵权责任纠纷案①。该案中公益诉讼起诉人单独要求被告连某赔偿生态环境服务功能期间损失136.4万元。法院查明，被告连某滥伐的森林面积为490亩（其中被破坏的生态公益林122亩），对应的生态环境服务功能期间损失总价值为600.3万元。对于生态环境服务功能，本案采取了根据森林性质分别评估的方法。对于其中被破坏的122亩生态公益林，评估的生态环境服务功能损失价值为136.4万元。该数字是分别计算森林水源涵养价值、吸收温室气体排放氧气、额外增加的碳释放、生物多样性等项目得出的。法院认为，本案被告毁坏的林地属于生态公益林，破坏生态公益林必然造成生态环境服务功能损失，依法应当承担侵权损害赔偿责任，判决被告全额赔偿公益诉讼起诉人主张的生态环境服务功能期间损失。

（二）类比取值

类比取值，是指以近似生态环境为基础，先计算出类似生态环境的服务功能损失单位平均值，然后计算出生态环境服务功能损失。类比虽然是一种主观的不充分的似真推理，但在经过严格的逻辑论证的情形下，类比也具有较高的可采性。对于生态环境损害数额的确定而言，法院可以通过类比其他相似地段发生的污染事件或者倾倒相似污染物的污染事件经法定程序鉴定评估得出的损害数额和修复费用，得出尚未经鉴定污染事件的损害赔偿数额及修复费用。这样做不仅减少了烦琐的鉴定环节，节省了行政成本，也有利于提高办案效率，同时，通过类比节省了鉴定评估费用，既不会对被告的合法权益造成损害，反而对被告有利。类比的适用情况主要发生在近似生态环境的生态环境服务功能已经有鉴定评估意见证明，提供给了一定的证据基础，但是待审的生态环境服务功能损失没有鉴定评估意见证明的案件中。比如，在某省人民政府诉安徽某

① 参见福建省南平市中级人民法院（2018）闽07民初185号民事判决书，载中国裁判文书网。

化工科技有限公司生态环境损害赔偿案①中，法官就利用鉴定评估报告认定的长江靖江段生态环境服务功能损失，认定了新通扬运河的生态环境服务功能期间损失。法院之所以可以通过类比取值，认定被告对新通扬运河造成的生态环境服务功能期间损失，是因为造成两个水体污染的污染物具有同一性，被告及其委托的人污染两个水体的时间接近，与水量更大、流速更快的长江靖江段相比，新通扬运河的生态环境服务功能期间损失只可能更高、不可能更低，类比取值不会损害被告的权益。当然，类比取值这一方式的适用也需要进行条件限制，具体而言，法院采用类比方式确定生态环境损害数额或修复费用时，应当将两个污染事件的属性比对穷尽化，即尽可能选取属性相符的污染事件进行对比。鉴于事物的单一性，不可能存在完全一致或者相似的事物，为此法院在进行类比的时候，可以借鉴举重以明轻的裁判思路，选取污染损害后果明显较之案涉事件轻的案件予以比对，适当降低被告赔偿责任，以便促进责任的快速落实。同时，应当明确区分出损害数额和修复费用以进行对比。②

（三）虚拟计算

生态环境需要修复，但是无法修复至基线水平时，服务功能期间损失的计算采用虚拟计算的方法。虚拟计算主要是通过污染物排放量与单位污染物虚拟治理成本的乘积来计算虚拟治理成本，以此计算生态环境服务功能期间损失。比如，在徐州市人民检察院诉某造纸有限公司环境污染责任纠纷案③中，对于排放的污水数量、废水计算倍数、水质的基线等方面均不能获得准确信息，双方申请出庭的技术专家虽然都认为期间损失客观存在，但是也都认为难以准确计算或者无法准确计算损失。因此法院采用了虚拟计算的方式认定生态环境服务功能损失数额，判决被告足额赔偿。公益诉讼起诉人某市人民检察院与张某、邝某水污染责任纠纷案④，某省人民政府诉某省某化工科技有限公司生态环境

---

① 参见江苏省高级人民法院（2018）苏民终1316号民事判决书，载中国裁判文书网。

② 顾金才、蔡鹏：《浅析生态环境损害赔偿诉讼案件审理的三大要点——评江苏省人民政府诉安徽海德化工科技有限公司生态环境损害赔偿一案》，载《法律适用》2019年第20期。

③ 参见江苏省高级人民法院（2016）苏民终1357号民事判决书，载中国裁判文书网。

④ 参见广东省高级人民法院（2018）粤民终2466号民事判决书，载中国裁判文书网。李树训：《回归裁判理性：明辨“生态环境服务功能的损失”》，载《重庆大学学报（社会科学版）》2020年4月17日。

损害赔偿案[①]也都同样采用了虚拟计算的方法。该方法适用前提有三个：一是不能完全恢复遭受损害的生态环境；二是恢复成本远远大于其收益；三是缺乏恢复受损生态环境的评价指标。

确认生态环境服务功能损失赔偿额的具体方式有两种。一种是加害者在刑事侦查阶段的供述，这主要是得益于“先刑后民”的诉讼模式而实现的调查结果共享，比如福建省某环境友好中心诉某建材有限公司侵权责任纠纷案[②]亦是如此；另一种则是以具体查明的排污数量或推算结果为依据，这也是常见的确定方式，也是对科学技术能力要求极高的方式，比如徐州市人民检察院诉某造纸有限公司环境污染责任纠纷案[③]，重庆市某服务发展中心诉某市某钢铁有限公司环境污染责任纠纷案[④]，等等，均以具体查明的排污数量或推算结果为依据，采取虚拟治理成本的倍数方式确定生态环境服务功能损失赔偿金额。

还有中国某基金会诉某矿业有限公司生态破坏民事公益诉讼案[⑤]，在本案一审中，原告请求判令被告承担违法建桥造成的生态环境服务功能损失费用，并表示具体数额以鉴定评估结果为准，法院强调生态环境服务功能损失是指生态环境受到损害至修复完成期间服务功能损害，故某公司应当对其自违法建桥至生态修复完成整个期间的生态环境服务功能损失承担赔偿责任。由于专家组已经对植被完全破坏期间的损失进行了评估，生态修复期间的生态环境服务功能损失即可参照认定而无须重新评估。由于随着植被恢复工作的开展，违法建桥区域的植被将逐年恢复，该区域的生态环境将逐渐恢复至基线水平，故修复期间的生态环境服务功能损失将呈逐年递减趋势，反映在生态恢复曲线上将是一个接近于45°的上升曲线，因此，生态修复期间生态环境服务功能损失可按照生态受到完全破坏期间损失的一半计算。按照专家意见书确定的 6 年恢复期间计算，生态修复期间的生态环境服务功能损失应为 450438 元。

五、法院采信鉴定意见的实践样态

鉴定机构作为专业机构，为生态环境损害赔偿制度的运行提供了重要的支

---

① 参见江苏省高级人民法院（2018）苏民终 1316 号民事判决书，载中国裁判文书网。

② 参见福建省漳州市中级人民法院（2021）闽 06 民终 3933 号民事判决书，载中国裁判文书网。

③ 参见江苏省高级人民法院（2016）苏民终 1357 号民事判决书，载中国裁判文书网。

④ 参见江西省高级人民法院（2020）赣民终 737 号民事判决书，载中国裁判文书网。

⑤ 参见甘肃省高级人民法院（2021）甘民终 709 号民事判决书，载中国裁判文书网。

持，但是从环境损害鉴定评估机构角度来看，可能会存在两种错误的司法鉴定意见：第一种是“家长型”司法鉴定意见。此类司法鉴定意见超出了为法院认定事实提供证据的定位，对于事实认定的意见用语过于绝对，有“越俎代庖”之势，没有尊重法院作为最后的事实认定者地位，替代审判人员进行事实裁定。第二种是“资讯型”司法鉴定意见。此种司法鉴定意见有意或无意回避问题，过于“软弱无力”，将其专业判断隐藏技术术语之中，闪烁其词，法院难以在充满技术性语言的鉴定意见中发现鉴定机关的意见，在将其作为证据适用时存在困难。[①] 法院对于鉴定的采信情况，在不同案件中有不同的情况。概括而言，可以将鉴定意见与法院认定案件事实之间的关系总结为以下三种类型。

（一）全盘接受型

全盘接受鉴定意见，是实践中法院认定包括生态环境服务功能损失在内的生态环境损失数额的最为常见的形态，在水污染、大气污染、固体废物污染案件中都有相关案例。法院对鉴定意见进行形式审查，主要审查鉴定机构是否具有司法鉴定资质或者是否为生态环境部推荐的鉴定机构。

在湖北省人民检察院某分院与某市某牧业有限责任公司水污染责任纠纷案[②]中，公益诉讼起诉人请求法院判令被告赔偿因其违法排放养殖废水造成的“生态环境损失及生态环境受损期间的服务功能损失”2203649.46元。该金额即为湖北省某州人民检察院委托湖北省环境科学研究院对被告排污造成的环境污染损害进行评估所计算的“生态环境损害”金额。法院认为，鉴定机构湖北省环境科学研究院系环境保护部[③]推荐的具有环境损害鉴定评估资质的机构，其于2016年7月20日作出的鉴定程序合法，方法科学，内容客观，结论明确，应予采信。法院最终判决，被告除了对其“污水予以清除或采取其他治理修复措施”之外，应赔偿损害至修复期间“服务功能损失”2203649.46元。虽然公益诉讼起诉人请求的金额、鉴定意见上载明的金额、法院判决的金额相当，但是公益诉讼起诉人请求的该金额包括“生态环境损失”及“生态环境受损期间

---

① 王元凤、王旭、王灿发等：《我国环境损害司法鉴定的现状与展望》，载《中国司法鉴定》2017年第4期；程玉：《论生态环境损害的可保性问题——兼评〈环境污染强制责任保险管理办法（征求意见稿）〉》，载《保险研究》2018年第5期。

② 参见湖北省汉江中级人民法院（2016）鄂96民初18号民事判决书，载中国裁判文书网。

③ 现为生态环境部。

的服务功能损失”两项，鉴定意见中该金额对应的项目是“生态环境损害”，判决中该金额所对应的是修复期间“服务功能损失”。虽然在该案件中，“生态环境损失”“生态环境损害”以及环境损害至修复期间的生态环境“服务功能损失”这几个术语存在交替使用的情形，但是法院最终判决的金额与鉴定意见上的金额相同。

法院对鉴定意见予以全盘接受的司法案例相对较多，比如某市人民检察院与连某侵权责任纠纷案①、北京市人民检察院某分院与北京某钢结构工程有限公司大气污染责任纠纷案②等。在这些案件中，法院关注更多的是鉴定机构的资质、鉴定人是否出庭接受质询等问题，对被告就鉴定意见提出的质疑并不予以采信。这体现出鉴定意见对于法院认定损失数额的影响举足轻重。③ 有些法院则存在对鉴定意见过多依赖的情形。④

（二）基本接受型

在有些案件中，法院基本上是接受了鉴定意见认定的生态环境损害、生态环境服务功能损失，但是作了部分调整。针对这类基本接受型的案例，在可检索到的案例中的占比，仅次于全盘接受型。

在中华环保联合会诉江西某有色金属有限公司等环境污染责任纠纷案⑤中，鉴定机构实际上是采用虚拟治理成本法来计算生态环境损害的数额，具体是以高浓度重金属废水量、单位治理成本为基础，根据Ⅱ类地表水选择了 6 倍的环境功能敏感系数，计算出 8610 万元的生态环境损害。同时鉴定机构还采用资源等值分析法计算出 9680 万元的生态环境损害。但是一审法院没有采纳鉴定意见中采用资源等值分析法计算出的生态环境损害数额。对于采用虚拟成本法计算出的数额，一审法院也只是接受了采用虚拟成本法计算时所采用的废水量、单位治理成本，但是对其接受采用也将生态环境功能敏感系数调整为Ⅲ类地表水所对应的 4.5 倍，并进一步乘以 35%，最终将生态环境数额认定为 2260.125 万

---

① 参见福建省南平市中级人民法院（2018）闽 07 民初 185 号民事判决书，载中国裁判文书网。

② 参见北京市高级人民法院（2018）京民终 453 号民事判决书，载中国裁判文书网。

③ 吕忠梅、张忠民、熊晓青：《中国环境司法现状调查——以千份环境裁判文书为样本》，载《法学》2011 年第 4 期。

④ 王旭光：《环境损害司法鉴定中的问题与司法对策》，载《中国司法鉴定》2016 年第 1 期。

⑤ 参见陕西稼轩律师事务所能源中心编：《能源化工企业环保合规法律实务指引》，法律出版社 2022 年版。

元。一审法院在行使裁量权时，考虑了该案件中的侵权主体过错程度，污染环境、破坏生态的范围和程度（Ⅱ类地表水在本案中的比例、Ⅲ类地表水满足水厂取水的能力），生态环境恢复的难易程度，环境保护和当地经济发展之间的平衡等因素，并参考了专家意见，将专业意见中所计算的8610万元“酌情”调整为22601250元。在上诉之后，二审法院维持了一审判决。

在中国某基金会诉云南某钛业有限公司环境污染责任纠纷案①中，对一审法院依职权调取的当地生态环境保护部门委托司法鉴定机构作出的鉴定意见，虽然原被告双方均不完全反对该鉴定意见，但也并非完全认可，而且都明确提出了自己的质疑。原告认可该鉴定意见所认定的污染事实，但是不接受鉴定意见所评估的生态环境损害数额。被告认可鉴定报告评估的生态环境损害数额，但是认为鉴定意见对案涉地下水的表述不客观，该鉴定意见并不具有结论性。最终，综合考虑环境污染情节、范围、程度，被告在污染发生后的整改行为等因素，一审法院将鉴定意见中的生态环境服务功能损失23.1018万元“酌情”调整为20万元。原告上诉之后，二审法院予以驳回，维持了一审法院的判决。

（三）裁量为主型

在可检索案例中，占比最小的是裁量为主型。在裁量为主型的案件中，法院对鉴定意见中的评估金额作了比较大的调整。法院行使裁量权，表现在对不同评估方法的选择、对评估所得量化损失的进一步裁量、在没有评估金额时选择相关数据进行推算等方面。

在中国某基金会诉浙江某集团有限公司等环境污染责任纠纷案②中，对于污染治理费用，评估机构提供了两种评估方法，其一为公园绿地情景下的风险管控方案，其二为农业用地情景下的土壤修复方案。风险管控方案的实施周期较短，约30周，工程直接费用为18181593元、建设方其他相关费用为3571000元、竣工验收后年运行费用为823260元。在综合比较了修复效果、将来的环境风险、当地政府已经采取的修复措施、修复成本等因素后，一审法院选择了风险管控方案。该方案包含年度运行费用，前2至3年运行费用较高，以后逐年递减。评估机构提出的管控时间为5至10年。法院裁量选择了最高年度运行费

① 参见云南省高级人民法院（2019）云民终627号民事判决书，载中国裁判文书网。

② 参见浙江省高级人民法院（2018）浙民终1015号民事判决书，载中国裁判文书网。

用乘以最长管控年限的方式计算年度运行费用总数，最终认定修复和运行费用合计 29985193 元。即使如此，该方案的费用也比土壤修复方案费用 168290900 元要低很多，仅为后者的 17.82%。对于生态环境服务功能损失，鉴定评估机构没有提供鉴定意见。一审法院按照案涉地作为农用地的年度平均粮食亩产值 1728 元，每年递增 3%，以 10 年的风险管控期为时限，计算出服务功能损失 594270 元。在对每年递增比例取值时，一审法院参考了《环境损害鉴定评估推荐方法（第Ⅱ版）》中的推荐系数范围。原告和部分被告上诉后，二审法院维持了一审法院的判决，肯定了一审法院的自由裁量。一审法院对生态环境服务功能损失的认定，表现出较强的裁量性。案涉土地此前为农用地，在被告非法填埋物之后已经覆土种植农作物，但是环境风险和健康风险仍然存在，需要治理、管控。按照法院接受的方案，该土地改为绿化用地。根据植物根系、茂密程度、生长期限等因素判断，改为绿化用地明显比作为农业用地能够更好地提供生态环境服务。但是一审法院实际上是按照案涉土地改为绿化用地后的农业种植损失计算生态环境服务功能。

在重庆市人民检察院某分院与张某环境损害赔偿公益诉讼案①中，鉴定评估专家在评估受损林地的生态环境服务功能时，涵盖了案涉林地的调节功能和支持功能，前者包括气候调节功能、水源涵养功能、土壤保持功能，后者包括维护生物多样性功能、碳汇功能，两项合计 255995.19 元。法院行使裁量权，将被告应当赔偿的生态环境服务功能酌定为 10 万元。法院在行使裁量权时考虑的因素主要包括环境受损现状、被告主观过错程度、被告因侵权行为所获得的利益、生态环境恢复难度、生态环境的服务功能、被告已受刑事处罚并被判处罚金等情况。

第四节　对生态环境服务功能损失赔偿的裁量约束

从上文的分析可以看出，我国已经通过立法和司法解释建立了裁量性赔偿制度的基本规则框架。生态环境损害赔偿鉴定评估制度和实践虽然存在诸多问题，但也确实为法院裁量性赔偿提供了重要技术支持。为了提高司法裁判的水

① 参见重庆市第三中级人民法院（2018）渝 03 民初 433 号民事判决书，载中国裁判文书网。

平，更好地保护生态环境，还需要考虑对法院裁量进行适当约束。

一、完善有关规则

对我国《民法典》有关侵权责任裁量赔偿的规定仅作文义解释，会发现相关规定并不能涵盖生态环境损害。对《民法典》第1231条进行文义解释，该条的规范意旨在于明确数人生态环境侵权责任的内部承担，适用于生态环境损害已经发生但是无法确定数人中的每一个侵权人各自造成的具体损害。但是仅通过文义解释，即使是对于数人侵权，该条也无法得出可将该条适用于确定整个案件在总体上需要承担多少生态环境损害赔偿金，最关键的是，该条并无法适用于单一主体造成的生态环境损害。2015年《最高人民法院关于审理环境民事公益诉讼案件适用法律若干问题的解释》第23条规定的考量因素与《民法典》第1231条基本相同。具体而言，该条司法解释规定的考量因素包括损害结果的客观情况（污染环境、破坏生态的范围和程度、生态环境的稀缺性）、生态环境恢复难度、主观因素（防治污染设备的运行成本、被告因侵害行为所获得的利益、过错程度），等等。该条规定法院在使用证据时候也可以对行政机关的意见和专家意见予以思考。虽然相对于《民法典》第1231条，该司法解释为确定一人侵权的生态环境修复费用、数人侵权的生态环境修复费用总额提供了规则，但是对该司法解释进行文义解释，该条的规范意旨在于确定生态环境修复费用，并无法涵盖生态环境服务功能损害赔偿金。总而言之，就生态环境服务功能损失而言，目前无论是《民法典》还是司法解释，都无法通过文义解释找寻到可以在相关案件中具体适用的规则。也正因如此，在司法实践中也出现很多因无法通过文义解释获得法律依据而导致驳回，甚至败诉的情形，比如最高人民法院驳回再审申请的中国某基金会诉新郑市某镇人民政府、新郑市某镇某村民委员会案①。

另外从规则层面看，现行规定无论是《民法典》第1231条，还是《最高人民法院关于审理环境民事公益诉讼案件适用法律若干问题的解释》第23条，都没有注意到不同环境要素在计算赔偿时考量因素的不同，这种适用对象的差异性对于计算赔偿金额会产生很大影响。比如，由于生态破坏和环境污染之间的不同，对于环境污染造成的生态环境服务功能损失，在裁量时考虑的因素就

① 参见最高人民法院（2019）最高法民申5508号民事裁定书，载中国裁判文书网。

需要有别于在对生态破坏造成的生态环境服务功能损失裁量时需要考虑的因素。在重庆市人民检察院某分院与张某环境损害赔偿公益诉讼案[①]中，被告非法开采煤矿造成生态破坏。在评估生态环境服务功能损失时，针对不同的功能适用了不同的评估方法。具体而言，针对气候调节功能损失，适用了理化反应联系法和市场价值法。对于水源涵养功能损失，适用了理化反应联系法和替代产品法。对于土壤保持功能损失，也适用了理化反应联系法和替代产品法。对于维持生物多样性功能损失，适用了市场价值法。对于固碳功能损失，适用了造林成本法。鉴定评估意见的结论是，被告造成了25万余元的生态环境服务功能损失，法院在判决时将损害赔偿金酌定为10万元。但法院在判决书中并未明确说明法院酌定的权力基础。建议支持科研机构重点针对目前司法实践中常见的生态破坏领域环境损害鉴定评估开展技术攻关，尤其是加快农田、森林、草地、湿地等生态系统鉴定评估技术标准的编制发布。

进一步加强立法仍有必要。为了完善生态环境服务功能损失赔偿的裁量，建议专门制定《生态环境损害赔偿法》，区分生态环境修复费用的裁量和生态环境服务功能损失赔偿的裁量，[②] 并且要对计算方法予以明确规定，建议结合司法实践和方法适用情况将近似方法予以整合，比如揭示偏好法与替代市场法实则较为近似，其在概念上的差异反而增加法律领域和生态学领域间的对立关系，故可以将二者予以统一。[③] 近期内通过修改、完善司法解释是比较可行的方案。将来修改《水污染防治法》等环境保护单行法时，可以对生态环境服务功能损失赔偿的裁量性计算规则作出更为详细的规定，而不是仅仅规定一个转致条款。

二、明确适用条件

明确适用条件，也有助于合理限制法院的裁量权，实现通过程序控制达到监督恣意裁量的效果。参考《最高人民法院关于审理环境民事公益诉讼案件适用法律若干问题的解释》第23条对于生态环境修复费用的规定，进一步区分不同情形，可以将生态环境服务功能裁量性赔偿的适用条件规定为损害不能证明

① 参见重庆市第三中级人民法院（2018）渝03民初433号民事判决书，载中国裁判文书网。

② 张梓太、吴惟予：《我国生态环境损害赔偿立法研究》，载《环境保护》2018年第5期。

③ 李树训：《回归裁判理性：明辨“生态环境服务功能的损失”》，载《重庆大学学报（社会科学版）》2020年4月17日。

或难以证明两种情形。[1]

所谓损害不能证明，是指生态环境服务功能损失已经存在，由于其性质的特殊性从客观上无法或不能证明损害数额。如果损害无法以现有的科技认知水平进行货币化评估，则不能认定对生态环境公共利益造成损害。以大气污染纠纷为例，在中国某基金会诉山西某化工有限公司大气污染责任纠纷案[2]中，由于大气污染物的迁移性，加之被告拒绝提供相关技术资料和数据等多种因素，导致无法对被告违法排放烟尘、二氧化硫及氮氧化物造成的生态环境服务功能损失进行鉴定评估，进而影响该案件的推进。

所谓损害难以证明，是指生态环境服务功能损失已经存在，但证明损害数额有重大困难的情况。原因包括取证困难、鉴定成本可能高于损失本身、无法确定基线水平、水或者大气的流动性造成污染物扩散等。

以水污染纠纷为例，环境的自然净化功能会导致损害难以证明。河水具有流动性，流量、流速等因素会决定河流的自净能力。河流自净能力会自然地改善污染物排放点的水质。但是，河流的自净能力并不必然意味着不需要开展生态修复。对于诸如此类的案件，法院多以酌情认定赔偿金额方式确定生态环境服务功能损失赔偿金。例如，某省人民政府诉安徽某化工科技有限公司生态环境损害赔偿案[3]。

取证困难、鉴定成本高于损失本身，也会导致生态环境服务功能损失鉴定评估困难。在中国某基金会诉云南某钛业有限公司环境污染责任纠纷案[4]中，原告并未提交证据证明案涉渣库所在地及周边土壤和地下水存在持续污染或其他严重污染后果。法院也未支持原告要求对案涉渣库所在地及周边土壤、地表水和地下水污染启动鉴定程序的申请。法院考虑到鉴定成本、鉴定收益、诉讼效率等因素，经过成本—效益分析之后，最终认为不应启动鉴定评估程序，驳回了原告的鉴定申请。在诸如此类的案件中，法院多以酌情认定赔偿金额方式确定损失赔偿金。

① 王磊：《论损害额酌定制度》，载《法学杂志》2017 年第 6 期。

② 参见山西省长治市中级人民法院（2016）晋 04 民初 35 号民事判决书，载中国裁判文书网。

③ 参见江苏省高级人民法院（2018）苏民终 1316 号民事判决书，载中国裁判文书网。

④ 参见云南省高级人民法院（2019）云民终 627 号民事判决书，载中国裁判文书网。

三、预防恣意裁量

应对法官自由裁量权的风险，须先对什么是恣意裁量或滥用裁量权进行界定。法官自由裁量权作为一种司法权，一般应从合法性、合目的性、合理性等角度，评判是否存在滥用情形。① 所谓合法性，是指法官行使司法自由裁量权不能超过法律所给定的限度、幅度、时间、手段、方式等。除了少数特例外，法律对于法院的自由裁量权都规定了考量因素和幅度范围。法院可以选择、权衡，但是必须在法律规定的范围之内。合目的性则包含两层含义，一是合乎法律授予法院裁量权的一般目的，二是合乎法院在本案适用的规则的特别目的。前者是宪法对立法权司法权之间的关系的安排，后者是立法为具体法律规则设定的规范意旨。法院在行使裁量权时，应当符合规范意旨，不得考虑不当因素。合理性主要是体现了比例原则的要求。比例原则包含了适当性、必要性要求，要求法院以对被告损害最低、权益影响最小、成本最低的手段救济原告的权益。② 同时违反以上要求的，即构成恣意裁量。

就生态环境服务功能损失裁量性赔偿而言，从正面规范自由裁量权使用，需要从以下几个方面进行探索和尝试。

第一，建立完善法官自由裁量制度的立法和司法解释。限制法官自由裁量权的前提，是该权力在立法和司法解释中有法律依据的保障。给权力以合理行使的范围，需要先完善法治化的制度建设，保证法官审判过程只服从法律。我国现行实体和程序法均应对生态环境服务功能损失裁量性赔偿问题作出规定。在实体法方面，应通过制定专门的《生态环境损害赔偿法》或者通过修改《水污染防治法》等环境保护单行法的方式，分别为生态环境修复费用和生态环境服务功能损失制定赔偿规则，要对各种计算方法予以整合、罗列和说明，尤其是各种酌定时的考量因素予以解读和列举，以便法律工作者的理解和应用便利。在程序法方面，应对法官自由裁量权进行原则性的规定，将侵权责任、知识产权等法律领域有关裁量性赔偿的具体规则进行提炼，上升为统一的、一般性的规定。现阶段应尽快总结经验，修改、完善原有的司法解释，通过司法解释对生态环境服务功能损失裁量性赔偿的启动规则、认定规则以及赔偿计算规则等

---

① 张学玲：《论我国法官自由裁量权及其规制》，西南政法大学 2011 年硕士论文。
② 郑晓剑：《比例原则在民法上的适用及展开》，载《中国法学》2016 年第 2 期。

作出规定。

第二，从程序上控制滥用裁量权。应当适当限制法官在生态环境损害赔偿案件审判中过度行使释明权。应根据行为所处的诉讼阶段及对当事人造成不利后果的程度，针对不当释明，设置相应的救济措施，保障当事人诉讼权利和实体利益，维护诉讼公正。因此，须对法官释明程序的规定进行细化，统一法院内部系统的释明尺度，且给予被告在释明程序中对等的救济性权利。最后，应进一步保障、加强当事人在司法鉴定评估程序中的选择权、确认权，对法官自由裁量权进行合理的制约、监督。

第三，以环境司法专门化推进法官职业化。环境司法专门化是立足于解决环境问题案件的司法实践，之所以“专门”，是因为环境问题案件与其他类型案件存在本质差异，需要对司法实践进行分工专门对待。[①] 环境司法专门化也是一个丰富的概念，并不能单纯地等同于审判机构的专门化，[②] 而是包括机构、机制、程序、理论、团队等多方面的专门化。[③] 环境司法专门化的过程，需要法官对个案进行法律解释、推理论证、价值判断。法官需要具备相应的解释法律的能力和判决书说理能力。正如哈耶尼所说，法律的操作者比其操作的法律更加重要。裁判文书的规范化和说理程度，是法官职业化程度的一个重要检验指标。

本章小结

生态环境服务功能损失赔偿责任的承担，体现出裁量性赔偿的特征。损害赔偿的裁量性，已经被我国民事立法、最高人民法院裁判文书、法学理论接受。“酌定”一词，在司法解释和裁判文书中频频出现。在实践中，裁量赔偿的启动包括当事人申请和法院主动适用两种模式。司法实践中，法院行使裁量权至少有五种样态：以鉴定意见为证据认定损害、行使释明权、以类比的方式确定赔偿金额、以统计数据计算平均值、直接酌定赔偿金额。诉请支持比例，为证

---

① 张璐：《环境司法专门化中的利益识别与利益衡量》，载《环球法律评论》2018 年第 5 期。

② 吕忠梅等著：《环境司法专门化：现状调查与制度重构》，法律出版社 2016 年版，第 124 页。

③ 张忠民：《环境司法专门化发展的实证检视：以环境审判机构和环境审判机制为中心》，载《中国法学》2016 年第 6 期。

明生态环境服务功能损失赔偿的裁量性提供了实证数据。裁量性赔偿在实践中的问题主要包括不合理地免除当事人的举证责任、对于酌定金额说理不足等。鉴定意见对于司法裁量具有重要影响，鉴定评估资质管理、鉴定技术都是影响司法裁量的重要因素。对于生态环境服务功能期间损失，鉴定意见采用单独计算、类比取值、虚拟计算三种方式。法院裁量权与鉴定意见之间呈现出全盘接受型、基本接受型、裁量为主型等三种实践样态。需要通过完善相关规则、明确适用条件、预防恣意裁量等方式加强对法院裁量的约束。

第四章　制度协动：生态环境服务功能损失赔偿条款与其他相关制度的关系

在中国法律体系中，除了《民法典》第1235条的生态环境服务功能损失赔偿条款之外，《环境保护法》以及其他环境保护法律法规还规定了大量有关预防环境污染和生态破坏的条款，规定了行政相对人的合规义务和行政机关的执法权。这些公法条款的意义是否仅仅是《民法典》第1235条所指的“国家规定”，还是具有其他的意义？行政权、行政相对人的合规义务与生态环境损害赔偿请求权、生态环境损害赔偿义务之间到底存在什么关系？行政权的行使是否影响生态环境服务功能损失赔偿责任的构成？就民法谈民法是否能够妥帖地解释、适用生态环境服务功能损失赔偿条款？如何妥帖地解释生态环境服务功能损失赔偿条款与公法规定之间的关系？

第一节　与生态环境损害赔偿磋商的协动关系

一、磋商制度的演进

（一）制度试点

生态环境损害赔偿磋商制度（以下简称磋商制度）在中国的发展，始于中共中央办公厅、国务院办公厅于2015年12月发布的《生态环境损害赔偿制度改革试点方案》（以下简称《试点方案》）。磋商制度也是该《试点方案》提出的新概念，即赔偿权利人与赔偿义务人根据生态环境损害评估报告，就损害的事实和程度、修复的启动时间和期限、赔偿责任的方式和期限等具体问题进行协商，考虑到修复方案的技术可行性、成本效益的优化、赔偿义务人的赔偿能力以及第三方治理的可行性，从而达到赔偿目的的协议。①

该《试点方案》主要适用于“事件”引起的生态环境损害，包括较大及以上突发环境事件，在特殊区域（重点生态功能区、禁止开发区）发生的环境污染、生态破坏事件，其他严重影响生态环境的事件。对于赔偿义务人，《试点方案》允许试点地方根据需要扩大赔偿义务人范围，可以在违反法律法规，造成生态环境损害的单位或个人之外，另外扩大赔偿义务人的范围，并就此提出立法建议。对于赔偿权利人，《试点方案》规定省级人民政府为本行政区域的赔偿权利人，但是具体工作可以由省级人民政府指定相关部门或者机构办理。《试点方案》要求在磋商之前作出生态环境损害鉴定评估报告，规定磋商内容包括损害事实与程度、修复启动事件与期限、责任承担方式与期限等具体问题。对于磋商与诉讼的顺序，《试点方案》作出了磋商相对前置的规定，规定磋商不成的，赔偿权利人应当及时提起民事诉讼，赔偿权利人也可以直接提起诉讼。

（二）深入发展

《生态环境损害赔偿制度改革方案》（以下简称《改革方案》）由中共中央办公厅、国务院办公厅于 2017 年 12 月印发。与《试点方案》相比，《改革方案》有少量变化。对于需要追究赔偿责任的情形，《改革方案》将兜底条款修改为“发生其他严重影响生态环境后果的”，扩大了适用范围。对于赔偿权利人，《改革方案》也扩大到市地级人民政府，省级、市地级政府有权指定部门或机构具体办理案件。对于磋商与民事诉讼的顺序，《改革方案》将磋商与诉讼的顺序从任意选择或者相对前置改为磋商前置，突出了磋商的地位。特别重要的一点是，《改革方案》规定对赔偿协议进行司法确认。

（三）司法支持

最高人民法院于 2019 年 6 月 5 日发布了《最高人民法院关于审理生态环境损害赔偿案件的若干规定（试行）》。该文件旨在解决磋商不成之后的诉讼问题，以《改革方案》中有关磋商的内容为基础，细化了管辖、证据、判决等内容。而在 2020 年又对该文件予以修正，在第一条就夯实了磋商在生态环境损害赔偿诉讼中的前置地位，而且明确规定对于经磋商达成生态环境损害赔偿协议，

① 李一丁：《生态环境损害赔偿行政磋商：性质考辩、意蕴功能解读与规则改进》，载《河北法学》2020 年第 7 期。

当事人可以向人民法院申请司法确认。在最高人民检察院 2021 年 6 月 29 日发布的《人民检察院公益诉讼办案规则》中也明确规定了磋商制度，将其作为检察建议的前置要件之一，对磋商事项、磋商方式、磋商流程等内容予以规定。

(四) 法律确立

2020 年 4 月 29 日修订的《固体废物污染环境防治法》第 122 条首次在法律中规定了磋商制度。该条规定，固体废物污染环境、破坏生态给国家造成重大损失的，由设区的市级以上地方人民政府或者其指定的部门、机构组织作为磋商权利人，由造成环境污染和生态破坏的单位和其他生产经营者作为磋商义务人，通过磋商要求义务人承担损害赔偿责任。磋商未达成一致的，磋商权利人可以向法院提起诉讼。与此前的《试点方案》和《改革方案》相比，该条有两个重要的区别。第一，没有明确赔偿责任以违法为前提。《试点方案》和《改革方案》规定的赔偿义务人都是“违反法律法规”，造成生态环境损害的主体，但是该条没有规定“违反法律法规”的要求，只是规定“给国家造成重大损失的”。第二，没有规定司法确认。《改革方案》规定了司法确认的要求，但是该条没有明确规定磋商之后达成的损害赔偿协议是否需要经过司法确认。

除了以上的全国性制度建设之外，各地也开展了生态环境磋商制度建设的探索。根据《试点方案》的意见，我国首先在重庆、贵州、浙江等 7 个省市开展赔偿磋商试点工作，各地在中央《试点方案》与《改革方案》的基础上，根据各地方生态环境保护实际，制定了本地区磋商办法，并开展了一系列赔偿磋商实践。比如，绍兴市人民政府早在 2016 年 6 月 30 日就发布了《绍兴市生态环境损害赔偿磋商办法（试行）》，贵州省人民政府办公厅也在 2017 年 12 月 7 日发布了《贵州省生态环境损害赔偿磋商办法（试行）》，还有江苏省、浙江省、宁夏回族自治区、陕西省、上海市等，尤其是四川省，该省十分关注磋商制度，继四川省委、省政府于 2018 年 9 月发布《四川省生态环境损害赔偿制度改革实施方案》之后，四川省委、省政府又制定了《四川省生态环境损害赔偿磋商办法（试行）》，并且于 2020 年 7 月完成了四川省首例生态环境损害赔偿磋商。①

① 《四川首例！省政府提起的生态环境损害赔偿案件磋商成功》，载生态环境部网站，https：//www.mee.gov.cn/ywdt/dfnews/202007/t20200725_ 791151.shtml，最后访问日期：2023 年 2 月 10 日。

（五）细化落实

生态环境部、司法部、财政部、自然资源部、住房和城乡建设部、水利部、农业农村部、国家卫生健康委员会、国家林业和草原局、最高人民法院、最高人民检察院于2020年9月3日发布了《关于推进生态环境损害赔偿制度改革若干具体问题的意见》。该意见对具体办理生态环境损害赔偿案件的部门或机构、案件线索、索赔的启动、生态环境损害调查、鉴定评估、磋商赔偿、司法确认、鼓励赔偿义务人积极担责、与公益诉讼的衔接、生态环境修复、资金管理、修复效果评估、公众参与、信息共享等问题作出了细化，并制定了索赔文书的示范文本。对于鉴定评估，该意见根据案件的复杂程度、责任认定的争议程度、损害的大小等因素，对案件作出了区分。该意见也规定了磋商期限、磋商次数，避免久磋不决、久磋不诉。对于司法确认，该意见规定磋商达成赔偿协议的，可以申请司法确认。该意见明确鼓励赔偿义务人积极担责。对于积极担责的赔偿义务人，赔偿权利人指定的部门或机构可将赔偿义务人积极担责的情况提供给相关行政机关、司法机关。行政机关在作出行政处罚裁量时、司法机关在审理案件时，可以考虑赔偿义务人积极担责的情节。

二、磋商制度的性质

生态环境损害赔偿磋商，是由行政机关发起的，就生态环境损害在进行生态环境损害调查、鉴定评估、修复方案编制等工作的基础上主动与造成环境污染、生态破坏的责任主体磋商，达成赔偿磋商协议并承担损害赔偿责任的机制。该制度逻辑集中体现于其内在的法律关系。赔偿权利人与赔偿义务人在赔偿磋商活动中就生态环境要素的权益展开赔偿磋商所形成的权利、义务关系构成了生态环境损害赔偿磋商法律关系。在生态环境损害赔偿磋商法律关系中，赔偿权利人与赔偿义务人构成了赔偿磋商法律关系的主体，各主体间通过磋商程序达成赔偿协议从而确定赔偿磋商的第一性法律关系，而赔偿磋商的保障措施通过第二性法律关系保障赔偿协议得以履行。

针对近年来的有关政策文件和磋商实践，理论上对于生态环境损害赔偿磋商的性质产生了不同的观点。[①] 自然资源所有权授权代表理论认为，在磋商程

① 刘学在、刘鋆：《论生态损害赔偿磋商协议的法律性质及其争议解决路径》，载《南京工业大学学报（社会科学版）》2020年第2期。

序中，政府的身份不是公权力机关，而是环境公共利益的代表，相应地，政府所主张赔偿的基础也不是公权力，而是具有民事性质的自然资源所有权。① 该理论实际上是认为磋商制度具有民事的性质，将行政机关代表国家行使的公权“私法化”，作为国家公权力代表与享有管理职能的赔偿权利人，其与赔偿义务人磋商的根本目的在于实现针对赔偿责任的平等协商。因此行政机关在磋商程序中可将其视作弱化行政权力而实现与责任主体平等地位的一般民事主体。②磋商本质上是以非诉方式解决生态环境损害赔偿纠纷的方式。③ 而且磋商与民事领域的调解与和解具有相似性，所以磋商是一种特殊的民事法律行为。④ 与之相反，很多理论认为以“磋商为私”的外部观察而得出的磋商制度具有民事性质这一结论并不妥帖，主要因为忽略了在行政机关启动赔偿磋商与磋商监督与执行中所透露出的公法属性，而且赔偿权利人所行使的是公权力，其本身就具有公权主体的身份。在公权力理论之下，有的认为磋商行为实质上是作为赔偿权利人的公权力机关在处理生态环境损害的环境行政管理职能过程中，“以私为公”即借用私法内的平等协商这一民事手段来实现维护环境公共利益目的的行政职权行使新样态，即磋商行为是带有私权性质的公权力行为，⑤ 其内在的保护公权的公法目的、外在的变革传统行政手段的现实需要以及由上而下的环境行政规制的立法授权，都为该项制度的公权行政属性增色添彩。⑥ 磋商本质上属于一种柔性行政。⑦ 有的认为磋商行为就是一种行政行为，⑧ 还有的认为磋

---

① 王金南：《实施生态环境损害赔偿制度，落实生态环境损害修复责任——关于〈生态环境损害赔偿制度试点改革方案〉的解读》，载《中国环境报》2015 年 12 月 4 日第 2 版。

② 罗丽、王浴勋：《生态环境损害赔偿磋商与诉讼衔接关键问题研究》，载《武汉理工大学学报（社会科学版）》2017 年第 3 期。

③ 李兴宇：《生态环境损害赔偿磋商的性质辨识与制度塑造》，载《中国地质大学学报（社会科学版）》2019 年第 4 期。

④ 程雨燕：《生态环境损害赔偿磋商制度构想》，载《北方法学》2017 年第 5 期。

⑤ 黄锡生、韩英夫：《生态环境损害赔偿磋商制度的解释论分析》，载《政法论丛》2017 年第 1 期。

⑥ 韩英夫、黄锡生：《生态损害行政协商与司法救济的衔接困境与出路》，载《中国地质大学学报（社会科学版）》2018 年第 1 期。

⑦ 刘莉、胡攀：《生态环境损害赔偿磋商制度的双阶构造解释论》，载《甘肃政法学院学报》2019 年第 1 期。

⑧ 李一丁：《生态环境损害赔偿行政磋商：性质考辩、意蕴功能解读与规则改进》，载《河北法学》2020 年第 7 期。

商行为属于双阶理论下行政机关的自由选择行为。[①] 对于磋商达成的协议的性质，有的认为属于行政契约，[②] 有的认为属于行政裁决。[③] 本书认为，磋商行为是赔偿权利人作为公权力主体以商谈的方式行使权力，以赔偿义务人能够接受的条款，与其达成行政合同的一种行政行为，磋商所达成的赔偿协议具有行政合同的性质。这一观点对近年来的相关理论研究成果的核心部分予以统合，最关键的是该观点还与当代中国的法学界主流观点以及中国的法治环境相契合，可谓是凝众家之精髓，成今日之观点。

三、磋商制度的特征

（一）行政性

行政性，是生态环境损害赔偿磋商的本质特征。行政性将生态环境损害赔偿磋商与环境污染、生态破坏的受害者与污染者就民事赔偿开展的磋商区分开来。也正是因为行政性，生态环境损害赔偿磋商也被称为生态环境损害赔偿行政磋商。[④]“主动磋商，司法保障”的原则规定在《试点方案》和《改革方案》之中，清楚地表明了行政机关应当主动发起磋商、主导磋商过程。法学界对于经过生态环境损害赔偿磋商而衍生的磋商协议，也将其定性为行政契约，认为该协议是以行政机关为一方主体，符合行政契约的主体标准，以保护环境公益为目的，符合行政契约的目的标准，以行政法上权利义务为内容，符合行政契约的内容标准。[⑤]

（二）商谈性

磋商是一个以“交往”为前提、以“话语”为核心的过程，提供了一个相

---

① 刘巧儿：《生态环境损害赔偿磋商的理论基础与法律地位》，载《鄱阳湖学刊》2018 年第 1 期。

② 郭海蓝、陈德敏：《生态环境损害赔偿磋商的法律性质思辨及展开》，载《重庆大学学报（社会科学版）》2018 年第 4 期；康京涛：《生态环境损害赔偿磋商的法律性质及规范构造》，载《兰州学刊》2019 年第 4 期；彭中遥：《生态环境损害赔偿磋商性质定位省思》，载《宁夏社会科学》2019 年第 5 期；董正爱、胡泽弘：《协商行政视域下生态环境损害赔偿磋商制度的规范表达》，载《中国人口·资源与环境》2019 年第 6 期。

③ 刘倩：《生态环境损害赔偿磋商法律属性探析》，载《环境保护》2018 年第 17 期。

④ 李一丁：《生态环境损害赔偿行政磋商：性质考辩、意蕴功能解读与规则改进》，载《河北法学》2020 年第 7 期；张辉、沈世伟、贾进宝：《生态环境损害赔偿磋商制度的实践研究——聚焦 20 起磋商优秀候选案例》，载《环境保护》2020 年第 11 期；郁兴康：《中国生态环境损害救济的模式选择》，载《湖北农业科学》2020 年第 8 期。

⑤ 吴真、李雪：《生态环境损害赔偿磋商协议的行政契约属性》，载《吉林大学社会科学学报》2021 年第 5 期。

对平等的对话空间。[①] 磋商制度在安排上体现出具有私法自治色彩的民事法律关系和公法治理色彩的行政法律关系相融合的复杂特点，这主要是因为磋商手段上的协商性，而且其目的也具有一定的公益性，为涉及公共利益的生态环境损害问题之解决提供了一个以政府、损害者和社会公众为主体的，开展且实现三重对话的沟通平台。整体而言，该制度将私法手段引入行政管理过程，坚持行政机关在赔偿磋商程序中的主导地位，通过明确社会公众的实体性权利保障其环境权益，并通过扩大赔偿磋商制度所保障的权利范围、创新赔偿磋商的启动方式以达到对生态环境的全面保护。[②] 该制度有助于消除分歧，提高合作程度，降低对证据的要求，可以更早地进入生态环境修复环节，及时采取措施以避免生态环境损害的进一步扩大。而且，该制度不仅有利于生态环境保护和生态文明建设进程的推进，还有利于侵权者，因为通过生态环境损害磋商制度，既可以降低修复成本，减少侵权者需要赔偿的金额，还可以减少生态环境服务功能损失，做到及时止损。

（三）可接受性

可接受性这一概念的基础是接受，表达的是人的接纳、认同、内化、服从的心理状态，与之相对应的是不接受概念，表达的是人的漠视、违背、规避、抗拒的心理状态。[③] 可接受性，是从行政相对人的角度对行政行为的程序和内容进行评价，承认了行政相对人对行政行为的认知和接受对于行政行为的预期目的、法律效果的实现具有重要意义。[④] 磋商制度连接了行政机关和行政相对人两方主体，同时也增强了两方主体之间的关系，虽然仍然有着强烈的行政色彩，但是其突破了以“行政机关—行政相对人”为基本架构的二元对抗式环境管理方式，通过私法之平等协商手段实现了生态环境公共治理过程的多元主体范式创新，为政府环境行政管理提供了向合作治理方向转型的变革契机。而且，

---

① 张梓太、席悦：《生态环境损害赔偿纠纷解决机制分析与重构》，载《江淮论坛》2018 年第 6 期。

② 董正爱、胡泽弘：《协商行政视域下生态环境损害赔偿磋商制度的规范表达》，载《中国人口·资源与环境》2019 年第 6 期。

③ 胡平仁：《法律接受初探》，载《行政与法》2001 年第 2 期。

④ 李一丁：《生态环境损害赔偿行政磋商：性质考辩、意蕴功能解读与规则改进》，载《河北法学》2020 年第 7 期；郭海蓝、陈德敏：《生态环境损害赔偿磋商的法律性质思辨及展开》，载《重庆大学学报（社会科学版）》2018 年第 4 期。

该制度还弱化了行政机关优越地位，由于是自主选择、自愿协商结果，行政相对人在心理层面也更加容易接受，该制度也就强化了行政相对人的心理认同，体现了可接受性原则。[①] 可接受性也是中国行政法治的未来发展趋势，而该可接受性是以平等合作为基础，这就需要加强协商交流，也只有当合作的智慧成为法律的基础，法律才能拥有强大的生命力。[②] 只有在合作的基础上，法律才可以彰显其刚性，发挥璀璨夺目之彩。磋商制度也正是合作智慧的体现。

四、磋商制度与生态环境服务功能损失赔偿的关系

（一）并存关系

在《民法典》施行之后，磋商制度会继续适用，成为与《民法典》第 1234 条、第 1235 条并用的制度。继《固体废物污染环境防治法》在 2020 年 4 月 29 日修订时增加有关磋商的规定之后，其他环境保护单行法也有望在将来修改时增加有关磋商的条款。

磋商和诉讼的适用范围存在一定的差异。《试点方案》和《改革方案》都规定磋商适用于赔偿义务人“违反法律法规”的情形，但是《固体废物污染环境防治法》第 122 条没有要求“违反法律法规”，似乎是为了将磋商适用于赔偿义务人承担无过错责任的情形。在磋商程序中适用无过错责任，对于转型期的中国具有一定的意义。由于企业改制、制度变迁、国土土地使用权划拨、生态环境问题的滞后性等原因，现在显现的环境污染和生态破坏因为年代久远而面临着责任主体不明、诉讼时效和处罚时效已过等问题，有可能无法找到责任人，因此难以适用行政责任、民事责任或者刑事责任，政府自己也受制于地方财力等原因无力或者难以清除污染、恢复生态。对于这样的案件，基于《民法典》第 1235 条提起诉讼无法胜诉。最重要的是，生态环境损害的复杂性和修复的困难性，就会导致生态环境损害赔偿诉讼的成本高昂，调查周期较长，短时间内也很难解决，而生态环境损害的紧迫性又使司法机关不得不快速结案，在诉讼机制所暴露出来的重重困境下，引入磋商机制予以弥补诉讼机制之弊端、化解生态环境损害之问题就尤为关键。而且从企业角度考虑，磋商机制的引入也符合企业意愿，这主要是因为有些企业可能考虑到与当地政府之间的长期重

---

① 于立深、周丽：《论行政法的可接受性原则》，载《法制与社会发展》1999 年第 2 期。

② 王学辉、张治宇：《迈向可接受性的中国行政法》，载《国家检察官学院学报》2014 年第 3 期。

复博弈关系，愿意与政府合作，愿意通过磋商的方式承担清理污染、修复生态的责任，并以协议的方式体现这一安排。对于企业来说，协议既是该企业愿意承担该费用的意思表示载体，也是满足会计要求、经理人对于公司和股东的忠实义务的要求。由于是通过非强制的磋商的方式进行，如果企业不愿意在无过错的情况下承担清理污染、修复生态的费用，企业也可以拒绝。如此解释，既可以避免将企业自愿以协议的方式承担清理污染、修复生态费用的可能性排除在外，也不会在实体法上导致企业承担无过错责任。如此可见，磋商制度有可能为政企合作解决年代久远的环境污染、生态破坏问题提供一个机制。

综上所述，相对于民事诉讼，并立的磋商制度对于解决我国转型期的生态破坏和环境污染问题、寻找经济发展和环境保护的平衡点、促进企业绿色转型与发展等都具有一定的特殊功效。

（二）先后顺序

生态环境损害赔偿磋商前置已经得到了《改革方案》和《固体废物污染环境防治法》第122条的肯定。尤其是在《改革方案》中，在明确生态环境损害赔偿磋商前置的基础上，还确认了该磋商的司法确认制度，逐渐构建完善了一个磋商优先、诉讼兜底的诉讼索赔机制。

将生态环境损害赔偿磋商设定为前置程序，只有在无法进行磋商或者磋商失败时才提起诉讼，核心理由在于穷尽行政手段，充分运用行政机关的职权和职责，避免司法程序过分前置，以便保留法院作为最后解决行政纠纷的功能。法律赋予行政机关保护生态环境的职责和职权，建立环境执法机制，就是考虑到行政权具有主动、高效、事前规制、集中规制的优势。被授予发起生态环境赔偿磋商权力的机关主要是行政机关，行政机关应当首先通过各种行政机制，综合行使各种行政职权，以行政调查、行政强制、行政命令等方式，实现保护生态环境，要求造成环境污染、生态破坏的行为人承担责任，包括清除污染、修复生态的责任。而且，从制度的实施效果来看，行政机关在违法行为的调查及证据收集方面具有便利和优势，由其通过磋商对受损生态环境进行救济将会更加经济高效。也正因此，《改革方案》明确了生态环境损害磋商与诉讼的“磋商前置”关系，而在具体的磋商过程中所使用的证明环境污染、生态破坏的证据，也应当是行政执法过程中依法收集的证据。这些证据可以用于磋商，但是当磋商失败进入诉讼环节之后，这些证据也应当满足诉讼要求。[①]

对于赔偿权利人来说，磋商和诉讼都是实现目标的手段。对于两者的关系，从生态文明制度总体来说，可以认为磋商和诉讼是互相配合的关系。[②] 但是对于赔偿请求权人来说，磋商是基础、诉讼是保障。根据我国现行法律的相关规定，从磋商到诉讼是一个单向发展的过程，磋商程序并不具有阻却诉讼的效力，反而一旦进入诉讼，就无法再回溯至磋商阶段。赔偿义务人（行政相对人）也需要对此有充分考虑，通过磋商获得的结果可能比诉讼更好。对于赔偿义务人来说，在磋商过程中可以争取政府对自己产业升级、产业用地等方面的支持，但是在诉讼中则很难获得这样的双赢机会。

五、磋商制度与行政责任、刑事责任的关系

磋商制度与行政责任、刑事责任的关系影响到磋商程序发动者的行为选择，同时也影响到磋商对象的行为选择，而且磋商对象的行为预期反过来也进一步影响磋商程序发动者的行为选择。

在实践中，磋商制度可能会影响磋商对象的行政法律责任（包括行政处罚），甚至是刑事责任。磋商对象对于免除、减轻行政责任、刑事责任的预期，是磋商对象愿意真诚磋商、履行磋商达成的协议的心理基础。在《生态环境部、司法部、财政部、自然资源部、住房和城乡建设部、水利部、农业农村部、国家卫生健康委员会、国家林业和草原局、最高人民法院、最高人民检察院关于推进生态环境损害赔偿制度改革若干具体问题的意见》中，针对有关鼓励赔偿义务人积极担责的规定，也允许行政机关在作出行政处罚时和法院在审理具体案件时，考虑赔偿义务人积极参与磋商、履行赔偿协议的情节。根据该意见，基于赔偿义务人的磋商表现，行政机关有权行使裁量权，免除或者减轻对行政相对人的行政处罚；司法机关有权行使裁量权，作出免予起诉的决定或者作出免予刑事处罚、适用缓刑的裁判。

四川省人民政府与彭州某物流有限公司就柴油罐泄漏生态环境损害赔偿所进行的磋商，充分展示了磋商与可能发生的行政处罚、刑事责任之间的关系。2020 年 3 月 14 日发生在成都、德阳两地交界处的柴油罐泄漏事故，造成了较大

---

① 王旭光：《论生态环境损害赔偿诉讼的若干基本关系》，载《法律适用》2019 年第 21 期。

② 王旭光：《论生态环境损害赔偿诉讼的若干基本关系》，载《法律适用》2019 年第 21 期。

的生态环境损害。按照《安全生产法》《环境保护法》《固体废物污染环境防治法》等法律，事故责任主体彭州某物流有限公司应当被给予行政处罚，甚至应当承担刑事责任。四川省人民政府基于多种考虑，将本案作为生态环境损害赔偿磋商试点案件，由四川省生态环境厅作为制定部门具体办理磋商事宜。在正式磋商之前，四川省环境保护科学研究院对污染事故开展了损害鉴定工作，出具了生态环境损害鉴定评估意见，列出了污染处置费用和财产损失金额。经过磋商之后达成的赔偿协议，也是将该份损害鉴定评估意见所列的污染处置费用和财产损失金额之和，作为协议赔偿金额。本案是四川省第一例成功达成磋商协议的生态环境损害磋商案件，① 也是第一例正式开展生态环境损害赔偿磋商的案件。赔偿金额 329254.15 元，表明案件具有相当的严重程度。按照公私财产损失 30 万元的入罪标准，生态环境保护部门可以将案件移送公安机关，进入刑事司法程序。可以合理认为，磋商对象彭州某物流有限公司也知道行政处罚风险以及可能的刑事责任风险。如果没有行政处罚风险和刑事责任风险，磋商对象也不会在磋商程序中对鉴定机构认定的污染处置费用和财产损失金额照单全收。

但是，磋商制度也因为一些因素而使其具体的适用受到影响，其中的一个重要因素就是公务人员的职业风险考虑。从政府工作人员职业风险考虑，《改革方案》规定的司法确认，首要意义在于降低政府工作人员的职业风险，法院在开展司法确认时对赔偿协议的合法性的审查，有减少政府工作人员职业风险的重要意义。

虽然经过《试点方案》《改革方案》和正式立法，磋商制度已经有了显著的发展，经过实践探索也积累了丰富的经验，但是目前该制度仍然处于探索阶段。当前报道的有关于磋商制度实施的案例也具有一定的探索性和新闻性，将来磋商制度进入常态化运行阶段时，有可能呈现出与现在探索阶段不同的样态。

第二节　与代履行制度及行政罚款的协动关系

《民法典》第 1235 条规定了两类程序发动者，即“国家规定的机关”和

① 《四川首例！省政府提起的生态环境损害赔偿案件磋商成功》，载生态环境部网站，https：//www. mee. gov. cn/ywdt/dfnews/202007/t20200725_ 791151. shtml，最后访问日期：2023 年 2 月 10 日。

“法律规定的组织”。国家规定的机关主要包括行政机关和检察机关。行政机关本身就负有行政执法职权，检察机关也有权督促行政机关依法勤勉执法。法律规定的组织虽然自身没有行政执法权，但是有权向行政机关举报。接受举报的机关应当依法勤勉执法，否则需要承担法律责任。宪法一般性地规定了公民的举报权和行政机关回应举报、勤勉执法的职责，《环境保护法》和多部环境保护法也有相应的规定。比如，2020 年 4 月 29 日修订的《固体废物污染环境防治法》第 101 条规定，生态环境主管部门或者其他负有监管职责的部门发现违法行为或者接到违法行为举报之后未予查处的，由本级人民政府或者上级生态环境主管部门对直接负责的主管人员和其他直接责任人员依法给予处分。总而言之，《民法典》第 1235 条规定的程序启动者都可以直接或者间接地启动行政执法机制。行政执法机制，是否能够替代、在多大程度上替代《民法典》第 1235 条，实现国家规定的机关和法律规定的组织通过《民法典》第 1235 条追求的目的，就是国家规定的机关和法律规定的组织在决定是否以《民法典》第 1235 条作为基础请求被告承担赔偿责任之前需要思考的问题。在比较时，本书主要与《固体废物污染环境防治法》进行比较。之所以选择与该法进行比较，一是因为该法于 2020 年 4 月 29 日第二次修订，是最新修订的环境保护单行法，在一定程度上代表了最新的立法趋势；二是因为涉及固体废物的案件，特别是涉及危险废物的案件，在生态环境服务功能损害赔偿案件中占了很高比例。

一、与代履行制度的协动关系

（一）代履行制度的基本内容

代履行，是《行政强制法》第四章第三节规定的一种行政强制执行程序，属于行政行为中的间接强制执行，主要适用于要求行政相对人履行排除妨碍、恢复原状等义务的行政决定。《行政强制法》第 50 条主要是对代履行的适用范围、适用条件、适用程序等内容予以规定。根据该条的相关内容，代履行主要适用于行政相对人不履行行政决定将会产生或者已经产生危害交通安全、污染环境、破坏自然资源的后果的情形。以有无前置行政命令为标准，可将行政代履行分为一般代履行和立即代履行。前者以作出行政命令为前提，并通过告诫等前置程序保障义务人自主履行的权利，行政机关在确定义务人不履行时方可代为履行。设置后者的主要目的在于保护紧急情况下可能或已经受到损害的公共利益，以效率为导向。在符合法定条件时，行政机关可直接代为履行。代履行适用的义务，必须是行政相对人已经到期并且逾期不履行的义务。在适用代履行时，行政机关应当先作出催告。只有在行政相对人经过催告仍然不履行时，行政机关才可适用代履行。在适用代履行时，行政机关应当作出代履行决定书并送达行政相对人。《行政强制法》第 50 条规定的代履行比较充分地保障了行政相对人的权利，但是程序繁多、周期较长，并不利于处理紧急事态。《行政强制法》第 52 条主要是规定了立即代履行，具体而言就是紧急情况下的代履行。立即代履行由于缺少前置程序，其实施更容易忽视当事人的主观意愿，侵害当事人权益，因此各国都将"紧急情况"作为其适用条件。我国亦是如此。《行政强制法》第 52 条所规定的紧急情况，是交通安全、公共安全意义上的紧急，并不必然是环境损害意义上的紧急。遗洒物、障碍物或者污染物，只有在影响道路、河道、航道或者公共场所安全时，才构成该条规定的紧急情况。代履行的核心问题，在于解决行政相对人不履行义务时，赋予行政机关一定的（紧急）处理权限，并要求行政相对人承担相应的成本。对于代履行，环境保护单行法中，有的采用了"代为治理"（如《固体废物污染环境防治法》第 108 条第 2 款），"代为处置"（如《固体废物污染环境防治法》第 113 条）等表述方式。不论环境保护法律是否规定、如何规定，生态环境主管部门以及其他负有职责的行政机关都有权直接依据《行政强制法》作出代履行决定，自己实施或者组织无利害关系的第三人实施代履行，同时也需要遵守《行政强制法》有关代履行的规定。

代履行需要平衡公共利益和行政相对人的个别利益。由于代履行本质在于将当事人的行为义务转化为金钱负担义务，故代履行费用的构成和承担，是代履行制度的关键。对于代履行费用的构成，《行政强制法》第 51 条第 2 款仅仅作了"按照成本合理确定"的一般性规定。在实践中，形式上没有利害关系的第三人收取的合理费用、环境监测费用、清理污染或者恢复生态的方案编制费用、监理费用、招投标费用，都被认定为是合理的成本。① 对于代理性费用的承担，《行政强制法》第 51 条第 2 款仅仅规定"由当事人承担"，但是没有规定行政机关要求当事人承担费用的方式。在实践中，有的行政机关按照《行政诉讼法》的规定，通过向人民法院提出强制执行申请的方式实现代履行费用并

① 参见浙江省海盐县人民法院（2020）浙 0424 行审 21 号行政裁定书，载中国裁判文书网。

获得支持；[①] 有的行政机关按照《民事诉讼法》的规定，通过提起民事诉讼的方式请求代履行费用并获得支持；[②] 有的法院则明确认为根据《行政强制法》产生的代履行费用是行政法调整的范围，原告不能通过民事诉讼程序主张该费用。[③]

为了保障代履行费用的实现，《固体废物污染环境防治法》第 113 条规定，当事人拒不承担代履行费用的，处代履行费用 1 倍以上 3 倍以下的罚款。该规定表明，生态环境主管部门对于代履行费用的认定、对当事人提出的支付代履行费用的要求，构成一项行政命令。这是因为，如果将支付代履行费用的要求理解为民事请求，就不可能产生执行罚的后果。这也表明，对于法律没有明确规定执行罚的代履行情形，当事人不支付代履行费用的，行政机关向人民法院提出非诉执行申请，更加符合代履行的法律性质。

（二）代履行制度与民事赔偿责任的协动

代履行制度与《民法典》第 1234 条以及第 1235 条第 3、4、5 项规定的具有事务性费用性质的生态环境损害调查、鉴定评估等费用，具有事后救济性质的清除污染、修复生态环境费用，具有事前预防性质的防止损害的发生和扩大所支出的合理费用具有替代关系，但是与第 1235 条第 1、2 项规定的生态环境服务功能永久性损失、修复期间损失之间不具有替代性。在生态环境损害预防与救济中，行政代履行既承担着兜底和应急的功能，也是行政机关借助其他法定程序回收成本的依据。但在我国现行法律框架下，由于现行环境行政代履行制度有关条款的内在缺陷，行政代履行在生态环境损害赔偿预防和救济中的应然功能受到了一定程度的限缩。虽然如此，代履行制度仍然对于生态环境服务功能损失赔偿条款具有重要的补充作用。在国家规定的机关以行政主体的身份通过代履行实现生态环境修复费用之后，国家规定的机关或者法律规定的组织仍然可以通过民事诉讼提出生态环境服务功能损失赔偿请求。

在某市生态环境局某县分局诉万某、某某市某联运有限公司、中国人民财

---

① 参见浙江省海盐县人民法院（2020）浙 0424 行审 21 号行政裁定书，载中国裁判文书网。

② 参见山东省东明县人民法院（2017）鲁 1728 民初 2945 号民事判决书，载中国裁判文书网。在该案，原告山东省某县环境保护局没有援引《行政强制法》，而是援引了《环境保护法》和原《侵权责任法》。

③ 参见安徽省淮南市中级人民法院（2016）皖 04 民终 1377 号民事裁定书；山西省忻州市中级人民法院（2019）晋 09 民终 472 号民事裁定书，载中国裁判文书网。

产保险股份有限公司某某市分公司生态环境损害赔偿案①中，被告万某驾驶的第二被告的重型半挂车发生车载原油泄漏，导致周边的土壤污染。原告某市生态环境局某县分局主张的诉讼请求为评估、修复以及后期恢复费用，但某市中级人民法院以原告不是某市人民政府指定的相关部门、机构，诉讼主体不适格为由，驳回起诉。原告作为生态环境主管部门，有权也有职责组织代履行，并向被告主张代履行费用。如果在该案中原告以代履行费用为理由提起诉讼，则原告主体适格。

在某市人民检察院诉武汉某环保科技有限公司以及黄某、曹某有、王某某等5人环境污染责任纠纷案②中，被告行为导致了废物堆放地受重金属污染，公益诉讼起诉人某省某市人民检察院主张的诉讼请求为调查、处置、检测、评估、修复和后期恢复等一系列费用，以及通过该市市级以上媒体向社会公众赔礼道歉。其中的危险废物处置费用和环境修复费用是不能及时处置倾倒于临武县境内的危险废物，消除危险，并修复被损害生态环境的代履行费用，最终法院对该代履行责任予以认可。类似案件还有吉林省人民检察院某分院与张某利、张某福、潘某军环境侵权责任纠纷案③，某自治州某矿业有限责任公司与重庆市某志愿者联合会水污染责任纠纷案④，等等。

行政代履行制度通过行政机关或第三人替代履行的方式，提高环境行政的效率，及时恢复因义务人不履行义务而损害的环境公共利益，是维护环境公益的必要之举，也是环境行政代履行制度的应有之义。⑤

二、与行政罚款的协动关系

（一）行政罚款的惩戒和补偿功能

罚款，是行政处罚的类型之一，也是实践中运用最广的行政处罚种类。行政处罚，是行政机关为了维护行政管理秩序，对违反行政法义务的行政相对人作出的法律制裁。惩戒是维护公共秩序的基本手段，当行政机关的预防性和过程性控制不能实现立法设定的公共秩序目标时，对于破坏公共秩序者予以惩戒

① 参见山东省日照市中级人民法院（2019）鲁11民初298号民事裁定书，载中国裁判文书网。
② 参见湖南省郴州市中级人民法院（2018）湘10民初3号民事判决书，载中国裁判文书网。
③ 参见吉林省长春林区中级人民法院（2020）吉76民初7号民事判决书，载中国裁判文书网。
④ 参见重庆市第二中级人民法院（2016）渝02民终772号民事判决书，载中国裁判文书网。
⑤ 李义松、周雪莹：《我国环境行政代履行制度检视》，载《学海》2021年第1期。

是矫正正义的要求，也是对公共秩序的维护手段。“违反行政管理秩序”以行政相对人应当遵守的法定义务为前提。无法定义务，也就不可能构成违法行为，不会引起行政处罚。但是，法定义务并不意味着存在对应的权利，因为公法设定行政相对人的义务，目的在于维护社会公共利益，并不一定在于维护他人的权利。[①] 而且，行政处罚旨在维护的公共利益也不一定可以作为民法上的请求权基础。

行政意义上的罚款是行政主体依据法律法规，在职权范围内，对行政相对人作出的一种意思表示，旨在要求行政相对人在一定期限内向国家缴纳一定数额金钱的处罚方式。[②] 罚款可以分为秩序罚和执行罚。遵守行政机关作出的生效罚款决定，也是一种社会秩序，因此执行罚也是一种特殊的秩序罚。类比法律规则中的初级规则（primary rule）和次级规则（secondary rule）的区分，也可以说秩序罚是一个初级罚款，执行罚是次级罚款。在我国法律规定和实践中，无论是从法律规定的数量还是罚款案件数量、罚款金额来看，执行罚都占据了绝大多数，因此除非特别指明，罚款即指执行罚。要求违法者缴纳一定的金钱，是对违法者的反向激励，具有打击违法行为、警示其他潜在违法者的效果。同时，罚款并不限制行政相对人的人身自由，对行政相对人继续通过合法劳动创造社会价值的能力影响较小。因此，罚款被广泛使用，是维护社会秩序、保障秩序行政的重要手段。

罚款，从处罚目的上看，属于惩罚性的行政处罚。行政罚款作为较常用的法律惩戒手段，对公共秩序的维护主要体现在其惩罚作用和戒除意义上。行政罚款形成了对于违法行为的反向激励，潜在的违法者会出于经济成本的考虑而避免实施违法行为，但发挥该功能要求罚款数额大于违法收益。对特定行为设置行政罚款也是一种社会价值宣示，这种宣示也具有制约违法行为的作用。[③] 另外，罚款也具有一定程度的补偿性，在一定意义上是一种粗略计算的对公共利益的补偿。罚款的补偿性，在理论上已经受到关注。比如，有学者认为，罚

① 章剑生著：《现代行政法总论（第2版）》，法律出版社2019年版，第169页。

② 姜明安主编：《行政法与行政诉讼法（第三版）》，北京大学出版社、高等教育出版社2007年版，第312页。

③ 刘长兴：《论行政罚款的补偿性——基于环境违法事件的视角》，载《行政法学研究》2020年第2期。

款具有通过国家或者行政机构实现对众多受害人补偿的功能。[①] 罚款除了具有公益性、时效性等属性之外，还具有补偿性。[②] 有学者进一步论证了罚款的补偿功能，认为罚款可用于保护资源、赔偿社会公共利益损失。[③] 有些国家的立法，已经将罚款作为补偿环境损害的一种方式。

随着公共利益相对于公共秩序的相对独立性在理论和实践上得到逐步认识和接受，行政罚款的补偿性也得到认识和接受，具体而言是公共利益损失的补偿功能的体现。公共利益和公共秩序在目标、内容等方面具有很大程度的统一性，公共秩序本身就是一种公共利益，在受损的公共利益比较特定时，罚款的补偿性具有更大制度潜力。如果罚款的数额相当于或者超过受损的公共利益损失，不仅可以补偿受损的公共利益，而且也能够实现对违法者的惩戒。利益观念的转变使公共利益的相对独立性得以承认，并被作为可计量的对象、可区分的追求目标。对于破坏公共秩序和损害公共利益的救济也有所不同。对于公共秩序的破坏，侧重停止违法行为；对于公共利益的损害，产生了补偿需求。如果将行政罚款的功能仅仅定位于维护公共秩序，不足以修复被损害的公共利益。[④] 总之，固守行政罚款的惩戒属性无助于问题的解决，发展并运用行政罚款的补偿属性才能在新的社会经济条件下发挥行政罚款制度的重要价值。因此，行政罚款的补偿性不仅应当得到承认，而且还应当予以强化。当然，单纯的罚款方式并不能解决所有问题，系统、全面地构建监督、防控、惩罚和补偿机制才能最大限度地发挥治理功能。[⑤]

（二）行政罚款在环境法中的应用

生态环境行政处罚是针对生态环境违法行为所进行的制裁与规制，是由生态环境行政主管部门依法强制尚不构成犯罪的违法者以减损权益或者增加义务的方式予以惩戒的处罚形式，系行政处罚在环境法领域的具体适用，旨在维护

---

① 许传玺：《行政罚款的确定标准：寻求一种新的思路》，载《中国法学》2003 年第 4 期。

② 陈太清：《行政罚款与环境损害救济——基于环境法律保障乏力的反思》，载《行政法学研究》2012 年第 3 期。

③ 陈太清：《行政罚款与环境损害救济——基于环境法律保障乏力的反思》，载《行政法学研究》2012 年第 3 期。

④ 刘长兴：《论行政罚款的补偿性——基于环境违法事件的视角》，载《行政法学研究》2020 年第 2 期。

⑤ 刘长兴：《论行政罚款的补偿性——基于环境违法事件的视角》，载《行政法学研究》2020 年第 2 期。

生态环境秩序的稳定良好，实现生态环境保护之最终目的。如今行政处罚已成为一项关于生态环境建设的国家管理制度。[①] 有些行政处罚是针对违法行为本身，不取决于是否造成生态环境损害。有些行政处罚以造成生态环境损害为前提。行政罚款主要是以造成生态环境损害为前提，是《环境保护法》以及各环境保护单行法中最常见的法律责任。生态环境领域的行政罚款是指生态环境保护监督管理相关部门强令违法者向国家缴纳一定数额金钱的处罚形式，属于生态环境行政处罚种类中的财产罚。[②] 在我国生态环境违法行为较多的背景下，行政罚款也被寄予遏制环境违法的厚望，以提高罚款额度、频度和降低启动门槛来解决“违法成本低”问题的思路已经被付诸实践。根据相关数据统计分析，环境行政处罚数量呈先上升后下降的趋势，2017 年案件数量达到峰值，2018 年至 2020 年逐年下降，2020 年数量与 2016 年基本持平，2020 年比 2017 年下降了 45.88%，而单个案件的平均罚没款金额有所增加。[③]

我国《环境保护法》中就明确规定对于违法排放污染物的企业事业单位和其他生产经营者，以及未依法提交建设项目环境影响评价文件或者环境影响评价文件未经批准却擅自开工建设的建设单位，不公开或者不如实公开环境信息的重点排污单位等都可以处以行政罚款处罚。并且在第 59 条中针对违法排污则会受到罚款处罚予以明确规定，即依照有关法律法规按照防治污染设施的运行成本、违法行为造成的直接损失或者违法所得等因素确定的规定执行。

生态环境领域的行政罚款不仅以造成生态环境损害为前提，而且以损害数额为基础计算罚款金额。比如，《固体废物污染环境防治法》第 118 条，对于违反该法规定造成污染环境事故，规定了侵权损害赔偿责任、限期治理、行政罚款。损害赔偿，属于民事责任，赔偿数额应当与损害相当。限期治理，可能进一步导致代履行。也有些环境法律条文明确地同时规定了代履行和行政罚款。

---

① 杨帆、李传珍：《“罚款”在我国环境行政处罚中的运用及绩效分析》，载《法学杂志》2014 年第 8 期。

② 张梓太著：《环境法律责任研究》，商务印书馆 2004 年版，第 171 页。

③ 杨雾晨、陈海嵩、徐敏云等：《“十三五”期间环境行政处罚案件特征分析》，载《环境污染与防治》2022 年第 8 期。

《固体废物污染环境防治法》第 108 条对于城镇污水处理设施[①]的污泥问题，规定了代履行，还针对污泥不达标并且造成严重后果规定了 10 万元以上、20 万元以下的罚款；对于擅自倾倒、堆放、丢弃、遗撒污泥规定了 20 万元以上、200 万元以下的罚款，造成严重后果的，罚款数额为 200 万元以上 500 万元以下。《环境影响评价法》中还规定了百分比，比如第 31 条就针对未依法报批建设项目环境影响报告书、报告表，或者未依照规定重新报批或者报请重新审核环境影响报告书、报告表，擅自开工建设的建设单位，规定了建设项目总投资额 1%以上 5%以下的罚款。

随着人们生态环保意识的觉醒，生态环境损害问题备受关注。面对生态环境损害，是采用民事救济方式，还是采用以罚款为主导的行政救济方式，直接关系到生态环境法治的威慑强度与实际救济效果。行政罚款在生态环境法治发展中具有至关重要的作用。

（三）行政罚款与民事赔偿责任的协动关系

行政罚款与生态环境服务功能损失赔偿之间，可能存在相当程度的潜在替代关系，主要表现在以下几个方面。

第一，金额。在很多案件中，生态环境服务功能损失的数额大体上位于法律规定的罚款幅度范围内，因此行政罚款与生态环境服务功能损失民事赔偿在数额上具有相当性。这一点在固体废物导致的生态环境损害案件中表现得更为明显。《固体废物污染环境防治法》规定的罚款数额较高，并且以事故造成的直接经济损失为基数，按照事故等级分别确定倍数，使得罚款的数额更加接近生态环境服务功能损失。该法第 118 条规定，对于违反该法规定造成污染环境事故，行政罚款的数额以事故造成的直接经济损失为基数，按照事故等级分别确定倍数。“直接经济损失”，除了包括对其他民事主体造成的直接经济损失之外，还包括对国家造成的损失，还可以包括国家已经支付或需要支付的污染治

① 《固体废物污染环境防治法》第 108 条规定的“城镇污水处理设施”是指适用《城镇污水处理厂污染物排放标准》（GB 18918—2002）的污水处理设施，还是指位于城镇区域的污水处理设施、为城镇服务的污水处理设施，也是需要进一步解释的问题。如果将“城镇污水处理设施”解释为适用《城镇污水处理厂污染物排放标准》（GB 18918—2002）的污水处理设施，则会将专业的工业污水处理设施排除在外。一般来说，工业污水处理设施的环境危害性更大。按照举轻明重的解释规则，不应将工业污水处理设施排除在第 108 条的适用范围之外。因此将“城镇污水处理设施”解释为位于城镇的污水处理设施更加符合规范目的。

理费用。对于一般或者较大的污染环境事故，可以适用 1 倍以上 3 倍以下的罚款；对于重大或者特大污染环境事故，适用 3 倍以上 5 倍以下的罚款。该倍数是 2020 年 4 月 29 日第二次修订后的产物。在修订之前的对应条文为第 82 条。该条规定的最低档罚款金额为 2 万元以上 20 万元以下，造成重大损失的，罚款金额为直接损失的 30%。与修订之前相比，2020 年 4 月 29 日的第二次修订大幅提高了罚款相对于直接损失的倍数，代表了最新的立法趋势。目前，《水污染防治法》等法律所采取的比例与 2020 年修订之前的《固体废物污染环境防治法》类似，罚款金额低于直接损失。2017 年修正后的《水污染防治法》第 94 条第 2 款规定，对于一般或者较大水污染事故，罚款金额为直接损失的 20%；对于重大或者特大水污染事故，罚款金额为直接损失的 30%。该倍数明显低于 2020 年 4 月修订的《固体废物污染环境防治法》所规定的倍数。可以预计，《水污染防治法》等环境保护单行法将来修改时，很有可能也会大幅提高罚款相对于直接损失的倍数。在提高罚款相对于直接损失的倍数之后，罚款能够更好地补偿公共利益损失，与生态环境损害赔偿之间的可替代性更强。

第二，用途。按照收支两条线的要求，罚款上交国库之后，由财政统一调配使用。财政可以按照本区域生态环境保护的需要，统筹安排资金，在区域层面保护、改善生态环境，提高本区域的生态环境效益。生态环境损害赔偿诉讼所获得的污染清理费用、生态修复费用、环境监测等事务性费用应当用于环境污染、生态破坏所影响的具体环境。生态环境服务功能损失本来就是在流域、区域层面的损失，该项赔偿费用也就应当在流域、区域层面使用。然而，个案起诉、审理、执行的生态环境损害赔偿诉讼所获得的赔偿金虽然在赔偿污染清理费用、生态修复费用、环境监测等事务性费用上有个案针对性的优势，但是对于如何将生态环境服务功能损害赔偿金用于补偿公共利益却存在一定的障碍，难以用于弥补公共利益损失。[①] 因此，在实质功能上，通过行政决定、代履行以及罚款等方式实现的金钱与通过《民法典》第 1235 条所获得的金钱具有替代关系，生态环境服务功能损失赔偿与罚款在用途上也有相当的可替代关系，甚至可以说罚款在将案件所得金钱用于公共利益目的时更具优势。

① 刘长兴：《论行政罚款的补偿性——基于环境违法事件的视角》，载《行政法学研究》2020 年第 2 期。

第三，污染者成本。对于污染者来说，不论是以民事赔偿的方式还是以行政罚款或者其他方式，只要支付的钱款数额相当，就没有太多实质差别。污染者关注的更多的是金额，而非支出的性质。在行政和民事两个路径中，污染者都可以过罚相当或者损害赔偿金与损害相当为理由，避免承担超过自己应当承担的责任。

第四，《民法典》第 1235 条程序启动者所追求的目的。程序启动者的目的与本条的规范意旨一致，在于要求违反国家规定污染环境、破坏生态的违法者赔偿公共利益损失。如上所述，这些目的在很多案件中、在很大程度上，也能够通过行政机关作出的要求污染者承担清理污染费用、修复生态费用的行政决定、代履行行政强制执行程序、行政罚款等行政执法方式实现。社会组织可以通过举报要求行政机关查处的方式在相当程度上实现其通过民事公益诉讼实现的目的，检察机关同样可以通过检察建议等方式在相当程度上实现其以《民法典》第 1235 条为基础提起诉讼所欲实现的目的。

在考虑民事诉讼与行政处罚的潜在替代关系时，需要注意民事诉讼与行政处罚在时效问题上的差别。行政处罚的时效为 2 年，不适用中断、中止。民事诉讼时效，则存在中断、中止情形。

第三节　与污染环境罪的协动关系

我国刑法已经规定了多个保护生态环境的罪名，其中最基础、使用频率最高的即为《刑法》第 338 条规定的污染环境罪。污染环境罪，是在 1997 年《刑法》第 338 条“重大环境污染事故罪”的基础上，经过《刑法修正案（八）》第 46 条修改后规定的罪名。另外，最高人民法院、最高人民检察院也发布了与污染环境相关的司法解释。[①] 本节以污染环境罪为例，分析刑事责任与《民法典》第 1235 条规定的生态环境服务功能损失赔偿民事责任之间的关系。

---

① 目前与污染环境罪相关的最重要的司法解释是最高人民法院、最高人民检察院于 2016 年 12 月发布的《关于办理环境污染刑事案件适用法律若干问题的解释》。此外，最高人民法院、最高人民检察院、公安部、司法部、生态环境部 2019 年 2 月 20 日发布的《关于办理环境污染刑事案件有关问题座谈会纪要》，也对过错认定、生态环境损害标准认定等问题作了规定。

一、责任构成的交叉

（一）违反国家规定

《刑法》第 338 条和《民法典》第 1235 条都将“违反国家规定”作为责任构成的条件，表明污染环境罪的犯罪构成和生态环境损害赔偿的责任构成都以“违反国家规定”为前提。在吴某、刘某污染环境案[①]等刑事案件中就以《刑法》第 338 条作为裁判依据。

我国《刑法》立法规定了大量的“违反国家规定”，在刑法分则中共涉及 20 个条文 26 个罪名。[②] 刑法学界的学者通常将出现这类表述的罪状称为空白罪状，即条文指明要参照其他法律法规的规定来确定某一犯罪构成的罪状。[③] 还有学者进一步细化为完全空白罪状和不完全空白罪状。[④] 这也导致对此存在不同的看法，刑法学界对“违反国家规定”的法解释学研究较为深入。有学者认为“国家规定”在刑法中属于严格的法律概念而不是政策性术语，因此对“国家规定”进行理解应按照《刑法》第 96 条的解释严格控制参照的范围，地方性法规、地方规章、民族自治地方的自治条例和单行条例以及操作纪律、习惯等非规范性形式等都不可以作为补充性规范的存在形式。[⑤] 还有学者认为由于刑法关涉公民的生命、自由和财产等重大利益，因此必须进行严格解释，“违反国家规定”的范围必须从严把握，而且其内容必须以明确规定为前提。国务院各部委制作的规定，经济特区所在地的省、市人民代表大会及其常务委员会通过授权立法制定的地方性法规和国务院批转的下属部门规章也不属于“国家规定”。[⑥]

《民法典》第 1235 条中“违反国家规定”的解释适用也将是研究重点，而学界对《刑法》第 338 条中“违反国家规定”的解释研究为其奠定了学术基

---

① 参见湖南省衡阳县人民法院（2020）湘 0421 刑初 274 号刑事判决书，载中国裁判文书网。

② 蒋铃：《刑法中“违反国家规定”的理解和适用》，载《中国刑事法杂志》2012 年第 7 期。

③ 贾宇主编：《刑法学（第二版）》，中国政法大学出版社 2011 年版，第 260 页。

④ 陈兴良：《刑法的明确性问题：以〈刑法〉第 225 条第 4 项为例的分析》，载《中国法学》2011 年第 4 期。

⑤ 陈兵：《空白罪状适用的规范性解释——以前置性规范为中心》，载《西南政法大学学报》2014 年第 2 期。

⑥ 詹红星：《“违反国家规定”的宪法解释与司法适用》，载《湘潭大学学报（哲学社会科学版）》2016 年第 5 期。

础，而“违反国家规定”作为民事责任和刑事责任构成的条件，导致两种责任之间必然会存在交叉。

（二）生态环境损害所包含的项目

对于污染环境罪，有的认为是情节犯①，有的认为是结果犯②，尤其是在《刑法修正案（八）》对该条修正之后，大量学者坚持结果犯观点。不管认为是情节犯，还是认为是结果犯，都需要考虑“严重污染环境”与生态环境损害赔偿之间的关系。2016 年《最高人民法院、最高人民检察院关于办理环境污染刑事案件适用法律若干问题的解释》第 1 条对如何判断“严重污染环境”规定了 18 项判断标准，其中第 10 项为“造成生态环境严重损害的”，第 12 项、第 13 项列举了农田、林地、森林、林木等严重损害生态环境的具体情形，第 18 项将“其他”严重污染环境的情形作为兜底条款。第 3 条对“后果特别严重”规定了 13 项标准，其中第 6 项为“造成生态环境特别严重损害的”，第 13 项为兜底条款。2019 年《最高人民法院、最高人民检察院、公安部、司法部、生态环境部关于办理环境刑事案件有关问题的座谈会纪要》也表明，第 10 项判断标准就是为了与生态环境损害赔偿制度配套衔接。只是在通过《最高人民法院、最高人民检察院关于办理环境污染刑事案件适用法律若干问题的解释》时，生态环境损害赔偿制度还处于试点阶段，因此仅仅对生态环境损害作了原则性规定。

比较《民法典》第 1235 条和 2016 年《最高人民法院、最高人民检察院关于办理环境污染刑事案件适用法律若干问题的解释》，可以看出两者都将生态环境服务功能损失纳入生态环境损害的范围之内，但是两者对于生态环境损害所包含的项目所做的规定并不完全一致。《民法典》第 1235 条明确地将“清除污染”的费用和损害调查、鉴定评估等事务性费用，纳入生态环境损害的范围。而《最高人民法院、最高人民检察院关于办理环境污染刑事案件适用法律若干问题的解释》第 17 条在解释“生态环境损害”时，除了包括生态环境服务功能修复期间损失、永久性损失之外，还包括生态环境修复费用以及其他必要的合理费用。与《民法典》第 1235 条相比，该司法解释没有明确将“清除污染”

---

① 喻海松著：《环境资源犯罪实务精释》，法律出版社 2017 年版，第 48 页。

② 张明楷：《污染环境罪的争议问题》，载《法学评论》2018 年第 2 期。

的费用纳入生态环境损失。对于鉴定评估等事务性费用，《最高人民法院、最高人民检察院关于办理环境污染刑事案件适用法律若干问题的解释》第 17 条的态度不明朗，既可以将其解释为公私财产损失之下的应急监测费用或者“必要合理措施”所产生的费用，也可以将其解释为生态环境损失之下的“其他必要合理费用”。在四川省某再生资源有限责任公司、饶某污染环境罪案①中，污染清理费用、鉴定费用、污染清运方案编制费用、监理费用等，都被认定为公私财产损失。但是，也有不同的观点。在李某污染环境罪案②中，法院认为清理、处理废物的费用，属于生态环境损害，而不是公私财产损失。在赵某明、赵某等污染环境罪案③中，法院认为鉴定意见所列费用为生态环境损害，而非公私财产损失。该鉴定意见所列的费用具体包括：（1）称重费用；（2）处置被告非法拆解车辆所获得的废铅酸电池费用；（3）处置废矿物油费用；（4）生态环境恢复费用；（5）事务性费用。这些费用是构成公私财产损失还是构成生态环境损失，对于定罪量刑至关重要。根据 2016 年《最高人民法院、最高人民检察院关于办理环境污染刑事案件适用法律若干问题的解释》第 1 条和第 3 条，以公私财产损失判断，污染环境罪的入罪标准为 30 万元，“后果特别严重”的加重处罚起点为 100 万元。以生态环境损害为判断标准，标准则要高得多，对被告人更为有利。比如，江苏省高级人民法院 2018 年发布的《关于环境污染刑事案件的审理指南（　）》以 200 万元和 1000 万元分别作为达到生态环境“严重损害”和“特别严重损害”的标准。对于这些项目的属性认识不清，在污染环境罪司法实践中具有一定的普遍性，不符合犯罪构成明确、量刑规则清晰的要求，影响了该罪的正确使用。④

为了实现民刑衔接、统一裁判尺度，最高人民法院应当根据《民法典》第 1235 条的规定，对刑事司法解释中有关于生态环境损害的定义条款进行修改完善。

二、责任适用的协动

入罪标准，对于是否适用刑事责任，至关重要。生态环境损害金额在入罪

① 笔者作为律师助理参与办理了此案。

② 参见广东省广州市增城区人民法院（2017）粤 0183 刑初 1831 号刑事判决书，载中国裁判文书网。

③ 参见山西省太原市晋源区人民法院（2019）晋 0110 刑初 25 号刑事判决书，载中国裁判文书网。

④ 张忠民：《污染环境罪的明确性之辨》，载《贵州社会科学》2019 年第 8 期。

标准以下的，仅可适用民事责任；在入罪标准以上的，则可能既适用刑事责任，又需要承担民事责任。

由于2016年12月制定《最高人民法院、最高人民检察院关于办理环境污染刑事案件适用法律若干问题的解释》时，生态环境损害赔偿还处于试点阶段，因此没有明确规定生态环境损害的入罪金额、加重金额。2019年2月《最高人民法院、最高人民检察院、公安部、司法部、生态环境部关于办理环境污染刑事案件有关问题座谈会纪要》要求各地结合本地实际情况，对造成的生态环境损害是否达到“严重”或者“特别严重”予以准确认定。

对于认定“严重”“特别严重”的数额标准，有些省、自治区、直辖市的高级人民法院已经开展了探索，制定了认定生态环境损害达到“严重”“特别严重”的标准。比如，江苏省高级人民法院2018年发布的《关于环境污染刑事案件的审理指南（一）》在认定生态环境损害的数额时，除了包含生态环境服务功能修复期间损失或者永久性损失，还包含修复费用、其他必要合理费用，将这些费用之和作为认定生态环境损害的数额，以200万元和1000万元分别作为达到生态环境“严重损害”和“特别严重损害”的标准。在王某、张某污染环境罪案①中，法院将生态环境修复费用共计3899000元认定为生态环境损害金额，并在考虑到被告人已经支付了部分修复费用的情况下，分别判决两被告人1年6个月、1年的有期徒刑，并适用了缓刑。

有些省份虽然没有明确认定“严重”“特别严重”的量化标准，但是在个案中将生态环境损害认定为“严重”或者“特别严重”。在温州市某环保工程有限公司、覃某等污染环境罪案②中，被告通过私设暗管的方式违法排放已经经过工业污水处理设施初步处理但是未经深度处理的污水，以虚拟成本法鉴定评估的生态环境损害数额为265.6477万元，鉴定评估费10万元。浙江省高级人民法院当时并未明确量化生态环境损害的入罪标准和加重标准，但是本案法院认为该损害已经达到“特别严重”的程度，分别判处被告人5年、4年、3年6个月不等的有期徒刑。最高人民法院2016年发布的环境污染犯罪典型案例中

① 参见江苏省宜兴市人民法院（2018）苏0282刑初1174号刑事判决书，载中国裁判文书网。

② 参见浙江省青田县人民法院（2018）浙1121刑初221号刑事判决书，载中国裁判文书网。

也有很多类似案例，比如在王某某等污染犯罪案①中，被告王某某等人明知涉案物流园用地不具备生活垃圾处置功能，且他人无处置生活垃圾资质，任其倾倒、填埋生活垃圾，造成公私财产损失，而且对财产损失额进行评估，通过价格评估认为造成重大损失，根据《最高人民法院、最高人民检察院关于办理环境污染刑事案件适用法律若干问题的解释》第 3 条的相关规定，认定属严重污染环境，且判断为后果“特别严重”。并且在考虑到实际清运处置过程中可能存在不可预测因素，不排除最终数额少于上述损失数额的可能性的情况下，分别判决四名被告人 5 年、4 年 8 个月、3 年 6 个月、2 年 6 个月的有期徒刑，其中由于被告人韩某所涉犯罪数额达 9084680. 27 元，且其犯罪行为所造成的损害后果未得到弥补，而被告人王某某、李某某所涉数额大于被告人韩某，社会危害性更大，均不宜宣告缓刑。在最高人民法院 2013 年公布的四起环境污染犯罪典型案例中的重庆市某化工有限公司等污染环境案②中，法院则对于被告重庆市某化工有限公司作为专业的化工危险废物处置企业，违反国家关于化工危险废物的处置规定，将工业污泥和工业废水交给不具有化工危险废物处置资质的被告张某某处置，而张某某、夏某等违反国家规定，向土地倾倒危险废物，造成环境严重污染的行为判断为“严重”，故以污染环境罪分别判处被告重庆市某化工有限公司罚金、张某某 1 年 6 个月的有期徒刑、夏某 2 年的有期徒刑，其他帮助犯则判处缓刑。

目前在实践中，行政机关对于生态环境案件是否进入刑事诉讼程序具有相当大的裁量权。对于清除污染、恢复生态的费用，行政机关可以选择通过代履行制度实现该项费用。在行政相对人配合，按时、足额支付了代履行费用的情形下，行政机关趋向于以行政强制结案。但是在行政相对人拒不配合、迟延配合的情形下，或者在有上级环保督察的情形下，行政机关可能会将案件作为刑事案件移送公安机关，由公安机关作为刑事案件侦查，进而由检察机关提起公诉。在没有外力干预的情况，行政机关选择将案件转化为刑事案件的动力通常不大。一方面是因为行政机关与当地企业之间是长期博弈关系，行政机关基于

① 参见《环境污染犯罪典型案例》（2016 年 12 月 26 日发布），王某某等污染环境案，载最高人民法院网，https：//www. court. gov. cn/zixun-xiangqing-33791. html，最后访问日期：2023 年 3 月 8 日。

② 参见《重庆市某化工有限公司等污染环境案》，载中国法院网，https：//www. chinacourt. org/article/detail/2013/06/id/1014576. shtml，最后访问日期：2023 年 3 月 8 日。

多种考虑，可能不愿使用过重的惩罚手段。另一方面是因为刑事诉讼对证据的要求较高，行政机关前期办理案件所收集的证据不一定能够满足刑事追诉的要求。即使案件移送公安机关，检察机关在审查起诉阶段也享有较大的裁量权。如果犯罪嫌疑人及其家属在审查起诉阶段缴纳了本来根据代履行制度应当缴纳的费用，检察机关也可能作出不予起诉的决定。即使检察机关仍然提起公诉，也可以提出 3 年以下有期徒刑并适用缓刑的量刑建议。法院在审理时，可能会对这些情节予以考虑，作出免予刑事处罚或者适用缓刑的裁判。出于这些考虑，基于《民法典》第 1235 条要求被告承担生态环境服务功能损失赔偿责任，与通过代履行制度实现代履行费用、以污染环境罪追究刑事责任之间，在实践中存在协动关系。

为了进一步统一裁判尺度，最高人民法院应当在各地探索实践的基础上，对生态环境损害的入罪标准、加重标准予以量化。对于入罪标准以下的，国家规定的机关或者法律规定的组织，都可以提起民事诉讼，要求被告承担生态环境服务功能损失。对于超过入罪标准的，国家规定的机关或者法律规定的组织可以通过向公安机关举报、移送案件等方式，促使公安机关立案、侦查，启动刑事诉讼程序，并适时提起附带民事公益诉讼或者单独提起民事公益诉讼。

本章小结

生态环境服务功能损失赔偿条款的适用与其他相关制度具有公私协动的关系。生态环境损害赔偿磋商制度是一项正在发展、逐步完善的制度，具有行政性、商谈性、可接受性的特征。磋商制度与生态环境服务功能损失赔偿责任之间是并列的关系，但是磋商制度应当得到优先适用。代履行，对于生态环境服务功能损失赔偿条款具有补充作用。行政罚款主要具有惩罚性，但是其补偿性也得到认识、接受。行政罚款与生态环境服务功能损失赔偿在金额、用途、污染者成本、程序启动者的目的等方面具有一定的潜在替代关系。生态环境服务功能损失赔偿责任和生态环境刑事责任，都以违反国家规定为前提。生态环境服务功能损失赔偿条款与刑事责任的协动，主要表现在行政机关是否将案件作为刑事案件移送时的裁量、检察机关是否作出不予起诉的决定、法院是否作出免予刑事处罚或者适用缓刑的裁判。

结　论

“绿色”《民法典》彰显了中国特色、实践特色、时代特色，环境污染和生态破坏侵权责任是“绿色”《民法典》的重要部分，第1235条则是《民法典》绿色条款中最为亮丽的一颗绿宝石，是近年来生态环境损害制度探索的结晶。

对于《民法典》第1235条规定的生态环境服务功能损失赔偿条款的适用，需要考虑该条款的规范定位、生态环境服务功能损失赔偿的责任构成和承担、生态环境服务功能损失赔偿条款与相关制度的关系等问题。

生态环境服务功能损失赔偿条款的规范定位具有二元融合的特征。《民法典》第1235条生态环境服务功能损失赔偿条款，是第七编第七章“环境污染和生态破坏责任”中有关生态环境公共利益保护的两个条款之一。该条款在规范定位上的二元融合特征主要包括价值定位的二元、规范联结的二元、条文构成的二元、程序保障的二元。生态环境服务功能是可以直接作为请求权基础的公共利益。该条的立法目的在于赋予公共利益直接作为民事救济请求权基础的地位，进一步利用私法机制保护公共利益。生态环境服务功能损失赔偿责任条款，是贯彻落实习近平生态文明思想的重要举措，是《宪法》序言中的基于新发展理念建设社会主义强国的国家任务、第9条自然资源条款、第10条土地条款、第26条国家环境保护义务条款在民法分则中的体现，是在责任追究环节实现“绿色原则”的重要条款，是“绿色原则”在侵权责任领域的具体化。本条款是兼具保护人的利益与生态环境利益的法律规范，属于不完全法条，适用范围为中华人民共和国领域内的陆地生态环境，不适用海洋生态环境。

生态环境服务功能赔偿责任的构成具有公私交错的特征。过错是生态环境服务功能损失赔偿责任的构成要件，违反国家规定是认定过错的客观标准。生态环境服务功能损失有严重程度要求，没有达到一定程度的损失，不具有法律上的可赔偿性。有权提出生态环境服务功能损失赔偿的主体范围包括国家规定的机关和法律规定的组织，但是这些主体不能像私人主体那样处分自己的请求权。

由于生态环境服务功能构成可以直接作为请求权基础的公共利益，不以主张生态修复费用为前提，《民法典》第1234条与第1235条具有相对的独立性，即使国家规定的机关或者法律规定的组织在根据第1234条主张修复生态环境的费用之后，国家规定的机关或者法律规定的组织仍然可以就生态环境服务功能损失提出赔偿请求。同样，在国家规定的机关以行政主体的身份通过行政强制等制度实现生态环境修复费用之后，国家规定的机关或者法律规定的组织仍然可以通过民事诉讼提出生态环境服务功能损失赔偿请求。《民法典》第1229条至第1233条的规范意旨在于救济私主体因环境污染、生态破坏遭受的损害，并不当然适用于救济生态环境服务功能损失。特别是《民法典》第1230条规定的举证责任倒置不适用于救济《民法典》第1235条规定的生态环境服务功能损失。《民法典》第1173条规定的侵权人有权对被侵权人主张就损害的发生或者扩大存在过错的抗辩，可以在一定范围内适用于《民法典》第1235条。生态环境服务功能损失属于非财产损害、直接损害、消极损害、社会公共利益损害。可以借鉴“纯经济损失”的概念，将生态环境服务功能损失称为“纯生态环境损失”。

《民法典》第1235条是借用私法机制解决公法问题的规定，在解释该条规定与《民法典》总则条款时需要作出扩张解释，生态环境服务功能损失不能完全纳入“人身关系”“财产关系”的范畴，“社会公共利益”所指向的主体可以称为“社会公众”，但是难以将“社会公众”纳入民事主体的范畴。国家规定的机关、法律规定的组织与侵权人在诉讼中的地位平等，在实体法上也具有一定的平等性，并以双方互动方式的“商谈性”增加救济内容的“额外性”。《民法典》第1235条是《民法典》第9条“绿色原则”在侵权责任法领域的具体化，体现了“绿色原则”的要求。

生态环境服务功能赔偿责任的承担，表现出裁量酌定的特征。对于生态环境服务功能损失赔偿责任应当适用裁量性赔偿。司法实践中采用了单独计算、类比取值、虚拟计算等方法计算赔偿数额，法院对于鉴定意见的接受程度也表现出全盘接受、基本接受、裁量为主等类型。需要完善有关规则、明确适用条件，预防恣意裁量。

生态环境服务损失赔偿条款与其他相关制度之间存在协动关系。生态环境服务功能损失赔偿条款以私法机制解决公法问题，通过民事责任促进生态环境保护，救济被损坏的生态环境服务功能。该制度与生态环境损害赔偿磋商制度、代履行制度、行政罚款、刑事责任等制度之间的协动关系主要表现为潜在的替代、补充关系。具体而言，生态环境服务功能损失赔偿与代履行制度之间在实践中的协动主要表现为潜在的替代关系，与行政处罚的协动主要表现为潜在的替代、补充关系，与刑事责任的协动主要表现在行政机关是否将案件作为刑事案件移送时的裁量、检察机关是否作出不予起诉的决定、法院是否作出免予刑事处罚或者适用缓刑的裁判。

作为《民法典》规定的一个新增条款，生态环境服务功能损失赔偿条款还需要在适用过程中被反复解释、适用，针对该条款的研究也需要持续开展。为了规范生态环境服务功能损失赔偿条款的适用，最高人民法院应当以《民法典》为背景，清理、整合现行的有关司法解释，制定新的司法解释，并重视生态环境服务功能损失赔偿指导性案例的筛选工作，适时发布一批高质量的生态环境服务功能损失赔偿指导性案例。在编选案例、凝练裁判要点时，应突出案件的指导性意义，提炼出具有可操作性的规范内容。指导性案例与典型案例、大案要案在功能定位、法律地位和筛选标准等方面不同。指导性案例重在指导，其指导意义体现在规范适用上。典型案例可能在规范适用方面具有典型性，也可能是因为其他方面具有典型性。大案要案，侧重于新闻性。典型案例、大案要案如果在规范适用方面不具有指导性，也不宜作为指导案例。因此，未来应当侧重选择体现生态环境服务功能损失赔偿的规范定位，细化、厘清生态环境服务功能损失赔偿责任的构成要件，统一裁量要素、裁量方法、裁量标准的案件，作为指导性案例。在发布指导性案例时，还需要秉持授人以渔的思路，进一步凝练、阐述指导性案例的指导意义。

参考案例①

序号	案件名称和案号	案由	案情核心	法院说理与裁判
1	某市海洋与渔业局与某有限公司侵权责任纠纷案（2014）鲁民四终字第193号	侵权责任纠纷	某有限公司所属轮船在某市海域与另一艘轮船碰撞致其沉没，同时大量燃油溢出，对事故周边造成严重污染。	某有限公司作为本次漏油事故的责任方。经司鉴中心鉴定，漏油事故造成的损失包括天然渔业资源损失和环境生态损害两个方面，其中环境生态损害包括环境容量损害价值和生态服务功能损害价值。该公司主张以第28个站位不纳入污染面积计算，按其认定的实际污染面积为155平方公里为基础推算出的数据，根据影子工程法进行计算，已经认定实际污染面积为314平方公里，因此被告要求变更认定实际污染面积从而相应变更环境生态损害计算数额的理由不成立。
2	某市海洋与渔业局与某海运有限公司、某汽船保险协会海上、通海水域污染损害责任纠纷案（2015）民申字第1637号	海上、通海水域污染损害责任纠纷	某游轮在某市海域搁浅，船体破损原油泄漏，造成海洋污染，某海运有限公司、某汽船保险协会分别为该游轮所有人、油污责任保险人。	某市海洋与渔业局诉请的海洋生态环境损失包括海洋生态服务功能损失和海洋环境容量损失，其提出的海洋生态环境损失能否得到赔偿取决于该损失是否属于油污公约规定的赔偿范围。本案中，海洋与渔业局并无证据证明其已经对本案溢油海域采取了实际恢复措施及产生的费用，因此原审判决认定上述费用不属于油污公约规定的实际采取或将要采取的合理恢复措施的费用，并无不当。

① 表中案例均来自中国裁判文书网。为了更好地体现生态环境服务功能损失赔偿条款的适用，表中的案例一部分在正文中有所体现，一部分是全新的案例。

续表

序号	案件名称和案号	案由	案情核心	法院说理与裁判
3	湖北省人民检察院某分院诉某市某牧业有限责任公司水污染责任纠纷案 （2016）鄂 96 民初 18 号	水污染责任纠纷	某牧业有限责任公司在 2013 年至 2016 年，长期将未处理的养殖废水通过暗管直接排放至未做防渗处理的人工池塘，对地表水和地下水造成污染。	某牧业有限责任公司在没有建成污水处理设施的情况下违法生产，未经环保部门批准或环评，埋设管道排放养殖废水至人工池塘，且排放污水各项指标明显超标。同时该公司厂区排污口已封堵后，其人工池塘没有经过环评和采取环保部门认可的防渗等措施，其中尚有大量污水，对周边水环境仍有可能造成现实损害，其侵害行为仍处于持续状态。造成生态环境损害和生态环境受损期间的环境服务功能损失事实清楚，该公司应承担相应的民事责任。
4	徐州市人民检察院诉某造纸有限公司环境污染责任纠纷案 （2016）苏民终 1357 号	水污染责任纠纷	2013 年至 2015 年被告某造纸有限公司连续三年被查获以私设暗管方式向苏北堤河偷排浓度严重超出排放标准的生产废水，对周围水源造成污染。	某造纸公司向苏北堤河排放生产废水对生态环境具有明显的危害，多次反复以私设暗管的方式偷排，非法排放行为具有较强的隐蔽性，在环保机关查处后依然违法排放，过错程度严重且其偷排行为获利明显。某造纸公司运行生产设备每天废水生成量最高可达 960 吨，在 2013 年就存在污水处理设施不能正常运转问题，该公司连续三年被发现私设暗管排放废水，查获的废水排放量逐年增多。某造纸公司非法排放生产废水污染苏北堤河，应当承担生态环境损害赔偿责任和服务功能损失赔偿责任。

续表

序号	案件名称和案号	案由	案情核心	法院说理与裁判
5	某市人民检察院与张某、邝某水污染责任纠纷案（2018）粤民终2466号	水污染责任纠纷	被告张某、邝某将承包的某水塘分别提供给案外人填方陶瓷抛光粉渣、淤泥和弃石等垃圾废物以获利，致使水塘表面垃圾成灾，土地性质改变等。	生态环境受到损害到恢复原状期间服务功能损失客观存在，并不以污染区域将来的使用功能作为考量因素，某水塘将来可能的使用功能并不影响期限损害的认定。邝某主张应结合某水塘将来的使用功能来确定污染损害数额，理据不足，不予支持。一审法院基于《环境损害鉴定评估报告》对生态环境损害的量化结果，判令张某、邝某共同赔偿生态环境受到损害至恢复原状期间服务功能损失1050万元正确，予以维持。
6	荆州市某区人民检察院诉刘某某水污染责任纠纷环境公益诉讼案（2016）鄂1002民初1947号	水污染责任纠纷	刘某某将金属电镀加工过程中产生的电镀废液未经处理直接排放到其加工厂北侧路边的沟渠中，水体重金属含量严重超标。	被告刘某某在未取得工商营业执照，未取得环保行政许可证，未安装建设废水污染物防治配套设施的情况下违法开办金属电镀表面处理加工厂，排放金属电镀加工过程中产生的重金属总铬、总锌、化学需氧量严重超标的电镀废液，废液未经任何处理，直接排放到该加工厂北侧路边的沟渠中，沟渠未经过硬化处理，致使加工厂周边地表水、地下水及土壤均受到污染。被告污染环境，损害社会公共利益，应当承担环境损害赔偿责任，因此，公益诉讼人赔偿损失的诉求应当支持。
7	某市人民检察院与陈某某、某市某塑料有限公司环境污染责任纠纷案（2017）闽05民初1号	环境污染责任纠纷	被告陈某某直接将废塑水排入某溪水，最终流入某湾，严重污染该流域水体，被告某塑料公司为其行为提供处所和设施。	被告陈某某在未建设配套水污染处理设施，也未申领排污许可证的情况下，直接将水洗塑料产生的废水排入某溪水，最终流入某湾，造成某溪水水体污染，损害了生态环境，依法应当承担相应的环境侵权责任。被告某塑料公司明知陈某某从事废塑清洗，仍为其提供厂房及设备，依法应对陈某某污染环境的侵权行为所造成的损害承担连带责任。原告请求判令二被告赔偿生态环境受到损害至恢复原状期间的功能损失费用，予以支持。

续表

序号	案件名称和案号	案由	案情核心	法院说理与裁判
8	某省企业社会责任促进中心与铜仁市某汞业有限公司等环境污染责任纠纷公益诉讼案 （2017）豫民终232号	环境污染责任纠纷	被告某汞业公司、某兴公司将危险废物非法处置并倾倒在某某水源公司院内，造成了环境污染和生态破坏。	涉案的废汞触媒被卸载在某某水源公司院内为不争的事实，后来虽已采取相应措施，某汞业公司已“挖地三尺”运走污染物等理由，只能说明环保部门及某汞业公司对现场采取了应急处置措施，并对污染物现场进行了处理，这些行为本身并不能证明现场污染物已被彻底清除或受污染的现场已经得到修复，其对现场是否存在污染事实的认知从客观性讲不足以对抗经过勘查采样检测得出的损害评价报告，故对某汞业公司与某兴公司认为不存在污染事实的上诉理由不予支持。
9	中国某基金会诉某市某机械化工有限责任公司环境污染责任纠纷案 （2017）皖民终679号	环境污染责任纠纷	某市某化工公司将未经处理的废液废气偷排至废弃不用的地下取水井，规避监管，污染了当地及周边环境。	某化工公司在违法生产过程中，利用暗管、渗井直接排放未经环保处理的危险废物，导致环境严重污染，损害了社会公共利益（生态环境利益），应当依法承担停止侵害、排除妨碍、消除危险、恢复原状、赔偿损失、赔礼道歉等民事责任，承担环境污染事件生态环境修复费用。
10	某市人民检察院诉贵州省某化工有限公司、广东省某贸易有限公司土壤污染责任纠纷案 （2016）黔03民初520号	土壤污染责任纠纷	贵州省某化工有限公司、广东省某贸易有限公司共同进行非法危险废物加工，同时该化工有限公司私设排污暗管直接排放废水，雨水冲刷原材料产生的污水直接流向域外环境。	涉案二号区域农用耕地用途改变所造成的损失是否属于侵权人应当承担的公益诉讼民事责任的范围。很显然，农用耕地用途因污染而改变，从事实上丧失了农用耕地服务功能，由此产生的损失属于生态服务功能损失范畴，该损失显然可以用耕地年产值的数据进行计算衡量。同时污染导致对气候调节、水土涵养等生态环境服务功能的影响所产生的损失，与农用耕地服务功能损失不属于相同的生态服务功能评价范围。因此，本案的生态服务功能损失应为二者之和。

续表

序号	案件名称和案号	案由	案情核心	法院说理与裁判
11	浙江省某县人民检察院与衢州市某化工有限公司环境污染责任公益诉讼案（2017）浙0824民初3843号	环境污染责任纠纷	衢州市某化工有限公司堆放填埋的工业固废对某山坳土壤及地下水和附近的河流造成严重污染。	被告衢州市某化工有限公司租赁某坞，擅自将工业固废填埋在山坳中，未作防渗漏或者其他防止污染的措施，造成该地块生态环境受到损害。同时，本案中因涉案地块土壤和水环境被污染，公益诉讼起诉人请求被告赔偿生态环境受损期间的服务功能损失的请求有事实和法律依据，予以支持。
12	某市人民检察院诉武汉某环保科技有限公司、黄某、曹某有、曹某威、王某新、王某福环境污染责任纠纷案（2018）湘10民初3号	环境污染责任纠纷	武汉某环保科技有限公司对某类危险废物无能力处置，黄某、曹某威经王某新、王某福介绍遂将危险废物交给曹某有处置，曹某有将危险废物未经任何处置随意填埋在某县某地，造成当地环境受到严重污染。	本案倾倒于某县境内的危险废物只是暂时由某县环保局转运至某县某治理股份公司内，尚未处置，某市人民检察院请求判令武汉某环保公司、黄某、曹某有、曹某威、王某新、王某福依法及时处置该危险废物，消除危险并修复被损害生态环境，应予以支持。涉案的污染环境行为导致损害发生后到恢复原状前生态环境服务功能的损失，影响了社会公众享有美好生态环境的精神权益，某市人民检察院请求判令武汉某环保公司、黄某、曹某有、曹某威、王某新、王某福向社会公众赔礼道歉，应予以支持。
13	湖北省某市人民检察院与某县某养猪专业合作社水污染责任环境公益诉讼案（2018）鄂03民初6号	水污染责任纠纷	某养猪专业合作社长期将未经处理的养殖废物排放至渗坑流入某河中，同时将不做无害化处理的病死猪直接丢弃至渗坑，产生的养殖废水对生态环境造成严重损害。	关于某养猪合作社认为养猪场已经关停就彻底停止了对环境污染的侵权行为的主张，养猪场关停是某养猪合作社停止侵害的责任方式之一，认错态度较好，能够防止损害进一步扩大，本案事实已经查明；但其前期大量排放的养殖废水所造成的生态服务功能客观损害及恢复治理水污染的期间损失，并不能因关停措施而立即消除或彻底弥补。故有关某养猪合作社主观情况以减免其赔偿责任的抗辩主张不成立，不予支持。

续表

序号	案件名称和案号	案由	案情核心	法院说理与裁判
14	北京市人民检察院某分院与北京某钢结构工程有限公司大气污染责任纠纷案 （2017）京 04 民初 73 号	大气污染责任纠纷	北京某钢结构工程有限公司未按照法律规定进行喷漆作业，导致挥发的有机物废气直接排放至大气环境。	环保鉴定中心出具的鉴定意见认为，基于环境损害鉴定评估工作对时效性、科学性、准确性的要求，结合本次钢结构喷漆大气污染事件的特点，该大气环境污染事件所致的生态环境损害无法通过恢复工程恢复，因此采用虚拟治理成本法评估该钢结构喷漆大气污染事件造成的生态环境损害数额。因此北京市人民检察院某分院提出的某钢结构公司赔偿因违法排放喷漆产生的挥发性有机物废气造成的生态环境损害的诉讼请求，予以支持。
15	中华环保联合会诉江西省某有色金属有限公司等环境污染责任纠纷案 （2018）赣民终 189 号	环境污染责任纠纷	江西省某有色金属有限公司所属工厂在无资质的前提下非法生产提炼危险废物，并将未经处理的废液废水通过私设的暗管直接排入某河和某湖流域，造成当地水厂供水中断。	一审法院参考研究所的专家意见，并综合此次环境侵权事件中污染环境、破坏生态的范围和程度、生态环境恢复的难易程度、侵权主体过错程度等因素，酌情认定本次环境侵权造成的生态环境损害量化数额，并无不当。同时环境民事公益诉讼的判决需要考虑环境保护和当地经济发展之间的平衡。江西省系经济欠发达地区，企业的经济承受能力相对较弱，故一审法院酌情判决有其合理性，与江西省的现实经济发展水平相契合，并无不当。
16	中国某基金会与山西某化工有限公司大气污染责任纠纷案 （2016）晋 04 民初 35 号	大气污染责任纠纷	山西某化工有限公司在锅炉脱硫脱硝建设尚未完成的情况下生产，排放烟气严重违法超标，对大气环境造成损害。	被告确实存在违法排污行为，虽然目前被告已经完成锅炉烟气脱硫脱硝设施，并通过环保竣工验收，但是环境一旦遭到破坏，其自净能力会降低，生态系统的物质循环、能量流动和信息传动都会受到影响，整个环境的容载量也是固定的，即使被告采取措施，环境有所恢复，也不能作为其免责的理由。因此，被告承担生态环境受到损害至污染物排放符合标准期间服务功能损失费用。

续表

序号	案件名称和案号	案由	案情核心	法院说理与裁判
17	某省人民政府诉安徽某化工科技有限公司生态环境损害赔偿案（2018）苏民终1316号	生态环境损害赔偿纠纷	安徽某化工科技有限公司营销部经理杨某多次将废液交给无处理能力的李某生、李某甲等人，李某生、李某甲等又将废液交给孙某某和丁某某等人，孙某某连续两次将废液倒入长江，丁某某将废液倒入某运河，均造成饮用水源断供等严重后果。	本案因被告非法处置危险废物共造成两地生态环境损害修复费用计3637.90万元，同时必然对两地乃至下游的生态环境服务功能均造成巨大的损失。根据中共中央办公厅、国务院办公厅制定的《生态环境损害赔偿制度改革试点方案》，被告应当承担因其侵权行为所导致的生态环境修复期间服务功能的损失费用。原告主张以生态环境损害修复费用3637.90万元的百分之五十计算具有合理性。
18	吉林省人民检察院某分院诉徐某财产损害赔偿纠纷案（2018）吉76民初2号	环境侵权责任纠纷	徐某连续多次非法开垦林场林地，并改造成参地以谋取私利。	徐某非法破坏某林场61.689亩林地的森林植被，对当地的生态环境造成严重的后果，应当承担生态环境受到损害至恢复原状期间的服务功能损失，该块被毁坏的林地生态效益价值包括涵养水源、水土保持、碳氮平衡等共计149583.12元，该部分主张予以确认。
19	北京市某环境研究所与北京某物业管理有限公司等固体废物污染责任纠纷案（2015）四中民初字第233号	固体废物污染责任纠纷	北京某物业管理有限公司对已干涸且产生安全隐患的人工湖进行填埋改造，被告认为其破坏了当地生态环境提起诉讼。	二被告以改善湖区环境为目的对涉案人工湖进行填埋改造绿化的行为，未违反我国法律法规的禁止性规定，改造后湖区的生态环境未受到损害，且生态服务价值超出了改造前的价值，故二被告的行为不具备生态环境损害侵权责任中关于实施行为造成了损害结果的法定要件，不构成生态环境损害侵权。

续表

序号	案件名称和案号	案由	案情核心	法院说理与裁判
20	中国某基金会诉某市某包装玻璃有限公司环境污染责任纠纷案（2018）冀民终758号	环境污染责任纠纷	某市某包装公司连续非法向大气排放污染物，对环境造成严重损害。	某包装公司因非法排放大气污染物给环境造成损害，应依据鉴定报告确定的损害数额154.96万元予以赔偿。上诉人（原告）在一审诉讼请求第2项并未详细列明是环境造成的哪些损害，因此，从“环境损害”的定义理解，上诉人请求的“环境损害”中应包含生态服务功能的损害。上诉人在二审期间提出一审判决未支持被上诉人违法行为给环境造成的生态服务功能损失，理据不足，不予支持。
21	中国某基金会诉云南某钛业有限公司环境污染责任纠纷案（2019）云民终627号	环境污染责任纠纷	某钛业有限公司所属堆放固体废物的渣库未按照相关规范要求采取防渗防外泄措施，导致酸性渗滤液外泄，造成环境污染。	某钛业有限公司的环境污染行为使酸性渗滤液外泄至案涉渣库下游某河，最终汇入某某河，总长达9.37公里。酸性渗滤液的流入造成某河、某某河水质改变，同时降低了地区原有水生态环境所提供的供给服务功能、支持服务功能和良好生态环境存在价值。以上生态环境的不利改变和生态功能的贬损也已经过鉴定评估。故某钛业有限公司的环境污染行为构成对生态环境公共利益的损害。
22	重庆市人民检察院某分院与张某环境损害赔偿公益诉讼案（2018）渝03民初433号	环境损害赔偿公益诉讼	被告张某擅自占用林地非法采煤开办煤窑非法获利，破坏了林地植被环境。	对本案所涉受损生态环境进行调查论证后出具的《关于被告张某破坏生态环境一案生态环境服务功能损失评估的意见》，程序合法，依据明确，并经当庭质证。可以作为认定本案生态环境服务功能损失项目的依据，并作为确定各项损失数额的参考。原告请求被告赔偿生态环境受到损害至恢复原状期间服务功能损失的，人民法院可以依法予以支持。

续表

序号	案件名称和案号	案由	案情核心	法院说理与裁判
23	某市人民检察院与连某侵权责任纠纷案（2018）闽 07 民初 185 号	侵权责任纠纷	连某在购买林地未办理林木采伐许可证前提下，非法砍伐林木，案涉林木植被被严重破坏。	本案生态服务功能损失主要是生态公益林遭到破坏直到恢复原有状态期间的生态服务功能损失，该损失自生态公益林遭到破坏时即已客观存在，且在被破坏山场上补种林木并非被告连某所为，亦不影响生态服务功能损失的确定。因此，被告连某的该主张没有事实根据和法律依据，不予采纳。
24	某市人民检察院与王某某环境污染责任纠纷案（2019）吉 08 民初 12 号	环境污染责任纠纷	王某某在某自然保护区核心区内私自改变土地用途，非法种植农作物，案涉地原始植被种类被破坏。	虽然某县某镇人民政府与王某某签订了《某县东部沿江区域植树造林工程建设协议书》，但该合同目的是对王某某原来承包的林草地块进行修复性建设。但是，王某某以树栽不活为由，违反合同约定擅自开垦自然保护区核心区草原种植玉米。经鉴定，王某某的私自开垦种植行为对某保护区生态环境构成损害，存在因果关系。公益诉讼起诉人请求王某某赔偿生态环境修复费用，予以支持。
25	某县人民检察院诉某某县某水力发电总站水污染责任纠纷案（2019）皖 18 民终 132 号	水污染责任纠纷	某水力发电总站因进行爆破作业导致某水库底涵洞口炸开，大量沉积的淤泥等污染物随水流冲至下游，导致下游某某水库饮用水源受到严重影响。	排放的淤泥对下游水质、水体动植物以及地下水、土壤造成严重破坏。如不及时修复，污染的累积必然会超出环境承载能力，最终造成不可逆转的环境损害，且实际已造成某某水库水质的恶化，此外，某某河河床淤泥淹没痕迹及下游河道堆积的淤泥也符合造成生态环境损害的其他情形。可以得出结论：某某河上游污染事件（某水库实施水库清理）确定造成了某县某某河流域的生态环境损害。

续表

序号	案件名称和案号	案由	案情核心	法院说理与裁判
26	中国某基金会、浙江某集团有限公司等环境污染责任纠纷案（2018）浙民终1015号	环境污染责任纠纷	某集团有限公司在某地三处场所进行固废污泥填埋，改变了土地原有的农用耕地用途，对环境造成损害。	三处填埋场的农业用地用途因污染而改变，从而事实上丧失了农用耕地服务功能，由此产生的损失属于生态服务功能损失范畴。因此，本案农用地服务功能损失可以从强制改变其农用耕地用途时开始计算，原审法院参考案涉三处场地修复及维护运行时间，并参照耕地年产值标准，酌定本案服务功能损失为594270元，属于自由裁量行为，并无明显不妥。
27	北京市某环境研究所、福建省某环境友好中心诉谢某某、倪某某等侵权责任纠纷案（2016）最高法民申1919号	侵权责任纠纷	谢某某、倪某某等人非法进行开采矿山作业，同时擅自改变原开采权人被告李某某原塘口位置和开采范围，严重破坏矿山林地植被。	本案系于2015年1月1日立案受理，一审审理过程中《最高人民法院关于审理环境民事公益诉讼案件适用法律若干问题的解释》颁布实施，故针对该司法解释规定的生态环境服务功能损失，可以适用于本案。因此，原告主张被告赔偿生态环境受到损害至恢复原状期间服务功能损失，予以支持。但因原告主张的损毁林木价值和推迟林木正常成熟属于林木所有者的权利，不属于对植被生态公共服务功能的损失，故原告无权主张，不予支持；其余属于生态公共服务功能的损失价值，予以支持。
28	陈某某、某市某区某镇某村民委员会环境污染责任纠纷案（2018）粤民申2234号	环境污染责任纠纷	被告陈某某的生猪养殖场产生的大量废液、废气等污染物严重破坏环境，养殖场违法违规占地建设，对周围环境产生影响。	一审法院根据《量化分析报告》只计算废水非法排放造成农业及生态经济损失以及污染源清除的费用的情况，采纳《量化分析报告》计算的污染源清除即修复鱼塘底泥重金属超标所需费用，及按每年废水非法排放造成农业及生态经济损失数额计算某农场造成某村农业及生态经济损失，并无不当，予以支持。

续表

序号	案件名称和案号	案由	案情核心	法院说理与裁判
29	福建省某志愿者协会与叶某某环境污染责任纠纷案 （2019）闽民终115号	环境污染责任纠纷	叶某某违规占用土地建设养猪场，同时养殖中产生的污染物随意非法丢弃、排放，严重污染当地环境。	叶某某自认其除了沼气池外，没有建设其他排污设施，所有可能造成污水、粪便、病死猪均通过沼气池进行处理。因此，叶某某大规模化生猪养殖时仅建设沼气设施，并未对规模生猪养殖造成的大气污染、噪声污染、污水污染、固体废物污染等进行综合防治与无害化处理。法院认为，本案的证据已形成较为完整的证据链，被告理应承担环境污染的侵权责任。
30	北京市某环境研究所与中国石油天然气股份有限公司某分公司、支持起诉单位某大学环境资源法研究和服务中心大气污染责任纠纷案 （2016）吉02民初146号	大气污染责任纠纷	中国石油天然气股份有限公司某分公司连续超标向大气排放烟尘、二氧化硫以及氮氧化物等污染物质，多次行政处罚无果。	被告中国石油天然气股份有限公司某分公司对排污事实予以承认，故可以认定被告在2015年1月至原告提起本案诉讼期间确实存在向大气超标排放烟尘、二氧化硫以及氮氧化物等污染物的事实。法院依法委托辽宁省环境科学研究院进行了鉴定评估，并对该评估结果进行了质证。双方对评估结果均无异议。故该评估报告可予以采信，认定大气污染治理费用为13862560元。
31	中国某基金会与浙江某网络有限公司、深圳某环保有限公司大气污染责任纠纷案 （2020）最高法民申4446号	大气污染责任纠纷	浙江某网络有限公司为深圳某公司长期、大量销售帮助尾气不合格的车辆规避尾气检测产品提供交易平台，对大气环境造成严重影响。	对案涉三款产品是否为符合国家相关标准的机动车尾气净化设施进行鉴定，均因无相关国家标准或样品数量不足而无法完成鉴定，进而导致无法对每辆机动车每年因超标排放而对大气造成的污染损害的数量程度，以及对上述大气污染损害程度进行替代性修复的经济成本作出科学判定。但即便如此，鉴于案涉产品造成不特定地区大气污染物的增加导致环境污染的事实客观存在，中国某基金会要求深圳某公司承担生态环境修复费用的诉请有法律依据。

续表

序号	案件名称和案号	案由	案情核心	法院说理与裁判
32	某市人民政府、重庆市某服务发展中心与某物业管理有限公司、某环保科技有限公司环境污染责任纠纷案（2017）渝01民初773号	环境污染责任纠纷	某物业管理有限公司、某环保科技有限公司将某电镀工业园内产生的废水，未经处理直接通过暗管排放至外环境最终流入长江。	鉴于本案违法排污行为持续时间长、违法排放数量大，且长江水体处于流动状态，难以直接计算生态环境修复费用，故《鉴定评估报告书》采用虚拟治理成本法对损害结果进行量化并无不当。以某物业公司实际支付给某环保公司的废水处理费用22元/吨作为单位虚拟治理成本是合理的，再乘以违法排放废水数量，可计算出虚拟治理成本为320.3728万元。
33	某省环境保护厅与某重油化工有限公司等土壤污染责任纠纷案（2017）鲁01民初1467号	土壤污染责任纠纷	某重油化工有限公司和某新能源有限公司在某村废弃煤井处分别排放生产产生的危险废物，致使案发地周围环境急剧恶化。	虽然案涉突发环境事件的暴露时间在向案涉场地倾倒废碱液后，但该突发环境事件是因某新能源有限公司的废酸液和某重油化工有限公司的废碱液引起的，某省环境保护厅主张的服务功能损失和帷幕注浆范围内受污染的土壤、地下水修复费及鉴定费和律师代理费，均是因某新能源有限公司的废酸液和某重油化工有限公司的废碱液造成生态环境损害引起的，故应由该两公司承担。

续表

序号	案件名称和案号	案由	案情核心	法院说理与裁判
34	中国某基金会诉新郑市某镇人民政府、新郑市某镇某村民委员会案 （2019）最高法民申 5508 号	环境民事公益诉讼纠纷	为兴建小学幼儿园项目在某镇人民政府协调下，某村民委员带领相关人员非法将某村 1023 亩采取文物级保护的 1870 棵古枣林进行采伐和移植，导致 680 棵百年枣树死亡。	某镇人民政府、某村民委员会在未办理移栽手续的情况下，违法移栽枣树的行为，对社会公共利益造成了损害，应当赔偿生态环境受到损害至恢复原状期间服务功能损失。鉴于服务功能损失的确定具有很强的专业性和技术性，经咨询有关专家，依据《第八次全国森林资源清查河南省森林资源清查成果》及《河南林业生态省及提升工程建设绩效评估报告》，河南省 2016 年平均每亩林地森林生态价值为 3644.15 元。参照当地数据，本案涉及 198.5 亩枣林地一年的森林生态价值为 723363.78 元。根据本案侵权责任人破坏生态的范围和程度、生态环境的稀缺性、生态环境恢复的难易程度、侵权责任人过错程度等因素，原审法院酌定服务功能损失为所涉枣林地五年的森林生态价值。
35	某省某市人民检察院支持某市环保联合会诉某省某农化有限公司等企业环境污染公益诉讼案 （2015）民申字第 1366 号	环境污染责任纠纷	某省某农化有限公司等六家公司为处理积压化工副产品盐酸、废酸等，在明知某市某化工有限公司等四家公司无处理资质的前提下仍将危险废物交由其处理排放至某两河中，致使排放地和周围水域严重污染。	总数达 25349.47 吨的副产酸倾倒进河流，对水生态环境产生严重危害是无可争议的事实。2013 年某河水质虽然已经恢复为Ⅲ类，但由于河水的流动，污染源必然会向下游移动，倾倒点水质好转并不意味着地区水生态环境已修复。所以，对于地区生态环境而言，依然需要用替代修复方案进行修复。同时，大量副产酸的无序流转，造成了极高的环境污染风险，需要采取预防措施以避免污染再次发生。某省某农化有限公司等六家公司依法应当就其造成的环境污染损害承担侵权责任。

续表

序号	案件名称和案号	案由	案情核心	法院说理与裁判
36	某市围垦有限公司、苏某某土壤污染责任纠纷案（2019）粤20民终6329号	土壤污染责任纠纷	某市围垦有限公司为某工业用地使用权人，其将该地租赁给某农业投资有限公司经营使用，该农业投资有限公司未经某市围垦有限公司允许私自将该地转租给苏某某填土。在万某某的介绍下，李某某将大量洗水厂垃圾废渣通过胡某某的船运输到上述土地交给苏某某填埋。	广州市中级人民法院（2017）粤01民初201号民事判决已对涉案土地进行环境损害鉴定的情况下，并未认定对涉案土地恢复原状期间服务功能损失费用及代为修复需对涉案土地的土壤及地下水进行检测的必要性，也未认定对涉案土地的修复需进行钻探和打井，某市围垦有限公司也未能证明其对涉案土地的土壤及地下水检测、钻探和打井的必要性。同时根据《环境损害鉴定评估报告》对案涉土地的土壤污染事件从环境的损害及恢复原状期间服务功能及涉案土地的治理的整个过程作出的全面的判决，包含了清运、处理涉案违法倾倒的固体废物的工作及所支出费用，且某市围垦有限公司所发生的费用是在该案起诉后，故该两项费用实际上就包含在所作判决的范围内。因该项损失在另案已作出处理且已发生法律效力，某市围垦有限公司的该项诉讼请求不予支持。
37	某市人民检察院诉王某非法采矿生态破坏民事诉讼案 （2020）苏01民初798号	环境污染责任纠纷	王某在2015年至2019年期间，多次非法使用机械设备大量采矿，谋取大量私利。	非法采矿必将使被开采区域的植被遭到严重破坏，受损山体的修复及自然林地的恢复均需要合理周期，即较长时间才能重新恢复林地的生态服务功能水平，故《损害评估报告》以具有20年生长年限的林地作为参照计算具有一定合理性，《损害评估报告》制作人关于林木经济损失计算的解释科学，故对非法采矿行为造成林木经济损失861750元依法予以认定。

续表

序号	案件名称和案号	案由	案情核心	法院说理与裁判
38	重庆市人民检察院某分院诉杨某某等侵权责任纠纷环境民事公益诉讼案（2019）渝01民初1218号	环境污染侵权纠纷	杨某某等人未按照采伐许可证规定的限额和方式等要求采伐林木，严重破坏了森林资源和生态环境。	本案中，杨某某、吉某海、吉某金滥伐林木的行为导致森林生态系统遭受破坏，造成森林生态系统原本具有的固碳释氧、积累营养物质、净化大气环境等服务功能大大减弱，损害了社会公共利益，根据林科院测算报告并结合测算报告补充说明，杨某某、吉某海、吉某金应当依法赔偿森林生态受到损害至恢复原状期间的服务功能损失费2744569.49元。
39	某环保联合会等诉某省某陶瓷有限公司大气污染民事公益诉讼案（2019）鄂01民初6127号	大气污染责任纠纷	被告某陶瓷有限公司持续向大气超标排放污染物，被环保部门发现后处罚无果并私自篡改、伪造污染源监测数据以逃避环境污染监管。	被告某陶瓷公司等的行为已经造成环境损害，应当赔偿环境污染损失。根据环境功能区的划分标准，某陶瓷公司所在区域为Ⅱ类环境空气功能区，原环境保护部编制的《关于虚拟治理成本法适用情形与计算方法的说明》中对Ⅱ类环境空气功能区的环境功能敏感系数推荐值为3。因此，环科院鉴定中心采用虚拟治理成本法，以大气污染物的征税税额作为治理成本依据，考虑受污染影响区域的环境功能敏感程度乘以了虚拟倍数3倍，以此得出环境损失数额，该计算方法依据充分，符合客观实际。
40	重庆市人民检察院某分院与黄某某、李某某等环境资源损害赔偿民事公益诉讼案（2020）渝04民初5号	水污染责任纠纷	被告黄某某、李某某等人非法占用土地大量开采煤矿石以谋取私利，造成开采地生态环境被严重破坏。	本案中，公益诉讼起诉人就黄某某等人非法采矿造成的生态服务功能损失289683.93元及生态环境修复费用228095.14元提交了某市某林业司法鉴定所出具的某林业司法鉴定所（2019）林鉴字第187号、第188号、第189号鉴定意见予以证实。该三份鉴定意见系有资质的机构和人员，在共同侵权行为人李某某的参与下依照法定程序作出，合法有效，应作为认定生态服务功能损失和生态环境修复费用的依据予以采信。

续表

序号	案件名称和案号	案由	案情核心	法院说理与裁判
41	某市人民检察院与于某环境污染责任纠纷案（2020）吉08民初18号	环境污染责任纠纷	被告于某在承包的草原内非法种植农作物，造成承包地受损严重。	被告于某在某村自家承包的草原内，违反行政法规的规定和合同约定，私自改变土地用途种植农作物，对生态环境构成了损害。对此，其应当承担生态环境修复的责任。于某于本判决生效之日起30日内赔偿生态环境受到损害至2016年底恢复生态环境期间的服务功能损失费用6700.00元。
42	吉林省人民检察院某分院与张某利、张某福、潘某军环境侵权责任纠纷案（2020）吉76民初7号	环境污染责任纠纷	张某利、张某福、潘某军三人超出承包林地范围大量种植作物，致原有植被死亡或受到严重破坏。	本案中，张某利、张某福、潘某军非法破坏15.7905亩林地植被，对当地的生态环境造成严重后果，应当承担生态环境受到损害至恢复原状期间的服务功能损失。生态服务功能损失计算以人工造林成林进级年限为节点，本次恢复植被造林方式为人工造林植苗，优选树种为红松，地区年降水量在400mm以下，成林年限取值为8年。通过八年的年份成林进级，生态功能能够恢复到被毁之前的状态。因此，对检察院的该部分主张予以确认。
43	福建省某环境友好中心、某股份有限公司固体废物污染责任纠纷案（2019）闽0481民初2061号	环境污染责任纠纷	被告某股份有限公司现有电石渣堆场渗滤液外排，并且其底部的废水排放至外环境，破坏了当地生态环境。	立案后，法院书面告知某市河长办、某市永安生态环境局等相关行政主管部门，案件受理过程中，未收到相关行政部门出具被告某公司因违法排污造成社会和环境影响的材料。故对原告主张的某股份公司应承担的生态环境修复费用和生态环境受到损害至恢复原状期间服务功能损失和某溪流的生态环境修复费用和生态环境受到损害至恢复原状期间服务功能损失，不予支持。

续表

序号	案件名称和案号	案由	案情核心	法院说理与裁判
44	中国某基金会与某市某化工公司等环境污染责任纠纷公益诉讼案（2017）苏民终365号	环境污染责任纠纷	被告多家化工公司分别将各种废酸交由无处理资质的被告张某某处置，张某某先后通过多艘船只上私设的暗管分别将大量未经处理的废酸倾倒进八条河流中。	6家企业具有处置副产酸、废酸的主观故意。6家企业在明知副产酸、废酸极有可能被非法倾倒的情况下，不但未将污染物交由有资质的单位处置，而且还违反国家环境保护法律和危险废物出售、运输、处置等规定，分别向张某某提供污染源，这是其在防范污染物对环境污染损害上的不作为，也是张某某非法倾倒副产酸、废酸的前提条件。因此，6家企业应根据各自责任大小承担按份责任。鉴于水生态环境保护与修复工作具有系统性、复杂性、长期性、流域性等特点，该院认为分期偿还生态环境修复费用，有利于保证受污染河流修复的可持续性，从而逐渐恢复原有的生态服务功能。
45	中国某基金会诉某矿业有限公司生态破坏民事公益诉讼案（2021）甘民终709号	环境污染责任纠纷	某矿业有限公司投资建设的某水库大桥工程建设项目未依法履行环保审批手续，同时案涉大桥旁的水库是候鸟越冬的重要栖息地。	某矿业公司违法进行路桥建设，造成违法建设区域植被受到破坏，导致包括气候调节、水文调节、土壤保持、生物多样性维护等在内的生态服务供给量下降，2014年到2020年某国家湿地公园违规路桥造成的生态系统服务价值损失量为900875.75元。由于随着植被恢复工作的开展，违法建桥区域的植被将逐年恢复，该区域的生态环境将逐渐恢复至基线水平，故修复期间的生态环境服务功能损失将呈逐年递减趋势，反映在生态恢复曲线上将是一个接近于45°的上升曲线，因此，生态修复期间生态环境服务功能损失可按照生态受到完全破坏期间损失的一半计算。

续表

序号	案件名称和案号	案由	案情核心	法院说理与裁判
46	中国某基金会与某县某镇某石场生态环境保护民事公益诉讼案（2020）桂民终14号	环境污染责任纠纷	某县某镇某石场在未办理完善相关开采作业手续的情况下擅自开工建设，经多次责令暂停作业无果，未履行环保手续审批要求，私自开工致周边生态环境造成破坏。	该院认为，生态环境受到损害至恢复原状期间服务功能的损失，是指受损生态环境从损害发生到其恢复至基线状态期间生态系统向公众或其他生态系统提供服务的丧失或减少。根据鉴定报告的结论，某石场应赔偿的生态系统服务功能的损失为405.32万元。某石场赔偿的该项损失费用应用于修复被损害的生态环境，不得挪为他用，故某石场赔偿的该项损失应向北海市财政局设立的“生态环境损害赔偿金”基金账户缴纳，并由该局负责监管使用。
47	福建省某绿家园中心诉某建材有限公司侵权责任纠纷案（2021）闽06民终3933号	侵权责任纠纷	某建材有限公司在未办理林地许可证的情况下私自开采，并在租赁地以外界面开采石矿造成山体和生态环境受损严重。	考虑本案某公司的超量、超范围采矿、采伐确实导致生态环境受损，原告要求被告承担生态环境受到损害至恢复原状期间服务功能损失应予以支持。根据（2021）闽0624刑终327号刑事裁定书认定某公司非法占用并毁坏的林地等农用地面积共计95.41亩，已补植复绿55.06亩林地，确定涉案林地尚未补植复绿面积为40.35亩，同时结合涉案林地原始地貌情况及破坏程度等因素，酌定生态环境服务功能损失为976400元。
48	某县某石油货运车队、中华环保联合会等环境污染责任纠纷案（2021）陕民终193号	环境污染责任纠纷	某县某石油货运车队所属车辆运输途中在某国道附近某村落发生侧翻，造成车上29吨柴油外泄，20吨流入附近溪河，造成周围水域石油类污染物浓度严重超标。	关于水、土壤生态服务功能损失费，因某溪河无受保护鱼类，沿岸亦无养殖户、种植户上报因柴油泄漏事故造成的相关损失，但水体污染导致下游水厂停止供水23.5小时，某村民用水中断，故在水生态修复费用400万元的20%—30%之间，取值80万元作为水生态功能损失费。根据污染区域土壤表层、深部的污染程度及污染地区土壤的IV类功能分类，按照土壤生态修复费用区间的8%—10%计算土壤生态服务功能损失费为5万元。

续表

序号	案件名称和案号	案由	案情核心	法院说理与裁判
49	中国某基金会、某置业有限公司环境污染责任纠纷案（2021）最高法民申5796号	环境污染责任纠纷	被告某置业有限公司和某石方清运有限公司签订施工合同，对案涉地进行清运施工，清理造成地下已探明的14座墓葬遭到不同程度的破坏，且多次责令停止作业无果。	虽然由于涉案的古墓葬为无主墓葬且被全部挖毁，致使其具有的历史、艺术和科学价值无法进行鉴定，被作为一般文物对待，但其具有的潜在生态服务功能即相应的文化价值和生态价值因被损毁而遭受永久性损害应属必然，原告对此提起环境公益诉讼具有事实根据。至于本案中对生态服务功能造成的永久性损害数额，综合本案事实及中国某基金会一审诉讼请求，酌定某置业有限公司和某石方清运有限公司赔偿生态服务功能损失20万元为宜。
50	某市某区人民检察院、某丝绸炼染有限公司侵权责任纠纷案（2020）浙05民初124号	侵权责任纠纷	被告某丝绸炼染有限公司主要经营真丝绸缎染色等，其生产过程中产生的污水先通过雨水管未经处理直接排放，后通过私设暗管躲避环保监测直接排入生活污水管网，多次处罚无果。	涉案评估报告以土壤中特征污染物浓度超过土壤基线值20%对土壤损害数量进行量化，确定损害土壤体积为17274—26196平方米，案涉受损环境主要为以提供资源为主的村庄和河流，最终以损害土壤土地$17274m^2\times100$元/t×$1.11g/cm^3$确定生态损害赔偿费用为1917414元，上述理论治理成本计算方法符合环境受损的客观情况，且本案评估鉴定机构具有相应资质，作出的评估报告符合法律规定，可以作为本案确定赔偿费用的依据。公益诉讼起诉人据此主张生态环境损害赔偿费用1917414元应予支持。

续表

序号	案件名称和案号	案由	案情核心	法院说理与裁判
51	重庆市某服务发展中心诉某钢铁有限公司环境污染责任纠纷案（2020）赣民终737号	大气污染责任纠纷	某钢铁有限公司经营以来，大气污染物烟气、二氧化硫等长期排放超标，多次行政处罚效果甚微，对环境造成严重影响。	某钢铁有限公司污染环境的行为可能导致损害发生后到恢复原状前生态环境服务功能的损害，导致社会公众享有美好生态环境精神利益的损失。某钢铁有限公司排污区域属于环境空气功能Ⅱ类区，环境空气损害数额是虚拟治理成本的3—5倍。一审法院在充分考虑某钢铁有限公司为推动萍乡经济发展所作努力，及其自2014年9月起为新建、改建、扩建环保工程及购买环保设备投入较多，且生态环境损害赔偿的款项本身也是用于当地环境治理等情况，在《评估意见》的基础上，酌定某钢铁有限公司按照虚拟治理成本的3倍承担生态损害赔偿数额，处理并无不当。故对某服务发展中心关于应按虚拟治理成本的5倍计算本案生态损害赔偿数额的主张，不予支持。
52	福建省某环境友好中心、某市某化学有限公司水污染责任纠纷案（2021）闽04民终150号	水污染环境责任纠纷	被告某市某化学有限公司在2012—2014年期间持续超标排放废水、废气，后经过整改有所改善。	一审法院酌情认定某化学公司承担生态环境修复费用、生态环境服务功能损失为100000元没有事实依据。某环境友好中心作为原告主张某化学公司超标排污行为发生在2012年至2014年，则受民事诉讼时效制度的制约，被排污行为侵害的主体即应该知晓自己的权利受到侵害，某市环境保护局于2015年4月1日对某化学公司作出行政处罚决定书，则被排污行为侵害的主体更应该知道自己的权利受到侵害。某环境友好中心于2019年7月向一审法院提起民事诉讼，明显超过了诉讼时效。

参考文献

一、著作类

【1】薄晓波著:《生态破坏侵权责任研究》，知识产权出版社 2013 年版。

【2】曹明德著:《环境侵权法》，法律出版社 2000 年版。

【3】车辉著:《非财产损害赔偿问题研究》，法律出版社 2011 年版。

【4】陈慈阳著:《环境法总论（二〇〇三修订版）》，中国政法大学出版社 2003 年版。

【5】陈晧著:《侵权法的矫正正义论》，黑龙江大学出版社 2014 年版。

【6】陈甦主编:《民法总则评注》，法律出版社 2017 年版。

【7】陈文著:《21 世纪生态保护立法趋向研究》，黑龙江大学出版社 2015 年版。

【8】陈现杰主编:《中华人民共和国侵权责任法条文精义与案例解析》，中国法制出版社 2010 年版。

【9】程啸著:《侵权责任法（第二版）》，法律出版社 2015 年版。

【10】樊杏华著:《环境损害责任法律理论与实证分析研究》，人民日报出版社 2015 年版。

【11】郭华著:《鉴定意见争议解决机制研究》，经济科学出版社 2013 年版。

【12】郭金霞:《鉴定结论适用中的问题与对策研究》，中国政法大学出版社 2009 年版。

【13】胡平著:《精神损害赔偿制度研究》，中国政法大学出版社 2003 年版。

【14】霍宪丹主编:《司法鉴定学（第二版）》，中国政法大学出版社 2016 年版。

【15】李昊著:《纯经济上损失赔偿制度研究》，北京大学出版社 2004 年版。

【16】梁慧星主编：《中国民法典草案建议稿附理由：总则编》，法律出版社 2013 年版。

【17】刘超著：《问题与逻辑：环境侵权救济机制的实证研究》，法律出版社 2012 年版。

【18】刘倩、季林云、於方等编著：《环境损害鉴定评估与赔偿法律体系研究》，中国环境出版社 2015 年版。

【19】吕忠梅等著：《环境司法专门化：现状调查与制度重构》，法律出版社 2016 年版。

【20】吕忠梅等著：《理想与现实：中国环境侵权纠纷现状及救济机制构建》，法律出版社 2011 年版。

【21】吕忠梅等著：《侵害与救济：环境友好型社会中的法治基础》，法律出版社 2012 年版。

【22】吕忠梅主编：《环境法学概要》，法律出版社 2016 年版。

【23】吕忠梅著：《环境法新视野》，中国政法大学出版社 2000 年版。

【24】马俊驹、余延满著：《民法原论（第二版）》，法律出版社 2005 年版。

【25】米文宝著：《生态恢复与重建评估的理论与实践——以宁夏南部山区退耕还草工程为例》，中国环境科学出版社 2009 年版。

【26】全国人大常委会法制工作委员会民法室编：《中华人民共和国侵权责任法条文说明、立法理由及相关规定》，北京大学出版社 2010 年版。

【27】沈宗灵主编：《法理学研究》，上海人民出版社 1990 年版。

【28】宋英辉、王武良主编：《法律实证研究方法》，北京大学出版社 2009 年版。

【29】苏青著：《鉴定意见证据规则研究》，法律出版社 2016 年版。

【30】田振洪著：《中国传统法律的损害赔偿制度研究》，法律出版社 2014 年版。

【31】汪劲著：《环境法律的理念与价值追求：环境立法目的论》，法律出版社 2000 年版。

【32】王灿发主编：《中国环境诉讼典型案例与评析（律师版）》，中国政法大学出版社 2015 年版。

【33】王利明、杨立新、王轶等著：《民法学（第四版）》，法律出版社

2015 年版。

【34】王利明主编：《中国民法典学者建议稿及立法理由：侵权行为编》，法律出版社 2005 年版。

【35】王利明主编：《中华人民共和国民法总则详解（上、下册）》，中国法制出版社 2017 年版。

【36】王利明著：《民法总则研究（第二版）》，中国人民大学出版社 2012 年版。

【37】王利明著：《侵权责任法》，中国人民大学出版社 2016 年版。

【38】王利明著：《侵权责任法研究（上）》，中国人民大学出版社 2011 年版。

【39】王明远著：《环境侵权救济法律制度》，中国法制出版社 2001 年版。

【40】王胜明主编：《中华人民共和国侵权责任法解读》，中国法制出版社 2010 年版。

【41】王泽鉴著：《民法思维：请求权基础理论体系》，北京大学出版社 2009 年版。

【42】王泽鉴著：《民法学说与判例研究（第 6 册）》，中国政法大学出版社 1998 年版。

【43】王泽鉴著：《民法总则》，北京大学出版社 2009 年版。

【44】王泽鉴著：《侵权行为》，北京大学出版社 2009 年版。

【45】吴鹏著：《以自然应对自然——应对气候变化视野下的生态修复法律制度研究》，中国政法大学 2014 年版。

【46】吴在存、刘玉民、于海侠编著：《民事证据规则适用》，中国民主法制出版社 2013 年版。

【47】谢邦宇、李静堂著：《民事责任》，法律出版社 1991 年版。

【48】谢作明主编：《环境生态学》，中国地质大学出版社 2015 年版。

【49】辛帅著：《不可能的任务——环境损害民事救济的局限性》，中国政法大学出版社 2015 年版。

【50】杨帆、任洋、余冬梅著：《生态法专题研究》，中国政法大学出版社 2015 年版。

【51】杨会：《论侵害生命权的损害赔偿——以及时死亡与间隔死亡的区分

视角》，载梁慧星主编：《民商法论丛（第 57 卷）》，法律出版社 2015 年版。

【52】杨立新主编：《中华人民共和国民法典释义与案例评注：侵权责任编》，中国法制出版社 2020 年版。

【53】杨立新主编：《中华人民共和国侵权责任法草案建议稿及说明》，法律出版社 2007 年版。

【54】杨立新著：《民法总则——条文背后的故事与难题》，法律出版社 2017 年版。

【55】杨立新著：《侵权损害赔偿（第五版）》，法律出版社 2010 年版。

【56】姚辉、邱鹏：《侵权行为法上损害概念的梳理与抉择》，载陈小君主编：《私法研究（第 7 卷）》，法律出版社 2009 年版。

【57】尤明青著：《中国转型时期的环境侵权救济问题研究》，北京大学出版社 2017 年版。

【58】余耀军、张宝、张敏纯著：《环境污染责任争点与案例》，北京大学出版社 2014 年版。

【59】喻海松著：《环境资源犯罪实务精释》，法律出版社 2017 年版。

【60】曾隆兴著：《详解损害赔偿法》，中国政法大学出版社 2004 年版。

【61】曾世雄著：《损害赔偿法原理》，中国政法大学出版社 2001 年版。

【62】张宝著：《环境侵权的解释论》，中国政法大学出版社 2015 年版。

【63】张俊浩主编：《民法学原理》，中国政法大学出版社 1997 年版。

【64】张文显主编：《法理学（第二版）》，高等教育出版社 2003 年版。

【65】张新宝著：《侵权责任法（第三版）》，中国人民大学出版社 2013 年版。

【66】张新宝著：《侵权责任法原理》，中国人民大学出版社 2005 年版。

【67】张忠民著：《一元到多元：生态诉讼的实证研究》，法律出版社 2016 年版。

【68】张梓太著：《环境法律责任研究》，商务印书馆 2004 年版。

【69】章剑生著：《现代行政法总论（第 2 版）》，法律出版社 2019 年版。

【70】周彬彬著：《侵权因果关系不确定的解决路径——以美国侵权法为考察对象》，山东人民出版社 2015 年版。

【71】周启星、魏树和、张倩茹等编著：《生态修复》，中国环境科学出版

社2006年版。

【72】竺效著：《生态损害的社会化填补法理研究》，中国政法大学出版社2007年版。

【73】竺效著：《生态损害综合预防和救济法律机制研究》，法律出版社2016年版。

【74】庄敬华著：《环境污染损害赔偿立法研究》，中国方正出版社2011年版。

【75】邹雄著：《环境侵权救济研究》，中国环境科学出版社2004年版。

【76】最高人民法院侵权责任法研究小组编著：《〈中华人民共和国侵权责任法〉条文理解与适用》，人民法院出版社2010年版。

二、期刊、报纸类

【1】薄晓波：《环境公益损害救济请求权基础研究》，载《甘肃政法学院学报》2020年第3期。

【2】薄振峰：《朱利叶斯·斯通的社会法学思想》，载《清华法学》2006年第3期。

【3】蔡先凤、林洁：《海洋生态损害赔偿：鉴定评估与制度保障》，载《宁波经济（三江论坛）》2019年第4期。

【4】常鹏翱：《论物的损坏与精神损害赔偿的关联——一种功能主义的诠释》，载《法律科学：西北政法学院学报》2005年第1期。

【5】陈富良、刘红艳：《基础设施特许经营中承诺与再谈判研究综述》，载《经济与管理研究》2015年第1期。

【6】陈惠珍：《国家机构改革背景下海洋生态环境损害政府索赔体制研究》，载《中国政法大学学报》2019年第4期。

【7】陈龙业：《论〈民法典〉侵权责任编关于免责事由的创新发展与司法适用》，载《法律适用》2020年第13期。

【8】陈泉生：《环境侵害及其救济》，载《中国社会科学》1992年第4期。

【9】陈瑞华：《从经验到理论的法学研究方法》，载《中国法律评论》2019年第2期。

【10】陈太清：《行政罚款与环境损害救济——基于环境法律保障乏力的反思》，载《行政法学研究》2012年第3期。

【11】陈伟：《环境污染和生态破坏责任的二元耦合结构——基于〈民法典·侵权责任编〉（草案）的考察》，载《吉首大学学报（社会科学版）》2020 年第 3 期。

【12】陈伟：《环境质量标准的侵权法适用研究》，载《中国法学》2017 年第 1 期。

【13】程多威、王灿发：《论生态环境损害赔偿制度与环境公益诉讼的衔接》，载《环境保护》2016 年第 2 期。

【14】程啸：《论侵权法上的第三人行为》，载《法学评论》2015 年第 3 期。

【15】程啸：《试论侵权行为法之补偿功能与威慑功能》，载《法学杂志》2009 年第 3 期。

【16】程玉：《论生态环境损害的可保性问题——兼评〈环境污染强制责任保险管理办法（征求意见稿）〉》，载《保险研究》2018 年第 5 期。

【17】池力：《对破坏公益林环境公益诉讼一案的思考》，载《中华环境》2019 年第 4 期。

【18】崔建远：《我国〈民法总则〉的制度创新及历史意义》，载《比较法研究》2017 年第 3 期。

【19】丁霖：《论生态环境损害代修复——兼论〈民法典·侵权责任编〉（草案）第 1234 条的完善》，载《吉首大学学报（社会科学版）》2020 年第 3 期。

【20】董正爱、胡泽弘：《协商行政视域下生态环境损害赔偿磋商制度的规范表达》，载《中国人口·资源与环境》2019 年第 6 期。

【21】窦海阳：《环境侵权类型的重构》，载《中国法学》2017 年第 4 期。

【22】杜健勋：《国家任务变迁与环境宪法续造》，载《清华法学》2019 年第 4 期。

【23】段小兵：《理论证成与路径依赖：论生态损害的法律救济——跨越公法、私法界限的视域》，载《重庆广播电视大学学报》2017 年第 6 期。

【24】冯洁语：《公私法协动视野下生态环境损害赔偿的理论构成》，载《法学研究》2020 年第 2 期。

【25】冯汝：《论生态环境损害赔偿责任违法性要件的确立》，载《南京工业大学学报（社会科学版）》2018 年第 5 期。

【26】付倩：《行政前置认定的刑事司法适用：困境、误区与出路》，载《南京大学法律评论》2019 年第 2 期。

【27】高富平、晏夏：《合同法公共利益条款适用反思——基于利益法学方法论的尝试》，载《法律方法》2018 年第 1 期。

【28】巩固：《2015 年中国环境民事公益诉讼的实证分析》，载《法学》2016 年第 9 期。

【29】巩固：《民法典物权编“绿色化”构想》，载《法律科学（西北政法大学学报）》2018 年第 6 期。

【30】郭海蓝、陈德敏：《生态环境损害赔偿磋商的法律性质思辨及展开》，载《重庆大学学报（社会科学版）》2018 年第 4 期。

【31】韩秀义、闫明明：《宪法性法律：党章之规范定位》，载《辽宁大学学报（哲学社会科学版）》2019 年第 3 期。

【32】何燕、李爱年：《生态环境损害担责之民事责任认定》，载《河北法学》2019 年第 1 期。

【33】贺震：《复盘首起省政府作为单独原告的生态环境损害赔偿案——江苏省政府诉海德公司生态环境损害赔偿案亲历者说》，载《环境经济》2019 年第 22 期。

【34】侯佳儒：《生态环境损害的赔偿、移转与预防：从私法到公法》，载《法学论坛》2017 年第 3 期。

【35】侯猛：《实证“包装”法学？——法律的实证研究在中国》，载《中国法律评论》2020 年第 4 期。

【36】胡锦光、王锴：《论我国宪法中“公共利益”的界定》，载《中国法学》2005 年第 1 期。

【37】胡静、崔梦钰：《生态环境损害赔偿制度框架探究——生态环境损害赔偿制度改革全面试行两周年回顾（理论篇）》，载《中国环境报》2019 年 12 月 19 日第 8 版。

【38】胡卫：《民法中恢复原状的生态化表达与调适》，载《政法论丛》2017 年第 3 期。

【39】胡卫：《我国环境修复司法适用的特色分析》，载《环境保护》2015 年第 19 期。

【40】胡学军：《环境侵权中的因果关系及其证明问题评析》，载《中国法学》2013 年第 5 期。

【41】黄锡生、韩英夫：《生态环境损害赔偿磋商制度的解释论分析》，载《政法论丛》2017 年第 1 期。

【42】黄毅：《损害赔偿额之酌定：基于诉讼公平的考量》，载《法学论坛》2012 年第 4 期。

【43】姜涛：《认真对待法学通说》，载《中外法学》2011 年第 5 期。

【44】蒋大兴：《论私法的公共性维度——“公共性私法行为”的四维体系》，载《政法论坛》2016 年第 6 期。

【45】焦居仁：《生态修复的要点与思考》，载《中国水土保持》2003 年第 2 期。

【46】金晶：《〈合同法〉第 111 条（质量不符合约定之违约责任）评注》，载《法学家》2018 年第 3 期。

【47】靳芳、鲁绍伟、余新晓等：《中国森林生态系统服务功能及其价值评价》，载《应用生态学报》2005 年第 8 期。

【48】康京涛：《生态环境损害赔偿磋商的法律性质及规范构造》，载《兰州学刊》2019 年第 4 期。

【49】李承亮：《侵权责任法视野中的生态损害》，载《现代法学》2010 年第 1 期。

【50】李承亮：《损害赔偿与民事责任》，载《法学研究》2009 年第 3 期。

【51】李国平、刘生胜：《中国生态补偿 40 年：政策演进与理论逻辑》，载《西安交通大学学报（社会科学版）》2018 年第 6 期。

【52】李浩：《民事公益诉讼起诉主体的变迁》，载《江海学刊》2020 年第 1 期。

【53】李琳：《论环境民事公益诉讼之原告主体资格及顺位再调整》，载《政法论坛》2020 年第 1 期。

【54】李路阳、陈醒：《尽早制定环境损害司法鉴定意见质证认证规则》，载《国际融资》2017 年第 4 期。

【55】李娜：《举证责任倒置和环境公益诉讼中的诉求》，载《检察日报》2020 年 9 月 3 日第 7 版。

【56】李清、文国云：《检视与破局：生态环境损害司法鉴定评估制度研究——基于全国19个环境民事公益诉讼典型案件的实证分析》，载《中国司法鉴定》2019年第6期。

【57】李树训：《回归裁判理性：明辨“生态环境服务功能的损失”》，载《重庆大学学报（社会科学版）》2020年4月17日。

【58】李兴宇：《论我国环境民事公益诉讼中的“赔偿损失”》，载《政治与法律》2016年第10期。

【59】李旭东、邹子杰：《论可预见性规则》，载《贵州民族学院学报（哲学社会科学版）》2004年第6期。

【60】李艳芳、吴凯杰：《论检察机关在环境公益诉讼中的角色与定位——兼评最高人民检察院〈检察机关提起公益诉讼改革试点方案〉》，载《中国人民大学学报》2016年第2期。

【61】李艳芳、浙江省湖州市中级人民法院与中国人民大学法学院联合课题组：《生态环境损害赔偿诉讼的目的、比较优势与立法需求》，载《法律适用》2020年第4期。

【62】李一丁：《生态环境损害赔偿行政磋商：性质考辩、意蕴功能解读与规则改进》，载《河北法学》2020年第7期。

【63】李义松、刘永丽：《生态环境损害赔偿诉讼制度研究——以〈最高人民法院关于审理生态环境损害赔偿案件的若干规定（试行）〉为背景》，载《行政与法》2020年第1期。

【64】李友根：《惩罚性赔偿制度的中国模式研究》，载《法制与社会发展》2015年第6期。

【65】李挚萍：《环境修复的司法裁量》，载《中国地质大学学报（社会科学版）》2014年第4期。

【66】李挚萍：《环境修复法律制度探析》，载《法学评论》2013年第2期。

【67】李挚萍：《环境修复目标的法律分析》，载《法学杂志》2016年第3期。

【68】李挚萍：《生态修复案件中的责任承担和法律适用——以广州市白云区鱼塘污染公益诉讼案为例》，载《环境保护》2015年第8期。

【69】李祖军:《自由心证与法官依法独立判断》，载《现代法学》2004 年第 5 期。

【70】刘超:《〈民法典〉侵权责任编的绿色制度创新》，载《法学杂志》2020 年第 10 期。

【71】刘超:《环境修复理念下环境侵权责任形式司法适用之局限与补强》，载《政法论丛》2020 年第 3 期。

【72】刘超:《环境修复审视下我国环境法律责任形式之利弊检讨——基于条文解析与判例研读》，载《中国地质大学学报（社会科学版）》2016 年第 2 期。

【73】刘辉:《民法典侵权责任规定在环境检察公益诉讼中的适用》，载《检察日报》2020 年 7 月 5 日第 3 版。

【74】刘倩:《生态环境损害赔偿磋商法律属性探析》，载《环境保护》2018 年第 17 期。

【75】刘巧儿:《生态环境损害赔偿磋商的理论基础与法律地位》，载《鄱阳湖学刊》2018 年第 1 期。

【76】刘士国:《民法典“环境污染和生态破坏责任”评析》，载《东方法学》2020 年第 4 期。

【77】刘欣琦:《我国公益诉讼制度的逻辑梳理与修正》，载《中国检察官》2020 年第 5 期。

【78】刘学在、刘鎏:《论生态损害赔偿磋商协议的法律性质及其争议解决路径》，载《南京工业大学学报（社会科学版）》2020 年第 2 期。

【79】刘长兴:《论行政罚款的补偿性——基于环境违法事件的视角》，载《行政法学研究》2020 年第 2 期。

【80】龙宗智:《庭审实质化的路径和方法》，载《法学研究》2015 年第 5 期。

【81】卢维善、丁斌:《论生态环境审判的修复机制》，载《人民司法》2015 年第 23 期。

【82】鲁晓明:《论纯粹精神损害赔偿》，载《法学家》2010 年第 1 期。

【83】吕维霞、王永贵:《基于公众感知的政府公信力影响因素分析》，载《华中师范大学学报（人文社会科学版）》2010 年第 4 期。

【84】吕忠梅、张忠民、熊晓青：《中国环境司法现状调查——以千份环境裁判文书为样本》，载《法学》2011 年第 4 期。

【85】吕忠梅、窦海阳：《修复生态环境责任的实证解析》，载《法学研究》2017 年第 3 期。

【86】吕忠梅、窦海阳：《以“生态恢复论”重构环境侵权救济体系》，载《中国社会科学》2020 年第 2 期。

【87】吕忠梅、吴一冉：《中国环境法治七十年：从历史走向未来》，载《中国法律评论》2019 年第 5 期。

【88】吕忠梅、张宝：《环境问题的侵权法应对及其限度——以〈侵权责任法〉第 65 条为视角》，载《中南民族大学学报（人文社会科学版）》2011 年第 2 期。

【89】吕忠梅：《“生态环境损害赔偿”的法律辨析》，载《法学论坛》2017 年第 3 期。

【90】吕忠梅：《〈民法典〉“绿色规则”的环境法透视》，载《法学杂志》2020 年第 10 期。

【91】吕忠梅：《关于物权法的“绿色”思考》，载《中国法学》2000 年第 5 期。

【92】吕忠梅：《环境法的裁判解释初论》，载《江苏社会科学》2010 年第 6 期。

【93】吕忠梅：《环境侵权的遗传与变异——论环境侵害的制度演进》，载《吉林大学社会科学学报》2010 年第 1 期。

【94】吕忠梅：《环境侵权诉讼证明标准初探》，载《政法论坛》2003 年第 5 期。

【95】吕忠梅：《环境司法理性不能止于“天价”赔偿：泰州环境公益诉讼案评析》，载《中国法学》2016 年第 3 期。

【96】吕忠梅：《论公民环境权》，载《法学研究》1995 年第 6 期。

【97】吕忠梅：《论环境侵权的二元性》，载《人民法院报》2014 年 10 月 29 日第 8 版。

【98】吕忠梅：《论环境侵权纠纷的复合性》，载《人民法院报》2014 年 11 月 12 日第 8 版。

【99】吕忠梅:《论环境侵权责任的双重性》,载《人民法院报》2014 年 11 月 5 日第 8 版。

【100】吕忠梅:《新时代环境法学研究思考》,载《中国政法大学学报》2018 年第 4 期。

【101】吕忠梅:《以绿色民法典回应环境民生关切》,载《学习时报》2020 年 6 月 3 日第 2 版。

【102】吕忠梅课题组、吕忠梅、竺效等:《"绿色原则"在民法典中的贯彻论纲》,载《中国法学》2018 年第 1 期。

【103】马栩生、吕忠梅:《环境侵权诉讼中的举证责任分配》,载《法律科学:西北政法学院学报》2005 年第 2 期。

【104】毛瑞兆:《论合同法中的可预见规则》,载《中国法学》2003 年第 4 期。

【105】梅宏、胡勇:《论行政机关提起生态环境损害赔偿诉讼的正当性与可行性》,载《重庆大学学报(社会科学版)》2017 年第 5 期。

【106】梅宏:《海洋生态环境损害赔偿的新问题及其解释论》,载《法学论坛》2017 年第 3 期。

【107】孟勤国:《法官自由心证必须受成文法规则的约束——最高法院(2013)民申字第 820 号民事裁判书研读》,载《法学评论》2015 年第 4 期。

【108】聂卫锋:《侵权法中的"第三人":一般化还是情景化?——以〈侵权责任法〉第 28 条为中心》,载《私法研究》2014 年第 2 期。

【109】宁清同:《生态修复责任之内涵探究》,载《学术界》2018 年第 12 期。

【110】牛秉儒:《论环境公益诉讼原告主体资格之范围与顺位》,载《社科纵横》2020 年第 7 期。

【111】欧阳志云:《生态系统·服务功能·价值评价》,载《科学新闻》1999 年第 15 期。

【112】彭中遥:《生态环境损害赔偿磋商性质定位省思》,载《宁夏社会科学》2019 年第 5 期。

【113】秦天宝、段帷帷:《中国环境侵权案件审理机制的新发展——基于最高人民法院公布的十起案例》,载《武汉大学学报(哲学社会科学版)》

2016 年第 6 期。

【114】秦天宝、吴良志：《海洋生态环境损害赔偿诉讼的性质刍议——结合相邻诉讼类型关系的考察》，载《西部法学评论》2020 年第 2 期。

【115】石春雷：《论环境民事公益诉讼中的生态环境修复——兼评最高人民法院司法解释相关规定的合理性》，载《郑州大学学报（哲学社会科学版）》2017 年第 2 期。

【116】石佑启、王贵松：《行政信赖保护之立法思考》，载《当代法学》2004 年第 3 期。

【117】孙笑侠：《论法律与社会利益——对市场经济中公平问题的另一种思考》，载《中国法学》1995 年第 4 期。

【118】孙佑海、王倩：《民法典侵权责任编的绿色规制限度研究——“公私划分”视野下对生态环境损害责任纳入民法典的异见》，载《甘肃政法学院学报》2019 年第 5 期。

【119】孙佑海：《环境损害司法鉴定：如何依法有序发展？》，载《环境保护》2016 年第 24 期。

【120】覃有土、晏宇桥：《论侵权的间接损失认定》，载《现代法学》2004 年第 4 期。

【121】谭星光：《推定在事实认定和规范性文件审查中的运用》，载《人民司法》2019 年第 17 期。

【122】唐力、谷佳杰：《论知识产权诉讼中的损害赔偿数额的确定》，载《法学评论》2014 年第 2 期。

【123】唐庆鹏、康丽丽：《价值、困境及发展：社会治理中的政府承诺机制析论》，载《广东行政学院学报》2013 年第 3 期。

【124】田韶华：《论侵权责任法上可得利益损失之赔偿》，载《法商研究》2013 年第 1 期。

【125】童光法：《环境损害概念辨析——兼论〈环境保护法〉相关条文的理解》，载《清华法治论衡》2016 年第 1 期。

【126】王灿发：《环境恢复与再生时代需要新型的环境立法》，载《郑州大学学报（哲学社会科学版）》2002 年第 2 期。

【127】王灿发：《环境损害赔偿立法框架和内容的思考》，载《法学论坛》

2005 年第 5 期。

【128】王成：《最高法院司法解释效力研究》，载《中外法学》2016 年第 1 期。

【129】王枫：《民事救济中恢复原状之辨》，载《武汉大学学报（哲学社会科学版）》2012 年第 4 期。

【130】王贵松：《依法行政原则对信赖利益的保护——益民公司诉河南省周口市政府等行政行为违法案分析》，载《交大法学》2015 年第 1 期。

【131】王剑一：《德国法律评注的历史演变与现实功能》，载《中国应用法学》2017 年第 1 期。

【132】王江、黄锡生：《我国生态环境恢复立法析要》，载《法律科学：西北政法大学学报》2011 年第 3 期。

【133】王金南：《实施生态环境损害赔偿制度，落实生态环境损害修复责任——关于〈生态环境损害赔偿制度试点改革方案〉的解读》，载《中国环境报》2015 年 12 月 4 日第 2 版。

【134】王磊：《论损害额酌定制度》，载《法学杂志》2017 年第 6 期。

【135】王立新、黄剑、廖宏娟：《环境资源案件中恢复原状的责任方式》，载《人民司法》2015 年第 9 期。

【136】王利明：《论相邻关系中的容忍义务》，载《社会科学研究》2020 年第 4 期。

【137】王利明：《民法典人格权编中动态系统论的采纳与运用》，载《法学家》2020 年第 4 期。

【138】王利明：《我国侵权责任法的体系构建——以救济法为中心的思考》，载《中国法学》2008 年第 4 期。

【139】王莉、邹雄：《生态环境损害公私法二元救济的规则安排》，载《南京社会科学》2020 年第 6 期。

【140】王明远：《法国环境侵权救济法研究》，载《清华大学学报（哲学社会科学版）》2000 年第 1 期。

【141】王明远：《论我国环境公益诉讼的发展方向：基于行政权与司法权关系理论的分析》，载《中国法学》2016 年第 1 期。

【142】王社坤、吴亦九：《生态环境修复资金管理模式的比较与选择》，载

《南京工业大学学报（社会科学版）》2019年第1期。

【143】王世进、王蔚中：《论环境请求权与生态环境损害赔偿》，载《江西社会科学》2016年第10期。

【144】王姝彦：《回望与反思：实证主义之于科学哲学的影响》，载《晋阳学刊》2015年第6期。

【145】王树义、郑则文：《论绿色发展理念下环境执法垂直管理体制的改革与构建》，载《环境保护》2015年第23期。

【146】王曦：《论环境公益诉讼制度的立法顺序》，载《社会科学文摘》2017年第3期。

【147】王旭光：《环境损害司法鉴定中的问题与司法对策》，载《中国司法鉴定》2016年第1期。

【148】王旭光：《论生态环境损害赔偿诉讼的若干基本关系》，载《法律适用》2019年第21期。

【149】王轶、关淑芳：《认真对待民法总则中的公共利益》，载《中国高校社会科学》2017年第4期。

【150】王轶：《法律规范类型区分理论的比较与评析》，载《比较法研究》2017年第5期。

【151】王轶：《民法价值判断问题的实体性论证规则——以中国民法学的学术实践为背景》，载《中国社会科学》2004年第6期。

【152】王元凤、王旭、王灿发等：《我国环境损害司法鉴定的现状与展望》，载《中国司法鉴定》2017年第4期。

【153】卫草源：《草原生态环境损害赔偿制度研究》，载《中国畜牧业》2016年第24期。

【154】魏旭：《生态修复制度基本范畴初探》，载《甘肃政法学院学报》2016年第1期。

【155】吴汉东：《知识产权损害赔偿的市场价值基础与司法裁判规则》，载《中外法学》2016年第6期。

【156】吴鹏：《生态修复法律责任之偏见与新识》，载《中国政法大学学报》2017年第1期。

【157】吴鹏：《生态修复法制初探——基于生态文明社会建设的需要》，载

《河北法学》2013 年第 5 期。

【158】吴鹏：《最高法院司法解释对生态修复制度的误解与矫正》，载《中国地质大学学报（社会科学版）》2015 年第 4 期。

【159】吴威威：《良好的公信力：责任政府的必然追求》，载《兰州学刊》2003 年第 6 期。

【160】徐本鑫、刘清轩：《制度需求与供给视角下生态损害赔偿的法律进路》，载《昆明理工大学学报（社会科学版）》2015 年第 5 期。

【161】徐涤宇：《〈合同法〉第 80 条（债权让与通知）评注》，载《法学家》2019 年第 1 期。

【162】徐祥民、邓一峰：《环境侵权与环境侵害——兼论环境法的使命》，载《法学论坛》2006 年第 2 期。

【163】徐祥民、巩固：《环境损害中的损害及其防治研究——兼论环境法的特征》，载《社会科学战线》2007 年第 5 期。

【164】徐祥民、辛帅：《民事救济的环保功能有限性——再论环境侵权与环境侵害的关系》，载《法律科学：西北政法大学学报》2016 年第 4 期。

【165】徐以祥、刘海波：《生态文明与我国环境法律责任立法的完善》，载《法学杂志》2014 年第 7 期。

【166】徐以祥、王宏：《论我国环境民事公益诉讼赔偿数额的确定》，载《法学杂志》2017 年第 3 期。

【167】徐以祥：《我国环境法律规范的类型化分析》，载《吉林大学社会科学学报》2020 年第 2 期。

【168】许传玺：《行政罚款的确定标准：寻求一种新的思路》，载《中国法学》2003 年第 4 期。

【169】许峰：《宪法视野下的公共利益研究》，载《辽宁行政学院学报》2016 年第 10 期。

【170】薛军：《民法典编纂如何对待司法解释》，载《中国法律评论》2015 年第 4 期。

【171】薛沛沛、周强、陈道静等：《生态环境损害赔偿制度探讨》，载《四川林业科技》2016 年第 4 期。

【172】闫吉顺、张广帅、蔡悦荫等：《浅析我国海洋生态环境损害赔偿》，

载《海洋开发与管理》2020年第2期。

【173】闫思：《论环境侵权中纯经济损失的赔偿》，载《湖北经济学院学报（人文社会科学版）》2013年第4期。

【174】严立：《论作为民法典立法目的的社会主义核心价值观》，载《时代法学》2019年第5期。

【175】杨立新、赵晓舒：《我国〈侵权责任法〉中的第三人侵权行为》，载《中国人民大学学报》2013年第4期。

【176】杨立新：《〈民法典〉对侵权责任规则的修改与完善》，载《国家检察官学院学报》2020年第4期。

【177】姚明斌：《〈合同法〉第114条（约定违约金）评注》，载《法学家》2017年第5期。

【178】尤明青：《论环境质量标准与环境污染侵权责任的认定》，载《中国法学》2017年第6期。

【179】于立深、周丽：《论行政法的可接受性原则》，载《法制与社会发展》1999年第2期。

【180】郁兴康：《中国生态环境损害救济的模式选择》，载《湖北农业科学》2020年第8期。

【181】袁学红：《构建我国环境公益诉讼生态修复机制实证研究——以昆明中院的实践为视角》，载《法律适用》2016年第2期。

【182】张宝：《生态环境损害政府索赔权与监管权的适用关系辨析》，载《法学论坛》2017年第3期。

【183】张锋、陈晓阳：《环境损害赔偿制度的缺位与立法完善》，载《甘肃社会科学》2012年第5期。

【184】张锋：《环境公益诉讼起诉主体的顺位设计刍议》，载《法学论坛》2017年第2期。

【185】张辉、沈世伟、贾进宝：《生态环境损害赔偿磋商制度的实践研究——聚焦20起磋商优秀候选案例》，载《环境保护》2020年第11期。

【186】张辉：《论环境民事公益诉讼的责任承担方式》，载《法学论坛》2014年第6期。

【187】张君周：《论法官对科学证据的审查——以美国法官的看守职责为

视角》，载《法律科学：西北政法大学学报》2008 年第 6 期。

【188】张明楷：《污染环境罪的争议问题》，载《法学评论》2018 年第 2 期。

【189】张双根、朱芒、朱庆育等：《对话：中国法律评注的现状与未来》，载《中国应用法学》2017 年第 2 期。

【190】张文显：《在新的历史起点上推进中国特色法学体系构建》，载《中国社会科学》2019 年第 10 期。

【191】张新宝、李倩：《纯粹经济损失赔偿规则——理论、实践及立法选择》，载《法学论坛》2009 年第 1 期。

【192】张新宝、张小义：《论纯粹经济损失的几个基本问题》，载《法学杂志》2007 年第 4 期。

【193】张新宝、庄超：《扩张与强化：环境侵权责任的综合适用》，载《中国社会科学》2014 年第 3 期。

【194】张新宝：《美国有害物体侵权行为法介评》，载《环球法律评论》1994 年第 1 期。

【195】张新宝：《侵权责任法立法的利益衡量》，载《中国法学》2009 年第 4 期。

【196】张玉慧：《我国生态环境损害赔偿金制度之实证分析及其完善》，载《黑龙江省政法管理干部学院学报》2019 年第 2 期。

【197】张忠民：《环境司法专门化发展的实证检视：以环境审判机构和环境审判机制为中心》，载《中国法学》2016 年第 6 期。

【198】张忠民：《论环境公益诉讼的审判对象》，载《法律科学》2015 年第 4 期。

【199】张忠民：《生态破坏的司法救济——基于 5792 份环境裁判文书样本的分析》，载《法学》2016 年第 10 期。

【200】张忠民：《污染环境罪的明确性之辨》，载《贵州社会科学》2019 年第 8 期。

【201】张梓太、王岚：《我国自然资源生态损害私法救济的不足及对策》，载《法学杂志》2012 年第 2 期。

【202】张梓太、吴惟予：《我国生态环境损害赔偿立法研究》，载《环境保

护》2018 年第 5 期。

【203】张梓太、席悦：《生态环境损害赔偿纠纷解决机制分析与重构》，载《江淮论坛》2018 年第 6 期。

【204】郑景元：《论〈合同法〉中的公共利益——以合同无效事由为视角》，载《昆明理工大学学报（社会科学版）》2008 年第 7 期。

【205】郑晓剑：《比例原则在民法上的适用及展开》，载《中国法学》2016 年第 2 期。

【206】郑学林：《中国环境资源审判的新发展》，载《人民法院报》2017 年 6 月 7 日第 8 版。

【207】钟刚：《自然资源损害的法律修复路径》，载《甘肃政法学院学报》2011 年第 4 期。

【208】周杰普：《论公司参与人的环境损害赔偿责任》，载《政治与法律》2017 年第 5 期。

【209】周勇飞、高利红：《多元程序进路下环境公共利益司法体系的整合与型构》，载《郑州大学学报（哲学社会科学版）》2020 年第 5 期。

【210】周勇飞：《生态环境损害赔偿诉讼与环境民事公益诉讼的界分——功能主义的视角》，载《湖南师范大学社会科学学报》2020 年第 5 期。

【211】朱广新：《惩罚性赔偿制度的演进与适用》，载《中国社会科学》2014 年第 3 期。

【212】朱晋峰：《环境损害司法鉴定若干问题探索——基于环境损害责任纠纷实践的分析》，载《证据科学》2017 年第 1 期。

【213】朱凌珂：《环境民事公益诉讼中原告资格的制度缺陷及其改进》，载《学术界》2019 年第 12 期。

【214】朱谦：《论环境权的法律属性》，载《中国法学》2001 年第 3 期。

【215】朱庆育：《〈合同法〉第 52 条第 5 项评注》，载《法学家》2016 年第 3 期。

【216】朱晓勤：《生态环境修复责任制度探析》，载《吉林大学：社会科学学报》2017 年第 5 期。

【217】竺效、丁霖：《论环境行政代履行制度入〈环境保护法〉——以环境私权对环境公权的制衡为视角》，载《中国地质大学学报（社会科学版）》

2014 年第 3 期。

【218】竺效：《论环境侵权原因行为的立法拓展》，载《中国法学》2015 年第 2 期。

【219】竺效：《论生态损害综合预防与救济的立法路径——以法国民法典侵权责任条款修改法案为借鉴》，载《比较法研究》2016 年第 3 期。

【220】竺效：《作为立法术语的“环境侵权”之辨析》，载《政法论丛》2008 年第 2 期。

三、译作类

【1】［奥］恩斯特·A. 克莱默著：《法律方法论》，周万里译，法律出版社 2019 年版。

【2】［奥］库奇奥：《欧洲损害赔偿法的立法模式与不法行为的归责要件》，朱岩译，载《北航法律评论》2011 年第 1 期。

【3】［德］鲍尔·施蒂尔纳：《德国物权法》，张双根译，法律出版社 2004 年版。

【4】［德］卡尔·拉伦茨著：《法学方法论（第六版）》，黄家镇译，商务印书馆 2020 年版。

【5】［德］克雷斯蒂安·冯·巴尔著：《欧洲比较侵权行为法（下卷）》，焦美华译，法律出版社 2001 年版。

【6】［美］艾尔·巴比著：《社会研究方法（第十一版）》，邱泽奇译，华夏出版社 2018 年版。

【7】［日］宫泽俊义著，芦部信喜补订：《日本国宪法精解》，董璠舆译，中国民主法制出版社 1990 年版。

四、学位论文类

【1】陈殿栋：《生态损害赔偿资金保障法律制度研究》，山东师范大学 2018 年硕士论文。

【2】陈方淑：《环境责任保险法律制度研究》，西南政法大学 2010 年博士论文。

【3】崔逢铭：《著作权侵权损害裁量性赔偿研究》，中南财经政法大学 2018 年博士论文。

【4】范庆容：《海洋环境污染损害司法救济研究》，西南政法大学 2019 年硕士论文。

【5】冯雪：《环境损害赔偿责任方式研究》，昆明理工大学 2019 年硕士论文。

【6】宫小伟：《海洋生态补偿理论与管理政策研究》，中国海洋大学 2013 年博士论文。

【7】龚思敏：《论我国生态环境损害赔偿制度的完善》，江西理工大学 2017 年硕士论文。

【8】黄琴：《市场化流域生态补偿民法问题研究》，福建师范大学 2017 年硕士论文。

【9】黄秀蓉：《海洋生态补偿的制度建构及机制设计研究》，西北大学 2015 年博士论文。

【10】蒋琳：《船舶油污损害的国际法研究》，华东政法大学 2014 年博士论文。

【11】李会兰：《海洋生态损害赔偿范围研究》，海南大学 2013 年硕士论文。

【12】李金菊：《生态环境损害赔偿金的法律规制》，甘肃政法学院 2018 年硕士论文。

【13】李思璇：《论我国海洋油污生态损害赔偿制度的完善》，河北经贸大学 2015 年硕士论文。

【14】李钰：《环境污染健康损害赔偿制度研究》，中央民族大学 2012 年博士论文。

【15】廖永彬：《我国生态环境损害赔偿金使用法律规制研究》，河南财经政法大学 2020 年硕士论文。

【16】凌晶：《生态环境损害赔偿请求权主体制度研究》，华侨大学 2019 年硕士论文。

【17】卢秋怡：《我国生态环境损害赔偿金制度研究》，浙江农林大学 2019 年硕士论文。

【18】卢瑶：《马克思主义公共产品理论视域下的生态环境损害赔偿研究》，华中科技大学 2018 博士论文。

【19】罗又：《环境民事公益诉讼制度与生态环境损害赔偿制度的衔接》，甘肃政法学院 2019 年硕士论文。

【20】明智：《论我国生态损害赔偿制度之构建》，南京大学 2017 年硕士论文。

【21】倪菊红：《新时代背景下的生态利益损害侵权责任制度研究》，宁夏大学 2019 年硕士论文。

【22】曲富国：《辽河流域生态补偿管理机制与保障政策研究》，吉林大学 2014 年博士论文。

【23】石蕊：《美国自然资源生态环境损害赔偿制度研究》，浙江农林大学 2017 年硕士论文。

【24】史升伟：《生态损害赔偿额司法确定问题研究》，河南财经政法大学 2017 年硕士论文。

【25】粟榆：《大规模侵权责任保险赔偿制度研究》，西南财经大学 2014 年博士论文。

【26】孙雪妍：《环境损害司法鉴定程序研究》，西南政法大学 2018 年硕士论文。

【27】汤威：《生态环境损害赔偿制度适用范围研究》，西南政法大学 2019 年硕士论文。

【28】滕海风：《我国海洋油污生态损害赔偿法律制度研究》，东北林业大学 2013 年硕士论文。

【29】田景杰：《环境民事公益诉讼请求研究》，西南政法大学 2015 年硕士论文。

【30】王本强：《生态环境犯罪恢复性司法研究》，中南民族大学 2019 年硕士论文。

【31】王辉：《煤炭开采的生态补偿机制研究》，中国矿业大学 2012 年博士论文。

【32】王蔚中：《生态环境损害赔偿请求权研究》，江西理工大学 2019 年硕士论文。

【33】向春霞：《生态环境损害赔偿责任研究》，西南政法大学 2018 年硕士论文。

【34】谢春霞：《生态环境损害赔偿追偿制度研究》，中南林业科技大学2019年硕士论文。

【35】闫发伟：《论我国城市地下空间利用中生态损害救济制度的构建》，福州大学2014年硕士论文。

【36】曾丽渲：《论生态环境损害赔偿诉讼与环境民事公益诉讼的整合》，甘肃政法学院2019年硕士论文。

【37】曾忞：《谢某等人破坏林地民事公益诉讼案评析》，湖南师范大学2017年硕士论文。

【38】曾旭：《我国船舶油污损害海洋环境赔偿范围研究》，大连海事大学2018年硕士论文。

【39】张慧颖：《行政机关提起生态环境损害赔偿诉讼研究》，郑州大学2018年硕士论文。

【40】张灵犀：《我国生态损害赔偿制度研究》，天津工业大学2018年硕士论文。

【41】张茂源：《环境潜伏性毒物侵权因果关系的证明》，西南政法大学2018年硕士论文。

【42】张学玲：《论我国法官自由裁量权及其规制》，西南政法大学2011年硕士论文。

【43】赵丹：《中国海洋生态损害赔偿制度研究》，浙江大学2018年硕士论文。

【44】赵虎：《环境侵权民事责任研究》，武汉大学2012年博士论文。

【45】赵俊博：《环境公益诉讼赔偿数额的司法认定》，西南科技大学2020年硕士论文。

【46】赵莉：《环境公益诉讼损害赔偿金制度研究》，山西财经大学2019年硕士论文。

图书在版编目（CIP）数据

生态环境服务功能损失赔偿条款适用研究 / 王海晶著. —北京：中国法制出版社，2023.6
ISBN 978-7-5216-3542-3

Ⅰ. ①生… Ⅱ. ①王… Ⅲ. ①生态环境-服务功能-损失-补偿-研究-中国 Ⅳ. ①D923.04

中国国家版本馆 CIP 数据核字（2023）第 091048 号

责任编辑：刘海龙　　　　封面设计：杨鑫宇

生态环境服务功能损失赔偿条款适用研究
SHENGTAI HUANJING FUWU GONGNENG SUNSHI PEICHANG TIAOKUAN SHIYONG YANJIU
著者/王海晶
经销/新华书店
印刷/北京虎彩文化传播有限公司
开本/710 毫米×1000 毫米　16 开　　　　印张/ 14.75　字数/ 256 千
版次/2023 年 6 月第 1 版　　　　2023 年 6 月第 1 次印刷

中国法制出版社出版
书号 ISBN 978-7-5216-3542-3　　　　定价：55.00 元

北京市西城区西便门西里甲 16 号西便门办公区
邮政编码：100053　　　　传真：010-63141600
网址：http：//www.zgfzs.com　　　　编辑部电话：010-63141814
市场营销部电话：010-63141612　　　　印务部电话：010-63141606

（如有印装质量问题，请与本社印务部联系。）